俄语专业学习指南

俄罗斯社会与文化问答

主　编　王仰正
编　者　王仰正　赵　燕　牧阿珍

上海外语教育出版社
SHANGHAI FOREIGN LANGUAGE EDUCATION PRESS

图书在版编目(CIP)数据

俄罗斯社会与文化问答/王仰正主编. —上海：上海外语教育出版社, 2014
（俄语专业学习指南）
ISBN 978-7-5446-3537-0

Ⅰ. ①俄… Ⅱ. ①王… ②赵… ③牧 Ⅲ. ①俄语—高等学校—教学参考资料 ②俄罗斯—概况—问题解答 Ⅳ. ①H35

中国版本图书馆 CIP 数据核字(2013)第 274949 号

出版发行：**上海外语教育出版社**
（上海外国语大学内） 邮编：200083
电　　话：021-65425300（总机）
电子邮箱：bookinfo@sflep.com.cn
网　　址：http://www.sflep.com.cn　http://www.sflep.com
责任编辑：岳永红

印　　刷：上海新艺印刷有限公司
开　　本：890×1240　1/32　印张 9　字数 198 千字
版　　次：2014 年 4 月第 1 版　2014 年 4 月第 1 次印刷
印　　数：2 100 册

书　　号：ISBN 978-7-5446-3537-0 / G·1080
定　　价：20.00 元

本版图书如有印装质量问题，可向本社调换

前　言

俄罗斯概况课程的开设为同学们学习俄语起到了积极推动作用。目前国内俄语界及中国社会对俄罗斯社会文化的兴趣在不断提高。虽然,2000年以后,国内出版了一些有关俄罗斯社会文化方面的书籍及教材,但是仍与俄罗斯日益变化的形势有不少的距离。

中国国内高层领导对俄罗斯的不断访问,使两国战略伙伴合作关系进一步得到加强,上海合作组织动作频频,特别是在防恐方面几乎年年都有军事演习,甚至扩大到了海上的联合演习;金砖四国的经济贸易及农业方面的合作进一步扩大,中俄两国近年的贸易额大幅度提升,俄罗斯—中国输油管道的建成以及军事方面的合作都使得中俄两国关系得到提升和巩固,而且发展前景良好。然而,在我国国内的群众眼中,俄罗斯还是苏联解体后不久所宣传的俄罗斯,一贯认为俄罗斯是穷国、国家社会不稳定等,对俄罗斯的了解确实不够,而且多听信媒体的负面报道。中国老百姓很少有人知道,国民经济总收入(GDP)的人均数,早在2011年,俄罗斯就已超过万元美金大关。

这次由我主编的《俄罗斯社会与文化问答》，是上海外语教育出版社策划的俄罗斯问题问答系列丛书之一。它不同于一般的教科书，而是将俄罗斯的方方面面以问答的形式简单明了地介绍给大家。这本书侧重于俄罗斯社会与文化，是从地理、历史、政体、社会、教育、文化等不同方面以较新角度，以实事求是的态度向大家介绍俄罗斯，且问答所用材料均为最新资料。当然，不可能在100个题目中就可以回答俄罗斯社会与文化的所有问题，只能选取我们主观认为较为重要的，以便使人们形成对俄罗斯的一个较为全面的轮廓和印象。在提出问题的过程中，我们参考了由吴克礼教授主编的2009年上海外语教育出版社出版的《俄罗斯社会与文化》和王仰正教授主编的2006年上海外语教育出版社出版的《俄罗斯概况》两本教材。之后，我们反复研究，多次取舍，在征得出版社编委会的同意后才动手编写工作。

从浙大退休后，我来到绍兴的浙江越秀外国语学院，本想轻松一下，教教书，借身体还可以的情况下，来为俄语的教育事业再做一点事情。去年年底前，上海外语教育出版社小岳邀请我来完成《俄罗斯社会与文化问答》一书,我非常感谢小岳的信任。接受外教社的委托后,想着为越秀做点贡献,锻炼培养一下越秀的年轻人,因为他们在民办学校出头的机会少,很难在科研上有所作为。于是,我把第一步提问题的任务交给该校俄语专业的年轻教师。她们有精力、有激情、有朝气、有活力,而且也有能力。她们积极认真,在初步问题提出后,我们一起对问题多次反复讨论研究。我本人也多次认真修订问题,对小岳的嘱咐和要求不敢怠慢。问答初稿完成后,我更是小心谨慎,用了大量的时间进行了认真修改,直到我自己比较满意才上交出版社。

我要再次感谢上海外语教育出版社小语种负责人岳永红女士,正是由于她对我的信任,才将此任务交予我。在编写过程中我不断叮嘱自己,一定保证质量,尽力做好。我还要感谢越秀几位参加编写的年轻老师赵燕、牧阿珍和王璐,也请她们原谅在编写过程中对她们的批评有时过于严厉,但我是由衷希望她们从中得到学习、得到锻炼。她们的科研潜力很大,积极性高,具有很好的发展前景,期待她们今后有独立的作品问世。

《俄罗斯社会与文化问答》由我主编,我还对该书进行统稿,作了较大的修订直到最后定稿。在编写过程中,我们收集和阅读了不少中外文的文献资料,并且作了一些引用和借鉴,在此也向这些文献资料的作者们表示衷心感谢。

鉴于我们,特别是本人的水平和学识有限,书中的不妥和错误在所难免,敬请专家、同行、读者批评指正。

王仰正
2013 年 6 月 26 日
于神舟十号载人飞行顺利返回之日

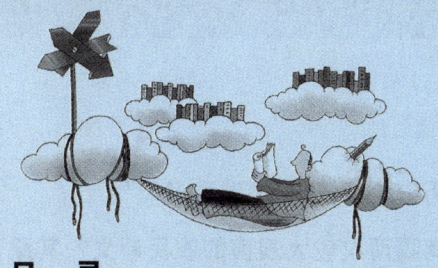

目 录

1... **1.** 俄罗斯的地理位置及其特点是什么？

2... **2.** 俄罗斯地形特征和气候有什么特点？

5... **3.** 俄罗斯有哪些自然资源？

8... **4.** 俄罗斯与日本有争议的岛屿是哪四个？其历史、地理根源是什么？

11... **5.** 俄罗斯哪三大河流流入北冰洋？哪条河流域面积最大？哪条河水量最大？

13... **6.** 俄罗斯哪条河流为欧洲第一大河？其特征是什么？

15... **7.** 为什么说贝加尔湖在世界淡水湖中占有三个"第一"？俄罗斯淡水可利用资源在世界上有何地位？

16... **8.** 哪个湖是俄罗斯与中国的界湖？哪条河是中俄的界河？

17... **9.** 俄罗斯何时建立了第一个封建王朝？叫什么王朝？

18... **10.** 何为基辅罗斯？简述罗斯受洗状况。

20... **11.** 俄罗斯国徽双头鹰的由来及其象征意义是什么？

22... **12.** 俄罗斯东正教发展的历史对俄罗斯文化有何影响？

24... **13.** 俄罗斯历史上遭受了哪些外国、外族入侵？

26... **14.** 简述莫斯科公国的成长历程及历史作用。

28... **15.** 何人称帝俄罗斯"沙皇"？简述其改革及对外

扩张。

32 ... **16.** 俄罗斯哪个历史阶段被称为"混乱时代"?

35 ... **17.** 俄国历史上有哪两次较大规模的农民起义?其原因和历史意义何在?

36 ... **18.** 19—20 世纪时期俄罗斯的社会革命运动的特点是什么?

39 ... **19.** 何为"南社"和"北社"?

40 ... **20.** 简论 1905 年俄国第一次革命及革命失败后的俄国。

43 ... **21.** 何时爆发第一次世界大战?俄国参战的结果如何?

45 ... **22.** 什么是二月革命?

46 ... **23.** 何为国内战争?布尔什维克是如何取得胜利的?

50 ... **24.** 苏联何时成立?简述列宁对苏联革命的贡献。

53 ... **25.** 斯大林其人及其推行的经济发展政策是什么?

57 ... **26.** 1936 年的苏联宪法的主要内容是什么?

58 ... **27.** 简述苏联肃反扩大化。

62 ... **28.** 何为伟大的卫国战争?

67 ... **29.** 简述苏联伟大的卫国战争在第二次世界大战中的作用。

68 ... **30.** 伟大的卫国战争期间,苏、美、英三国首脑举行了哪几次会晤?

70 ... **31.** 简述赫鲁晓夫其人及其在苏联历史上的作用。

72 ... **32.** 苏共二十大在苏联历史上有何作用?

- 73... **33.** 为何将勃列日涅夫时期称为"停滞时期"？
- 76... **34.** 戈尔巴乔夫上台后推出了何种改革？
- 77... **35.** 戈尔巴乔夫的《改革与新思维》对苏联解体起了什么作用？
- 81... **36.** 苏联解体的原因是什么？
- 83... **37.** 叶利钦及其推行的社会、经济改革有哪些？
- 85... **38.** "休克疗法"及其造成的后果有哪些？
- 86... **39.** 俄罗斯私有化的主要内容是什么？
- 88... **40.** 车臣危机是如何引发和解决的？
- 91... **41.** 普京及其推行的改革有哪些？
- 95... **42.** 普京的"新俄罗斯思想"主要有哪些内容？
- 99... **43.** 俄罗斯联邦由哪些主体组成？俄罗斯在行政管理上实行何种体制？
- 103... **44.** 俄罗斯有哪些直辖市？
- 107... **45.** 简述俄罗斯的国旗、国徽及国歌。
- 109... **46.** 1993年的俄罗斯宪法要点是什么？俄罗斯宪法赋予总统什么地位和权力？
- 112... **47.** 什么是俄罗斯的联邦制？俄罗斯国家杜马的由来及现状？
- 115... **48.** 俄罗斯联邦司法机构由哪些部门构成？其特点是什么？
- 117... **49.** 何为多党制？俄罗斯目前主要党派有哪些？
- 120... **50.** 梅德韦杰夫及其治国构想是什么？
- 123... **51.** 简述俄罗斯各阶段的外交政策。

128... **52.** 何为上海合作组织？

129... **53.** 简述中俄关系的发展历程。

133... **54.** 俄罗斯的经济体制的基本特点是什么？

135... **55.** 新世纪俄罗斯经济的现状及其面临的困难有哪些方面？

137... **56.** 何为俄罗斯"大经济区"？其特点表现在哪些方面？

144... **57.** 俄罗斯工业的现状如何？其行业是如何分类的？

148... **58.** 俄罗斯的国防和航空航天工业的发展现状如何？

153... **59.** 俄罗斯的农业主要分为哪两大部门？它们的基本情况如何？

155... **60.** 简述俄罗斯的交通现状。

156... **61.** 俄罗斯的交通运输业包括哪些主要部门？俄罗斯有哪几条铁路通向中国？

162... **62.** 俄罗斯有几大通讯公司？

164... **63.** 俄罗斯商业和服务业状况如何？

167... **64.** 俄罗斯旅游业情况如何？简介中俄旅游发展状况及其前景。

170... **65.** 俄罗斯有哪些历史名城？"莫斯科金环"包括哪些城市？

173... **66.** 资源潜力有哪些类型？俄罗斯的资源潜力情况如何？

177... **67.** 俄罗斯的经济实力与苏联相比发生了哪些变化？

179... **68.** 俄罗斯对外贸易的政策和措施表现在哪些方面？

俄罗斯对外贸易的发展状况如何？

182 ... **69**. 俄罗斯政府在引进外资方面采取了哪些措施？成效如何？

185 ... **70**. 中俄两国的贸易关系发展状况及前景如何？

188 ... **71**. 何为俄罗斯的科技发展之路？当今俄罗斯的科技现状及政府的应对措施如何？

193 ... **72**. 俄罗斯科技队伍的潜力表现在哪些方面？

194 ... **73**. 俄罗斯各历史时期教育领域发生过哪些重大事件？

196 ... **74**. 俄联邦《教育法》的重要性是什么？

198 ... **75**. 俄罗斯现行何种教育体系？

201 ... **76**. 中俄教育合作的主要特点是什么？

203 ... **77**. 俄罗斯有哪些著名高校？

206 ... **78**. 俄语文字是如何形成和发展起来的？俄语和汉语在语系上有什么区别？

210 ... **79**. 俄罗斯实行何种语言政策？俄罗斯如何对待俄语中的外来词？

213 ... **80**. 俄罗斯圣像画画家有哪些代表人物？其代表作品有哪些？

214 ... **81**. 何为俄罗斯古典画派？其代表人物及代表作品是哪些？

216 ... **82**. "巡回展览画派"的产生原因、主要代表人物及代表作品有哪些？

221 ... **83**. 简述俄罗斯先锋派画家的主要代表人物及代表

作品。

222... **84**. 赫鲁晓夫花岗石头像由谁设计？其意蕴何在？

223... **85**. 什么是莫斯科巴洛克建筑风格？莫斯科的克里姆林宫建筑特点是什么？

226... **86**. 俄罗斯音乐之父是谁？他的主要音乐作品及其对俄罗斯音乐的贡献有哪些？

227... **87**. "强力五人集团"产生的背景是什么？其主要成员及代表作有哪些？

230... **88**. 俄苏电影对世界电影有何贡献？

232... **89**. 当代俄罗斯电影业状况如何？当代著名的俄罗斯影片及著名导演和演员有哪些？

235... **90**. 俄罗斯话剧对世界话剧有何贡献？莫斯科有哪些著名的剧院、导演和演员？

238... **91**. 苏联解体后,俄罗斯文化新进程的积极倾向反映在哪些方面？

239... **92**. 俄罗斯有多少人口？俄罗斯正面临着哪些人口问题以及应对措施？

241... **93**. 俄罗斯有多少民族？俄罗斯民族问题是如何演化而来的？

243... **94**. 俄罗斯有哪些主要的宗教？俄罗斯是如何对待宗教问题的？

246... **95**. 俄罗斯人的婚嫁、葬礼有哪些礼仪？俄罗斯人是如何待客和送礼的？

255... **96**. 俄罗斯人餐饮习俗与中国餐饮习俗有何不同？

258... **97**. 俄罗斯人在交际和生活中有哪些禁忌？他们主要崇拜哪些动植物？

263... **98**. 俄罗斯人欢度新年的习俗有哪些？

265... **99**. 俄罗斯有哪些国家节日和宗教节日？

267... **100**. 俄罗斯体育界现状如何？面临哪些问题？

1. 俄罗斯的地理位置及其特点是什么？

俄罗斯位于北半球，欧亚大陆（Евразия）的北部，地跨欧亚两大洲，占据了欧洲的东部和亚洲的北部。俄罗斯的国土面积为1 700多万平方公里，占世界陆地总面积的11.46%（1/9），是世界上领土面积最大的国家。乌拉尔山脉和库马—马内奇斯基谷地把俄罗斯分为欧洲和亚洲部分。其亚洲部分领土占领土总面积的3/4，而欧洲部分仅占1/4，但欧洲部分却集中了3/4的工业、人口及大部分城市，是国家政治、经济的核心地区。俄罗斯领土呈长方形，从最东部白令海峡的杰日尼奥夫角（мыс Дежнёва）到最西部的加里宁格勒州格旦斯克湾的波罗的海的沙嘴（Балтийская коса）长约1万多公里，东西经度距离达170多度；南北跨纬度40多度，最宽距离超过4 000公里。

俄罗斯横跨9个时区（从第3时区到第12时区）。莫斯科和格林威治（Грийвич）时间相差3小时。2011年后俄罗斯不再实行夏时制。

俄罗斯的领土疆界总长为60 932公里，其中陆地边界长22 125公里，海岸线长为37 653公里，占总长的2/3。北部和东部边界为北冰洋和太平洋水域，海洋边界为12海里；西部和南部边界大多为陆地：西部边界从科拉半岛（Кольский полуостров）的巴伦支海岸开始，通过波罗的海（Балтийское море）直到黑海（Черное море）；南部边界从里海（Каспийское море）沿岸直到日本海岸（Японское море）。

俄罗斯在陆地与14个国家相邻，如果把阿布哈兹（Абхазия）和南奥塞梯（Южная Осетия）包括在内就是16个国家：西北有挪威（Норвегия）和芬兰（Финляндия）；西有爱沙尼亚（Эстония）、拉脱维亚（Латвия）、立陶宛（Литва）、波兰（Польша）、白俄罗斯（Беларусь）、乌克兰（Украина）；南有格鲁吉亚（Грузия）、阿塞拜疆（Азербайджан）、哈萨克斯坦（Казахстан）、中国（Китай）、蒙古（Монголия）和朝鲜（Корея）；此外,在东部与日本（Япония）以及美国（США）的阿拉斯加（Аляска）隔海相望。

2. 俄罗斯地形特征和气候有什么特点？

1）地形特征

在长方形的俄罗斯国土的中部,叶尼塞河（Енисей）自南向北将其分为东、西两部分：西部为平原和低地,东部为高原和山地。地貌以平原为主,平原、低地和丘陵占国土总面积的3/5,高原和山地各占1/5。地势是东部高、西部低。俄罗斯南部的高加索山脉和阿尔泰山脉属于欧亚大陆高山区,这些山脉高于东部山脉。因此,地势的高度是从东南向西北逐渐下降。

(1) 平原和低地　俄罗斯的平原占国土总面积的60%：从西部边界起,东到勒拿河（Лена）,北起北冰洋,南抵高加索山脉、阿尔泰山脉和萨彦岭（Саянский хребет）,脚下绵亘着俄罗斯世界著名的两大平原——东欧平原与西西伯利亚平原。

东欧平原（Восточно-Европейская равнина）也称俄罗斯平原。它北起白海和巴伦支海,南达黑海、里海和高加索,西起中欧山地,东抵乌拉尔山,总面积400多万平方公里,是欧洲最大的平原。平原内广布着丘陵和低地（низменности）,主要有莫斯科以南的中俄罗斯高地、西北的瓦尔代高地（Валдайская возвышенность）、伏尔加河沿岸高地（Приволжская возвышенность）和顿涅茨垅岗

(Донецкий кряж),平均海拔为 300—400 米;低地有黑海沿岸低地和里海沿岸低地(Причёрноморская и Прикаспийская низменности)等,平均海拔为 100—200 米。

西西伯利亚平原(Западно-Сибирская равнина)位于乌拉尔山脉和叶尼塞河之间,北濒喀拉海海岸,南达哈萨克丘陵(Казахский мелкосопочник),面积 300 多万平方公里。它比东欧平原更为低平,大部分地区在海拔 150 米以下,是世界上最低的平原。鄂毕河(Обь)、叶尼塞河、额尔齐斯河(Иртыш)三条大河流经这里。

(2) 高原与山地 在西西伯利亚平原的东部是中西伯利亚高原(Средне-Сибирское плоскогорье),它东临勒拿河,南抵萨彦岭和贝加尔山脉(Байкальский хребет),北接北冰洋沿岸的北西伯利亚低地,面积约 50 多万平方公里,平均海拔为 500—700 米。该地区有著名的通古斯卡煤田,世界上最深的湖泊贝加尔湖(озеро Байкал)亦位于这里。

勒拿河以东的整个地区称作东西伯利亚山地,俗称远东山地,面积 313 万平方公里。山地占全区面积的 4/5,只有阿穆尔河沿岸有低地、兴凯湖畔有平地,俄罗斯最大的活火山也位于该区。

俄罗斯境内的山脉大多不高,海拔高于 1 500 米的山脉只占国土面积的 10%。在俄罗斯边缘地区分布着 3 个山带:高加索山带,东部山带和斜交山带。

高加索山脉位于黑海和里海之间,自西北向东南伸展 1 100 多公里,宽达 180 公里。许多山峰高达 4 000—5 000 米。厄尔布鲁士山峰(Эльбрус)高达 5 642 米,为俄罗斯最高峰。

东部山带包括维霍扬斯克山脉(Верхоянский хребет)、堪察加半岛（полуостров Камчатка）山脉、千岛群岛（Курильские острова）山脉、萨哈林岛（остров Сахалин）山脉，平均海拔1 000—1 500米。堪察加半岛上有两条平行的山脉——斯列金内山脉（Срединный хребет）和沃斯托奇内山脉（Восточный хребет，又称东山脉）。后者以东为高达1 300米的火山高原，这里有150多座活火山。其中克柳切夫火山（Крючевая сопка，4 750米）是世界上最高的活火山。千岛群岛是堪察加半岛火山带的延续，100多座火山中有38座活火山，地震频繁。锡霍特山脉（Сихотэ-Алинь）位于日本海与乌苏里江之间，南北纵贯1 200多公里，宽300多公里，由许多山脉组成，间夹深谷，平均高度800—1 000米，东坡陡峭，西坡平缓，森林茂密，矿产资源丰富。

斜交山带东起楚科奇山脉（Чукотский хребет）和科累马山脉（Колымский хребет），经西伯利亚南部一直延伸到帕米尔高原（Памир），并与俄罗斯南部山脉相连。斯塔诺夫山脉（Становое нагорье，即外兴安岭）长700多公里、宽100—180多公里，由2—3条平行的山脉组成，大部分高达1 500—2 000米，它们是北冰洋流域和太平洋流域的分水岭。

在叶尼塞河以西地区，山脉只有位于东欧平原和西西伯利亚平原之间的乌拉尔山。它北濒喀拉海的拜达拉茨湾，南达哈萨克斯坦的草原地带，南北绵延2 500多公里，东西宽60—150公里，平均海拔400—500米。最高峰为纳罗德山（гора Народная），亦称人民峰，海拔1 895米，最低处只有350米。

2）气候特点

俄罗斯幅员辽阔，气候复杂多样，差异很大。它地处中高纬度，地跨4个气候带：北寒带（арктический пояс）、亚寒带（субарктический пояс）、温带（умеренный пояс）和亚热带

(субтропический пояс)。以叶尼塞河为界,西部属温和的大陆性气候,东部是典型的大陆性气候;西部沿海地区因受大西洋暖流影响,属海洋性气候(морской климат),而东部太平洋地区则带有季风性气候(муссонный климат)。总体说来,俄罗斯以温带大陆性气候为主,温带气候区占俄罗斯面积80%,冬季寒冷漫长,夏季炎热短促,气温的日差和年差较大,空气干燥,云雾较少,降水量较少。热量南北差异很大,气温自北向南递增。降水量分布不均。由西向东,由于大西洋海风的逐渐减弱和地势的变化,大陆性气候越加显著,冬夏温差大,降水量递减。俄罗斯南部部分地区属于亚热带气候,主要分布在黑海的东北岸和高加索地区。这一地区冬季温和,夏季炎热,湿润多雨,是俄罗斯降水量最多的地区。

北冰洋岛屿与北冰洋沿岸属于寒带气候,全年处在北冰洋气团控制之下,气候特点是严寒、强风、云量多,降水以降雪为主。冬季最冷月平均气温为零下40℃,夏季平均气温在零度以下,陆地几乎全被冰雪覆盖。

从寒带南缘到北极圈(северный полярный круг)一带属于亚寒带。冬季漫长严寒,最低月平均气温为零下30℃,夏季短暂,比寒带稍暖,冻结的地表短期融化。亚寒带北部最高月平均气温为5℃、南部为15℃,年均降水最多为200—400毫米。地处因迪吉尔卡河(Индигирка)上游的奥伊米亚康(Оймякон)最低温度达零下71℃,有地球寒极之称。由于寒冷,这里只能生长苔藓植物。

3. 俄罗斯有哪些自然资源?

俄罗斯是世界上面积最大的国家,地大物博,自然资源十分丰富。自然资源的数量、质量和组合决定着领土的自然资源的潜力,直接影响物质生产或非物质活动。自然资源的潜力又是人口布局和经济活动的重要因素,对经济的专业化有着巨大的影响。根据资源可否耗尽的特征,自然资源分为可耗尽资源,包括可恢复(生物的、土地的、水的)和不可恢复(矿物的)的自然资源,以及不可耗尽的自然资源(气候资源、水流的能量等)。

1) 水资源

俄罗斯的水资源极为丰富,淡水储量仅次于巴西,居世界第二位;按每平方公里的平均供应量居第九位,按人均淡水占有量居世界第四位。其亚洲部分的水资源供应有余,而欧洲部分人均年拥有水量为 8 500 立方米,是亚洲部分的 1/12。世界上 34 条长度在 2 000 公里以上的大河中,俄罗斯就有 7 条:鄂毕河(Обь)、阿穆尔河(Амур)、勒拿河(Лена)、叶尼塞河(Енисей)、伏尔加河(Волга)、奥列尼奥克河(Оленёк)和科雷马河(Колыма)。俄罗斯有河流近 300 万条,大部分河流的长度均小于 10 公里。

此外,俄罗斯境内有大小湖泊 250 万个,大部分水面小于 1 平方公里。最大的湖为贝加尔湖(Байкал)和拉多加湖(Ладожское озеро),其面积都超过 1 万平方公里;其中贝加尔湖是世界第一深湖,最深处达 1 620 多米。全球第一大咸水湖里海(Коспиское море)(面积为 37 万多平方公里)也在俄罗斯边界上。

2) 森林资源

俄罗斯是世界上森林资源最为丰富的国家,森林覆盖面积和木材储量居于世界首位。森林覆盖面积几乎占到全俄罗斯领土的一半,占世界森林面积的 1/5 以上,木材储量占世界总量 1/4。森林大部分集中于伏尔加—维亚特区(Волго-вятский)、乌拉尔、西西伯利亚、东西伯利亚和远东地区。西西伯利亚和远东地区的森林面积超过5.03亿公顷,木材储量多达600多亿立方米,主要树种有落叶松、冷杉、红松、橡树、椴树、桦树等。

3) 土地资源

俄罗斯国土资源丰富。虽然北极荒漠带、苔原带地面上只有苔藓,无法耕种,且占相当大的面积,可用于耕地的土地面积只占俄罗斯国土的20%,但其绝对面积和按人均可耕地计算,仍是十分可观的。俄罗斯占有世界可耕地的10%,4/5处于中央伏尔加地区、北高加索、乌拉尔和西西伯利亚地区。从中央黑土区、东欧平原直到西西伯利亚平原是著名的粮仓。森林带的土壤条件非常好,森林灰化土宜于耕种。其南部的森林草原带和草原带则有世界上最肥沃的黑土土壤。俄罗斯境内的黑土占世界黑土的三分之一。

4) 能源资源

俄罗斯的能源资源位居世界前列。能源结构中天然气占50%以上,石油占大约30%,煤占14%左右,其他为水力资源、木材等。

(1) 天然气 俄罗斯已探明的储量为50万亿立方米,占全球储量(150万亿立方米)的1/3,在全世界的天然气储量中占绝对的第一位。天然气产地集中在石油开采区。俄罗斯是天然气出口大国,每年有2 000多亿立方米的天然气通过输气管道输往乌克兰、白俄罗斯、东欧和西欧众多国家。

(2) 石油 俄罗斯石油储量(67亿吨)居世界第七位,是世界石油出口大国之一。

(3) 煤 俄罗斯煤的总储量为世界第一,也是世界最大的煤炭输出国。其储量预测有53 000亿吨,为全球预测量(14.8万亿吨)的三分之一多。

5)矿产资源

俄罗斯地质构造复杂,矿产资源丰富、种类多、储量大,是世界上自给程度很高的国家。当今世界上已知所有种类的矿产俄罗斯几乎都有,其中锰矿石、铬矿石、钾盐的储量占世界第一位;磷灰石、钾和许多稀有金属的储量也均居世界前列。品种齐全的矿产资源为俄罗斯发展多种基础工业、形成完整的工业体系奠定了重要的物质基础,为俄罗斯建立大型的工业基地和经济区提供了十分有利的条件。

4. 俄罗斯与日本有争议的岛屿是哪四个?其历史、地理根源是什么?

俄罗斯与日本有争议的岛屿为库纳什尔岛、伊图鲁帕岛、石科胆岛和哈博玛伊岛,即日本所称的国后岛、择捉岛、色丹岛和齿舞岛。

1)库纳什尔岛(Кунашир)

是库页列岛最南端的岛屿。面积大约为 1 550 平方公里,长为 123 公里,宽从 4 公里到 30 公里,高度为 1 819 米。岛上有 3 个活火山存在,属库页岛保护区。大约有 5 000 人居住在该岛上。本地居民为阿依努人(аины)。当地语言将该岛称为"黑岛"(чёрный остров),因为该岛上生长着深色针叶林,黑色土壤和火山喷发后留下的深褐色火山灰。

2)伊图鲁帕岛(Итурупа)

面积为 6 725 平方公里,属火山岛,高度为 1 634 米。岛上有竹林、针叶松林。库里尔斯克城(Курильск)坐落在该岛上,有 2 700

多居民。按阿依努人语言,该岛为"最好的地方"。

3)石科胆岛(Шикотан)

属小库页岛系列最大的岛屿,面积为255平方公里。有居民3 000多人居住,主要从事捕鱼及捕捞海动物。

4)哈博玛伊岛(Хабомаи)

为四岛中最南边的岛屿,距离日本北海道最边上的岛只有3.7公里,由几个小岛组成。岛上无居民,只有边防军驻守。

以上四岛问题在俄罗斯被称为有争议岛屿(спорные острова),而日本称为北方领土(северная территория)。目前四个岛屿均在俄罗斯控制之下。所谓北方四岛,就是位于千岛群岛以南与日本北海道东北部之间的这四个岛屿。由于它们在地理上属于千岛群岛,俄罗斯称之为南千岛群岛,而日本则称之为"北方四岛"。俄罗斯将它们归属于萨哈林州的南库叶群岛区,因此,俄罗斯认为这四岛属于勘察加板块,而日本则认为属于北海道板块。

关于这四岛的所有权问题,日俄两国争执了近四个世纪,但始终未能解决问题。日本人称,北方四岛最早是阿依努族的生活地,阿依努族人是日本最初的居民,1644年一幅日本绘制的地图上就包含了北方四岛。俄罗斯也搬出了自己的古书,俄第一次正式提及库页岛是1646年的事情,在俄探险家的报告中有所记载。俄罗斯人1711年首次进驻库页岛镇压勘察加的哥萨克人。1719—1722年彼得一世下命进行海洋地质考察,考察队详细绘制了从勘察加到西姆什尔岛(Симушир)的地图并进行了仔细的描写。叶卡捷琳娜二世时期把千岛群岛全部划归俄罗斯。

18世纪起,日本及俄罗斯先后在此进行开发,1855年,两国签署《日俄和亲通好条约》,约定将库岛以南的南千岛群岛归日本所有,日本先后在南千岛群岛设置行政区划。日本国直到1945年苏联在二次大战结束前都占领着南千岛群岛。

1945年苏、美、英三国首脑在雅尔塔会晤,签订了《雅尔塔协定》,美、英承诺苏联在战后将取得南库页岛以及千岛群岛全部主权。日本投降后,苏联依据雅尔塔协定宣布拥有该地主权。1951年签订的《旧金山和约》第二章"领土"中约定日本放弃对千岛群岛和库页岛自1905年《朴茨茅斯和约》后取得领土的所有权利与请求权。条文中并没有约定千岛群岛的范围,但签约当时,日本国会所通过的放弃范围包括国后岛(即库纳什尔岛)和择捉岛(即伊图鲁帕岛),然而苏联当时没有签署这份和约。1956年,苏联和日本两国签署《苏日共同宣言》,由于当时两国对南千岛群岛的主权问题无法达成共识,日本国会在1956年2月取消放弃国后岛和择捉岛的决议,不放弃南千岛群岛主权;虽然苏联原本也同意归还齿舞群岛和色丹岛,但却无法对国后岛和择捉岛的部分取得共识,因此最后签约时,并没有对领土争议达成任何协议,宣言中也没有相关内容。此后,2004年俄罗斯决定归还较小的齿舞岛(即哈博玛伊岛)和色丹岛(即百科胆岛),两岛仅占争议地区领土面积的6%,被日本拒绝。其后日俄两国对该岛的争议越来越激烈,日本北海道设有归还北方四岛委员会,经常组织游行集会。2009年7月3日,日本参议院一致通过《促进北方领土问题解决特别法》(北特法)修正案,明确"北方领土为我国固有领土"。这是日本首度在法案中将北方领土明确为"固有领土",明确赋予日本拥有北方四岛主权的法源依据。四岛位于日本北海道东北,不仅战略地位非常重要,而且拥有丰富的资源,据统计,四岛及大陆架总资源价值达458亿美元。因此,历来深受日、俄两国的重视。1991年苏联解体后,急盼日本经济援助的俄罗斯开始积极谋求改善俄日关系,日本则趁机将北方四岛问题提上两国关系的议事日程。叶利钦总统曾想分阶段解决领土问题,但遭到国内强大阻力只好作罢。普京上台后并没有在归还四岛问题上妥协,梅德韦杰夫在担任总统期间于 2010 年 11 月 1 日曾亲自赴岛视察,之后俄不少官员也赴岛巡视,表示了对该岛拥有主权的决心。普京表示,"俄罗斯是世界上领土最大的国家,但却没有一寸领土是多余的。"日本对此提出抗议,并有高级官员乘飞机在该地域上空视察,俄方外交部发言人则表示"欢迎日方领导人远眺俄罗斯领土的美丽风光"。

5. 俄罗斯哪三大河流流入北冰洋?哪条河流域面积最大?哪条河水量最大?

俄罗斯的大河中,流入北冰洋的占多数,其中 1 000 公里以上的河流就有 10 条。这些河流的流域面积很广,占到 2/3。俄罗斯这些流入北冰洋的河流是西伯利亚和东欧平原河流中最长、水量最大的河流。西伯利亚的河流大多起源于西伯利亚南部地区,上游水急、狭窄,下游宽广平缓,属高原性河流,而东欧平原上的河流均属平原性河流。在流入北冰洋的河流中,有如下三大河流:

1) 鄂毕河(Обь)

发源于阿尔泰山索罗基诺附近的卡通河(Катунь)与比亚河(Бия)汇合处。由南向北,流经西西伯利亚平原,注入喀拉海(Карское море)。汇合点以下长度为 3 650 公里,自最大支流额尔齐斯河河源起算全长 5 410 公里,水系庞大,支流众多,流域面积达 299 万平方公里,是俄罗斯最长、流域面积最大的河流。水量次于叶尼塞河和勒拿河,居俄罗斯第三位。从左岸汇入的较大支流有:卡通河、佩夏纳亚河、阿努伊河、恰雷什河、阿列伊河、舍加尔卡河、恰亚河、帕拉别利河、瓦休甘河、大尤甘河、大萨雷姆河等;从右岸汇入的较大支流有:比亚河、丘梅什河、伊尼亚河、托木河、丘雷姆河、克季河、特姆河。鄂毕河水流急、落差大,为水力发电提供了良好条件。在这条河上建有3座大型水电站:新西伯利亚水电站(Новосибирская ГЭС)、布赫塔尔马水电站(Бухтарминская ГЭС)和乌斯季卡缅诺戈尔水电站(Усть-каменожорекая ГЭС)等,后两个水电站位于哈萨克斯坦共和国。该河的主流及支流均是运输航道,木材运输占货运量的80%。

2) 勒拿河(Лена)

发源于贝加尔山脉的西坡,先向东,后折向北,流经东西伯利亚大部分地区,全长4 400公里,流域面积249万平方公里,注入拉普捷夫海。其长度被列为俄罗斯第三大河流。勒拿河水量丰富,在俄罗斯河流中占第二位,流量相当于两条伏尔加河。它是东西伯利亚的河运交通命脉,将萨哈共和国(雅库特)的首府雅库茨克(Якутск)南经乌斯季库特(Устькут)同贝加尔—阿穆尔铁路干线相通。勒拿河分3段:河源至维季姆河口为上游,维季姆河口至阿尔丹河口为中游,阿尔丹河口至入海口为下游。勒拿河自河源起先后接纳的主要支流有基廉加河、维季姆河、大波托姆河、奥廖克马河、阿尔丹河、钮亚河、维柳伊河等。

3) 叶尼塞河(Енисей)

发源于图瓦山地,全长4 092公里,流域面积258万平方公里。按长度为俄罗斯第四条大河,按水量居俄罗斯河流中的第一位。叶尼塞河穿过西萨彦岭,进入克拉斯诺亚尔斯克水库,又穿过东萨彦岭的西北支脉,流经西伯利亚高原西缘,注入喀拉海的叶尼塞湾。叶尼塞河水丰沛，在河上建造有许多著名的水电站。上游有萨彦—舒申斯克(Саяно-Шушенская ГЭС)水电站。中游有世界上最大的水电站之一的克拉斯诺亚尔斯克水电站(Красноярская ГЭС)，距阿巴坎(Абакан)市约400公里，其发电容量为600万千瓦。叶尼塞河的主要支流有安加拉河(Ангара)、石泉通古斯河(Подкаменная Тунгуска)及下通古斯卡河(Нижняя Тунгуска)。其中安加拉河是从贝加尔湖泄出的一条河，它使叶尼塞河的水量几乎增加了一倍，在该河中游已建成举世闻名的布拉茨克水电站(Братская ГЭС)，发电容量为450万千瓦。

6. 俄罗斯哪条河流为欧洲第一大河？其特征是什么？

伏尔加河(Волга)是欧洲第一条大河，发源于莫斯科北面的瓦尔代高地，自源头向东北流至雷宾斯克转向东南，至古比雪夫折向南，流至伏尔加格勒后，向东南注入里海，是世界最大的内流河，即不流入海洋的河。它汇集200多条支流，河口低于海拔28米，伏尔加河干流总落差256米，全长3 530公里(未建水库前为3 690公里)，流域面积136多万平方公里，占到俄罗斯欧洲面积的1/3。河口年平均流量约为8 000立方米/秒，年径流量为2 540亿立方米。河流流速缓慢，河道弯曲，多沙洲和浅滩，两岸多牛轭湖和废河道。在伏尔加格勒以下，由于流经半荒漠和荒漠区，水分被蒸发，没有支流汇入，流量降低。

伏尔加河是一条典型的平原河流，三角洲面积为1.9万平方公里。伏尔加河被俄罗斯人誉为母亲河。它的河床宽，水深，航运发达，两岸景色秀丽，是著名的旅游胜地。伏尔加河—波罗的海水路（Волго-Балтийский водный путь）、伏尔加河—顿河运河、白海—波罗的海运河（Беломорско-Балтийский канал）使伏尔加河与波罗的海、白海、亚速海及黑海相通，将莫斯科变成可通往五个海域的港口。北面经白海—波罗的海运河、北德维纳河、苏霍纳河（Сухона）通向白海，东面则通向北冰洋、大西洋的广阔海域。莫斯科运河使伏尔加河的船只直达莫斯科，沿伏尔加河南下可到达下诺夫哥罗德（Нижний Новгород）、喀山（Казань）、萨马拉（Самара）、萨拉托夫（Саратов）、伏尔加格勒（Волгоград）、阿斯特拉罕（Астрахань）。伏尔加河水量充沛，已建成水电站有列宁伏尔加水电站及苏共二十二大伏尔加水电站等。伏尔加河流经俄罗斯的四个百万人城市——下诺夫哥罗德、喀山、萨马拉和伏尔加格勒。

伏尔加河可分为三段：上游，从发源地到与奥卡（Ока）河汇合处，在雷宾斯克和托维尔城市之间的伏尔加河上建有伊凡尼科夫水库和水力发电站（Иваньковская ГЭС）、乌格利奇水库和发电站（Угличская ГЭС）、雷宾斯克水库和发电站（Рыбинская ГЭС）、高尔基水库的下城发电站（Нижегородская ГЭС）；中游，从与奥卡河汇合处到与卡马（Кама）河汇合处，在切博克萨雷建有水库和发电站（Чебоксарская ГЭС）；下游，从与卡马河汇合处到窝瓦河伏尔加河的河口。该区建有日古廖夫发电站（Жигулевская ГЭС）、古比雪夫水库、萨拉托夫发电站（Саратовская ГЭС）、伏尔加发电站（Волжкая ГЭС）和伏尔加格勒水库。

伏尔加河中有 70 多种鱼类。河流域大部为大陆性气候，流域上中游和下游右岸属森林气候，下游左岸属草原气候和半荒漠气候。伏尔加河在河口的三角洲上分成80条汊河注入里海。干、支流通航里程3 256公里之多;货运量占全国河运总量的半数以上,主要货流为石油、木材、粮食、机械等。结冰期从11月末至次年4月,通航期为7—9个月。伏尔加河流经俄罗斯13个联邦主体。

7. 为什么说贝加尔湖在世界淡水湖中占有三个"第一"？俄罗斯淡水可利用资源在世界上有何地位？

贝加尔湖(Байкал)被称为"西伯利亚的蓝眼睛",是俄罗斯境内第二大湖,位于西伯利亚南部,面积31 500平方公里,南北长600多公里,东西宽约25—80公里。它在世界淡水湖中占有三个"第一":水量第一,蓄水量为2.3万立方公里,是世界淡水储量的1/5;深度第一,最深处达1 620多米,平均水深730米,是世界上最深的湖;湖龄最长,具有2 000万年的历史。贝加尔湖又是高山湖,位于海拔456米、四周被比湖面高2 000米的山脉所环绕,湖水清澈透明,水质特好。湖内共有27个岛屿。336条河流注入其间,只有一条安加拉河泻出。贝加尔湖群山环抱,风景优美,是俄罗斯著名的疗养和旅游胜地,被誉为西伯利亚的明珠,现在被列为自然保护区。湖中渔产丰富,生存着约600种植物和1 200多种水生动物,其中四分之三为该湖独有。

贝加尔湖呈新月形,湖泊位于盆地地形中,周围有山脉及丘陵环绕,是亚洲第一大淡水湖,也是世界第七大湖,属于断层湖,沿岸地震频繁,多温泉。1996年贝加尔湖被联合国教科文组织列入《世界遗产名录》。

据世界卫生组织的预测,目前全球近半数的人口用水紧张。例如中国就是一个干旱缺水的国家。淡水资源总量仅占全球水资源的6%,虽占世界第四位,但人均只有2 200立方米,相当于世界人均量的1/4,在世界排上名列121位。但俄罗斯淡水资源丰富,其境内的天然淡水总储量达60万亿立方米,占世界淡水总量的80%,其中超过1/5集中在贝加尔湖。据有关资料显示,一个贝加尔湖的淡水储量比中国的所有液态淡水资源加起来还多,仅这一湖淡水就占了世界淡水资源的20%。俄罗斯专家认为,即使是在全球淡水储量告急的情况下,俄罗斯的淡水资源可以确保国家的经济安全。不仅如此,俄罗斯还拥有出口水资源的雄厚实力,因为其庞大的水资源用以自己消耗的只占2%。

8. 哪个湖是俄罗斯与中国的界湖?哪条河是中俄的界河?

兴凯湖(Ханка)是中俄界湖,位于俄罗斯滨海边疆区和中国黑龙江省之间,古代火山爆发后因地势陷落积水而形成。兴凯湖是俄罗斯远东地区最大的淡水界湖,中国部分位于黑龙江省东南部农垦牡丹江分局境内。兴凯湖是大兴凯湖和小兴凯湖的统称,原为中国内湖,1860年中俄《北京条约》签约后,变成了中俄界湖,北面1/3的面积的小兴凯湖为中国所有,南部大部分属俄罗斯。最大水量时面积达到5 010平方公里,平均水量面积4 070平方公里,长约95公里,最大宽度67公里。其中北部在中国的湖面面积为1 220平方公里,在俄罗斯的面积为3 300多平方公里(南部)。该湖水深1—3米,最深处达10.6米。建有中俄兴凯湖国际自然保护区。该湖风大浪高、湖水浑浊,渔产丰富,可通航,冬季结冰。

阿穆尔河(Амур)是俄罗斯的称呼,中国称之为黑龙江,是中俄界河,有两个源头:北源石勒喀河(Шилка),发源于蒙古人民共和国的肯特山东麓,南源额尔古纳河(Аргунь),发源于中国的大兴安岭西侧。阿穆尔河全长4 444公里,按长度居俄罗斯第二位,水量居第五位,流入鄂霍次克海(Охотское море)。主要支流有结雅河(Зея)、布列亚河(Бурея)、阿姆贡河(Амгунь)、松花江(Сунгари)和乌苏里江(Уссури)等。

阿穆尔河(黑龙江)在中国境内流域面积为86万平方公里,占流域面积的48%;在俄罗斯境内流域面积为98万平方公里,占全部流域面积的52%。阿穆尔河沿岸的主要城市有:布拉戈维申斯克(Благовещенск,海兰泡)、哈巴罗夫斯克(Хабаровск,伯力)、阿穆尔河畔共青城(Комсомольск-на-Амуре)、尼古拉耶夫斯克(Николаевск-на-Амуре,庙街)等。

9. 俄罗斯何时建立了第一个封建王朝?叫什么王朝?

俄罗斯人起源于斯拉夫人,信奉多神教。斯拉夫人是欧洲最古老和最庞大的部族集团,是东欧大多数民族的先祖。从公元6世纪起,斯拉夫部族开始分化,在拜占庭历史著作中把南斯拉夫人、西斯拉夫人(称"维涅德人")与东斯拉夫人(称"安特人")区别开来:斯拉夫人南迁至多瑙河流域和巴尔干半岛,称为南斯拉夫人(后来发展成塞尔维亚人、克罗地亚人、斯洛文尼亚人、马其顿人、黑山人、波斯尼亚人、保加利亚人);西迁至维斯瓦河、奥德河和易北河流域的被称作西斯拉夫人(后发展成波兰人、捷克人、斯洛伐克人等);东迁至伏尔加河左岸和奥卡河上游,西到涅曼河及布格河右岸,北至楚德湖、伊尔明湖地区,南到第聂伯河口及德涅斯特河流域的称为东斯拉夫人(即现在的俄罗斯人、乌克兰人、白俄罗斯人)。东斯拉夫人聚居在基辅(Киев)、诺夫哥罗德(Новгород)、契尔尼戈夫(Чернигов)、伊兹伯尔斯克(Изборск)、斯摩棱斯克(Смоленск)、苏兹达里(Суздаль)等地。这些地方大多坐落在河流旁,都是以商路为基础而发展起来的。"罗斯"是芬兰语诺曼人的音译,俄语表述是 Рос 或 Русь。正因为罗斯国家的关系,整个东斯拉夫人都变成了罗斯人,仅有大俄罗斯、小俄罗斯(乌克兰)和白俄罗斯之分。

公元 9 世纪中期诺夫哥罗德城发生内讧,一派贵族遣密使邀请昔日的仇敌瓦良格人首领留里克(Рюрик)进城平乱。留里克及其两兄弟进城后,杀掉双方贵族的男丁,镇压了城内的反抗。公元 862 年留里克宣布自己为诺夫哥罗德大公(князь),创立了古罗斯(Древняя Русь)的第一个封建王朝,即留里克王朝(Династия Рюриковичей)。

10. 何为基辅罗斯?简述罗斯受洗状况。

公元 879 年留里克去世,奥列格(Олег)即位。882 年奥列格率兵征服了斯摩棱斯克,进军基辅,建立了"基辅罗斯"(Киевская Русь),成为了基辅罗斯大公,其他东斯拉夫人小公国都臣服于他。这是有历史可考的最早的罗斯人国家,也是古罗斯国确切纪年的开始。

当时迁都于君士坦丁堡的拜占庭帝国（Византийская империя,即东罗马帝国）继承了希腊的文化和古罗马的文明,国力强盛,具有较高的生产力。基辅罗斯作为其贸易伙伴,深深受到它的全面影响。公元911年奥列格率部队直逼拜占庭京城君士坦丁堡,迫使对方签订了一个有利于基辅罗斯国的贸易条约,文本用俄语和希腊文签署。拜占庭帝国承认了古罗斯国的强大。

弗拉基米尔（Владимир）在位期间将东斯拉夫的土地全部并入基辅罗斯,统一了国家。为了促进经济的发展,加速国家的成长,解决日趋紧张的封建关系,弗拉基米尔决定借助宗教的力量。公元988年弗拉基米尔大公与拜占庭公主安娜成亲,接受了希腊东正教的洗礼,回国后进行了第二次宗教改革:定东正教为国教,命令大贵族及全体基辅罗斯人受洗入教;997年弗拉基米尔大公确立都主教（митрополит）,在基辅设立大主教区,随后在诺夫哥罗德、契尔尼戈夫、苏兹达里设立主教区,修建教堂。皈依基督教不仅在国内促进和巩固了基辅罗斯的统一,加强了新的社会关系,巩固了政权,而且在国际上使得罗斯同其他基督教会各国处于平等地位,加强了基辅罗斯同拜占庭和西欧各国的政治经济联系和文化交流。接受基督教后,基辅罗斯有了统一的文字,而教堂与寺院的修建也促进了文学、建筑艺术、绘画和教育的发展。

1019年诺夫哥罗德大公雅罗斯拉夫登上了基辅大公的王位。雅罗斯拉夫雄才大略、知识渊博,有"智者雅罗斯拉夫"之称。雅罗斯拉夫统治期间基辅罗斯的发展达到了鼎盛,基辅罗斯已经成为欧洲最大的国家。对外与欧洲大国进行政治联姻,对内为了加强统治制订了《大罗斯法典》，规定了货币赔偿办法。雅罗斯拉夫在位期间古罗斯国的势力达到顶峰。晚年他把国土分给 5 个儿子治理。在他之后，儿子们展开王位争夺，到 1132 年基辅罗斯国彻底瓦解。基辅罗斯国自公元 882 年建立至 1132 年，历时 250 年。

11. 俄罗斯国徽双头鹰的由来及其象征意义是什么？

双头鹰的由来可追溯到公元 15 世纪。它原是拜占庭帝国皇帝君士坦丁一世的徽记。拜占庭帝国曾横跨欧亚两个大陆，所以双头鹰一头望着西方，另一头望着东方，象征着两块大陆间的统一以及各民族的联合。1453 年，辉煌一时的拜占庭帝国被奥斯曼帝国消灭，拜占庭皇帝君士坦丁十一世英勇战死。他的两个弟弟，一个臣服于奥斯曼帝国，另一个带着两个儿子和女儿索菲亚·帕列奥洛格逃到罗马。后来，这两儿一女在其父死后被罗马教皇抚养成人。当时的罗马政治家们为借助俄罗斯的军事力量抵御土耳其人，便用联姻的方式将索菲亚许配给莫斯科大公伊凡三世。

由此，索菲娅佩戴着拜占庭帝国的双头鹰徽记来到了俄罗斯。索菲娅协助夫君伊凡三世把俄罗斯的土地基本上联合到一起，形成了一个疆域辽阔的统一的国家。1497 年，双头鹰作为国家徽记首次出现在俄罗斯的国玺上，直至 1917 年被十月革命苏维埃政府废除。1993 年 11 月 30 日，这只象征俄罗斯国家团结和统一的双头鹰又"飞"回到俄罗斯的国徽上。20 世纪末，俄罗斯国家杜马从法律上确定双头鹰徽和国歌、国旗为俄罗斯的国家象征。双头鹰作为国徽在俄罗斯的历史中有不同的式样,例如有单一色彩的双头鹰,有没有盾牌的双头鹰,有一顶皇冠的双头鹰等。

1993年11月30日,俄罗斯决定采用十月革命前伊凡雷帝时代的以双头鹰为图案的国徽:红色盾面上有一只金色的双头鹰,鹰头上是彼得大帝的三顶皇冠,鹰爪抓着象征皇权的权杖和金球。鹰胸前是一个小盾形,上面是一名骑士和一匹白马,代表首都莫斯科。骑士面向右侧,穿着银色盔甲,披着淡蓝色的披风,手里握着锋利的金色长矛刺向一只黑色的蛇状怪物。它是于1781年在"乔治十字勋章"里关于蛇魔的传说的基础上建立的。2000年12月25日通过了俄罗斯联邦国徽的新法律,对1993年的双头鹰国徽进行了修订,指出国徽是四角形,下方两边椭圆的红色徽章盾牌,盾牌上有向上展开双翅的双头鹰,头顶有用丝带连接的两个小皇冠和一个大皇冠。鹰的右爪握着皇权权杖,左爪握着球状权标;鹰的胸部,红色的盾牌上是穿着蓝色披风、骑着银色马的骑士,在用银枪长矛扎着仰面朝天被马踩踏的龙。同时也规定可以使用没有盾牌、色彩单一的双头鹰。目前,俄罗斯多用人民艺术家耶·乌赫纳廖夫设计的双头鹰。

双头鹰头上的三顶王冠象征着国家俄罗斯联邦主体的统一,双头鹰鹰爪上的金球和权杖象征国家的统一是神圣不可侵犯的权力。至于双头金鹰雄视东西两边,则代表俄罗斯是一个地跨亚欧两大洲的国家;在中心的小盾牌上,勇士圣·乔治(俄罗斯的主保圣人)跨上白马,用长矛杀死了邪恶的毒蛇,象征俄罗斯民族不忘历史、继往开来,勇于同一切困难、敌人作斗争的精神,当然这只是民间的解释。

12. 俄罗斯东正教发展的历史对俄罗斯文化有何影响?

公元988年弗拉基米尔大公在赫尔松受洗,正式皈依东正教,并将东正教定为国教。他不仅自己接受洗礼,还强行命令基辅居民跳入第聂伯河,接受希腊神父的洗礼,这就是历史上著名的"罗斯受洗"。他在基辅设立大主教区,兴建教堂和修道院。基辅罗斯大部分居民是在弗拉基米尔大公和他的儿子们执政时受的洗礼。13—15世纪罗斯受蒙古鞑靼人统治,但东正教却没有被取消,鞑靼人也没有把自己的宗教强加于俄罗斯人。东正教在蒙古鞑靼人统治时期发挥了团结人民抵御外敌的凝聚作用。

沙皇统治时期是教会最有势力的时期。教会不仅拥有大片土地、大量财产,还掌握着大量农奴和农民的命运,神职人员多出身贵族,拥有特权。根据沙皇俄国的法律,信仰东正教是每个国民的义务,任何不接受东正教的人都被认为是异教徒。沙皇政府规定,所有学校均需开设神学课。政府在教会的压力下一度甚至试图将大学改成类似修道院和宗教学校式的机构,取消一切自然科学课程。17世纪以前,教会在俄国社会生活中拥有左右国家政局的巨大实力和权力,这一时期俄罗斯几乎是一教天下,是受东正教影响最大的时期。

彼得大帝时期进行改革,限制、削弱教会的实力,将教会的部分财产和领地收为国有,并且规定东正教牧首由沙皇任命,教会的使命仅仅限于在精神领域开展活动,不允许教会干预政治。这使得俄罗斯的一切权力归于沙皇一人,教会必须听命于沙皇。

十月革命结束了东正教在俄国的国教地位,苏联政府奉行无神论的马克思列宁主义,东正教受到重创,教徒和神职人员的数量锐减,但是并没有完全解除人们对东正教的信仰。随着1991年苏联的解体,俄罗斯东正教得以恢复,并且有了进一步的发展和巩固。特别能够证明的是教徒们重建了被斯大林在20世纪30年代拆毁的莫斯科救世主大教堂。该教堂富丽堂皇,完全用教徒的捐款修建,没有花国家一个卢布。

俄罗斯的文化受东正教的影响,在其历史发展和现状中文化的方方面面无不与东正教相联系。东正教文化涉及人们的社会生活,特别是社会精神生活的各个领域。精神领域狭隘的理解是世界观,包括宗教、哲学、思想意识;而广义的理解则是人的文化和生活的一切形式。个人的世界观、价值取向决定着人在社会中的活动目的,决定着人们的任何物质和精神生产的活动内容和特征,包括对儿童和青年人的道德教育、爱国主义教育、公民意识教育等,使得俄罗斯人形成了独特的东正教生活方式。东正教对待自然、劳动和生产的态度得到了巨大的物质回报。俄罗斯人民物质文化中,包括历史建筑、历史文化纪念地、日常生活和生产所创造的物品、艺术等都有着东正教的烙印,是民族文化的宝贵遗产。别尔嘉耶夫写到:"进入民族的不只是人的后代,还有教堂、宫殿和庄园的石头、墓石、古老的手迹和书籍……"自从988年罗斯受洗后,东正教就进入了俄罗斯人的生活,成了社会的精神支柱,促成了俄罗斯人的特性和世界观形成。教堂成了人们日常生活和节日活动场所,人们的喜怒哀乐都要在教堂里去诉说。在宗教哲学、文学方面,东正教的影响广泛流传,对俄罗斯人的精神、道德起到了规范作用。19世纪俄罗斯文学的黄金时代以及后来的白银时代,俄罗斯作家的作品中都有对东正教信仰的描述,他们把东正教和宗教哲学结合在一起,对世界文学和宗教哲学作出了巨大贡献。例如,别尔嘉耶夫、索洛维约夫、托尔斯泰、普希金、莱蒙托夫、陀思妥耶夫斯基等哲学、文学巨匠的作品中无不受东正教的影响。

在艺术方面,俄罗斯教堂、镶嵌艺术、浮雕壁画、油画、肖像画等以及音乐都是东正教文化的杰出表现,刻有东正教深深的烙印。基辅索菲亚教堂和诺夫哥罗德的索菲亚教堂以及苏兹达里、弗拉基米尔、莫斯科等地的教堂是东正教文化最富有代表性的建筑,也是当时最杰出的石造建筑;圣经是古罗斯绘画的主要题材,其代表人物是鲁勃廖夫(Рублев)和乌沙科夫(Ушаков)。鲁勃廖夫的《圣三一图》和乌沙科夫的圣像画为俄罗斯民族艺术的发展奠定了基础,也显示了东正教文化的影响。

13. 俄罗斯历史上遭受了哪些外国、外族入侵?

俄罗斯的历史是在受外族侵略的同时也伴随着对外侵略的历史。俄罗斯历史上受到最大的外族入侵有蒙古鞑靼人的入侵、瑞典日耳曼人的入侵、法国拿破仑和德国希特勒的入侵。

1204—1205年成吉思汗将蒙古各部落统一起来,并依靠武力建立了中央集权制的国家,占据了北方之后开始西进。先是占领了中亚,后经伊朗进入阿塞拜疆以及南部草原地带。14年后强大的蒙古国大汗——成吉思汗之孙拔都率军再次进攻罗斯,罗斯的许多城市相继沦陷。1240年拔都军队攻进基辅,整个基辅城被夷为平地,建立金帐汗国。其国疆域十分辽阔,西起多瑙河,东到西西伯利亚的额尔齐斯河,南到北高加索及中亚的部分地区,北到北冰洋。政治上罗斯各国都已臣服于金帐汗国,向金帐汗国进贡。

鞑靼蒙古人对罗斯的统治长达240年,俄罗斯的学者通常将这段历史称为"鞑靼蒙古的桎梏"。它使罗斯脱离了欧洲大家庭,为罗斯的经济和文化带来了严重的损害,扼制了罗斯的文明进程。也有学者认为,蒙古对罗斯也起到了一定的积极作用,他们制止了罗斯王公内部的纷争,整顿了罗斯的国家秩序,最终使罗斯各公国走向统一,服从统一政权的领导。

1240年7月瑞典国王比尔盖尔以为有机可乘,遂率军进入俄罗斯涅瓦河口登陆,企图侵占从芬兰湾到诺夫哥罗德的水陆商路。当时年仅20岁的王公亚历山大公率军迎敌。足智多谋的年轻大公指挥有方,涅瓦河之战以罗斯的军队胜利而告终,瑞典人被赶出了罗斯,亚历山大王公被誉为"涅瓦王"。

两年之后,日耳曼人对普斯科夫进行蚕食,"涅瓦王"亚历山大再次带领罗斯人抵御敌人。1242年4月5日在冰天雪地的楚德湖面上,双方进行了血战,罗斯人再次获胜。这场战斗被称为"冰湖大战"。

第三次大的外族入侵是1812年的拿破仑对俄不宣而战。他企图速战速决,在短期内打败俄国。然而俄国部队却不急于与法军交战,他们甚至放弃莫斯科,使得拿破仑进入空城。在库图佐夫将军的领导下,俄军在莫斯科附近的巴拉金诺与拿破仑决战,使得拿破仑损失惨重,最后不得不逃离莫斯科。这一历史被称为"卫国战争"(Отечественная война)。

最后一次是1942年希特勒实行的"巴巴罗沙"计划,突然袭击苏联。

外国外族的入侵严重破坏了俄罗斯的工农业生产,阻碍了社会经济的正常发展,同时又使俄罗斯各族人民经受了考验。在反抗外国异族进犯的斗争中,俄罗斯人民英勇奋战,为国家独立统一不惜流血牺牲,最后取得了胜利。

14. 简述莫斯科公国的成长历程及历史作用。

莫斯科公国是13世纪末至17世纪末罗斯最大的封建国家。莫斯科原来只是弗拉基米尔-苏兹达尔公国的一个边界小镇,土地肥沃,地形有利,水陆交通发达,较少受鞑靼人和立陶宛人侵袭。莫斯科公国第一位王公是达尼尔·亚历山大罗维奇(Данил Александрович)(1283—1303)。14—15世纪期间,莫斯科公国经济和政治地位不断提高,成为反抗鞑靼压迫、争取民族独立和消灭封建割据、统一东北罗斯的中心。随后继位王公的尤里·达尼洛维奇(Юрий Данилович)(13035—1325)通过贿赂和各种手段从金帐汗那里获得了弗拉基米尔大公的封号,为莫斯科的强盛奠定了基础。尤里之后,伊凡·卡利达(Иван Калита)继任莫斯科公国大公(1325—1340),史称伊凡一世。卡利达是个翻云覆雨、为达目的而不择手段的大公。他利用手中的权力强取豪夺、聚敛钱财,使莫斯科成为罗斯最富有的公国,他本人也因此获得"钱袋"(Калита)的绰号。他决心完成兄长未完事业,使莫斯科成为罗斯大地统一的中心。他不惜花重金,以各种手段把东正教罗斯教区总主教驻地从弗拉基米尔迁到莫斯科,使得莫斯科在成为政治经济中心前首先成为全罗斯教会中心,各地的教会均听命于莫斯科。公元1327年特维尔公国发生反对金帐汗国统治的起义,卡利达主动请命率军前去镇压,取得金帐汗的信任,被册封为弗拉基米尔大公称号,获准征收全罗斯贡赋。依仗金帐汗国的支持,卡利达大大加强了莫斯科公国的地位,使其在罗斯诸国称雄,为后继者摆脱蒙古鞑靼人的统治奠定了基础。

伊凡一世的孙子,即伊凡二世的儿子德米特里·伊凡诺维奇·顿斯科依(Дмитрий Иванович Донской)(1359—1389)继任莫斯科大公。他胸怀大志、广纳贤士、积蓄力量,一心要摆脱蒙古鞑靼人的统治。他利用金钱收买和赠送女人的"钱袋加枕头"等各种手段向金帐汗国君大献殷勤,取得弗拉基米尔及全罗斯大公的封号后,加快兼并罗斯其他公国。这时金帐汗国出现分裂,马麦汗发现了莫斯科公国的企图,便派兵讨伐莫斯科公国。于是,德米特里联合其他一些不愿意受金帐汗欺压的公国军队15万多人在库利科夫与蒙古鞑靼军队激战。战役中罗斯军队击败了马麦汗率领的鞑靼军队,确立了莫斯科公国在罗斯各公国的领导地位。也由于这次胜利,德米特里被授予"顿河王"(Донской)称号。

德米特里之子瓦西里一世(Василий Ⅰ)(1389—1425)统治时期,莫斯科公国的领土不断扩大,国家势力不断增强。其子瓦西里二世(Василий Ⅱ)(1425—1462)在位期间,发生了15世纪的各公国王公之争。他打败了公国内部采邑王公的反抗,巩固了大公的地位,战争中他被剜去双眼,史称"盲者"瓦西里(Василий темный)。他不断兼并罗斯各公国,晚期莫斯科公国与14世纪时期相比扩大了30多倍。他拒绝了天主教和东正教联盟回归罗马统领的提议,表明莫斯科公国已有实力开始由莫斯科自己确定任命罗斯东正教的主教。

莫斯科大公伊凡三世(1462—1505)在位纵横于诸国之间,利用各汗之间的矛盾,极尽所法,逐步完成了对其他国家的兼并。1478年,伊凡三世停止向金帐汗缴纳贡赋。1480年,金帐汗阿赫默德汗率兵讨伐。伊凡三世怯阵,在莫斯科市民压力下才陈兵乌格拉河,与蒙古军隔河对峙。不久形势发生变化,蒙古鞑靼军因天寒粮缺、波兰援军未到、都城萨莱又受到克里米亚汗的袭击而被迫撤兵,伊凡三世不战而胜。不久,阿赫默德汗在内讧中被杀,从此结束了蒙古鞑靼人对俄长达 240 年(1240—1480)的统治。

莫斯科公国的成长发展过程是罗斯成长壮大的过程,在形成以莫斯科为中心的俄罗斯中央集权过程中有着重要作用。它不仅统一了罗斯,建立强大的罗斯公国,而且为摆脱外族蒙古鞑靼人近两个半世纪的统治作出了巨大贡献。在瓦西里三世(1505—1533)的统治时期完成了东北罗斯的统一,使得以莫斯科公国为核心的俄罗斯统一集权国家正式形成,随后在伊凡四世时改名为俄罗斯帝国。

15. 何人称帝俄罗斯"沙皇"?简述其改革及对外扩张。

俄罗斯帝国(1546—1917 年),简称俄国、帝俄,通称沙俄。1546 年,莫斯科公国大公伊凡四世加冕称沙皇,沙皇俄国诞生。1613 年,开创罗曼诺夫王朝。1721 年,彼得大帝与瑞典王国进行北方战争而获得胜利,俄罗斯参政院授予俄国沙皇"俄罗斯皇帝"头衔,俄国成为正式意义上的帝国。

瓦西里三世完成了罗斯的统一,逐步形成了俄罗斯中央集权的统治。他死后,他 3 岁的儿子伊凡四世继位(1533),国家大权实际掌握在其母亲叶琳娜(Елена Васильевна Глинская)手中。

1538年叶琳娜去世,国家政权实际上掌握在贵族杜马手中。伊凡四世(Иван Ⅳ)17岁时正式登基,开始独立掌管国家。他天资聪明,记忆力过人,博览群书,文笔和口才都十分出色。他不满全罗斯国君的称呼,效仿古罗马"凯撒"称号,搞来了一顶摩诺马赫的皇冠,自称"沙皇",成为了俄罗斯历史上第一位沙皇。伊凡四世极富谋略,对内加强皇权,实行改革,对外征讨扩张,大大扩大了俄罗斯的版图,使其成为世界上领土面积最大的国家。伊凡四世是当时沙皇俄国出色政治家和学者,重视教育,推行了大量在历史上有深远意义的改革措施,为俄罗斯国家发展奠定了基础。他为人凶狠,性格暴烈,对人民统治残酷专制,杀人无数,人称"伊凡雷帝"(Иван Грозный)或"恐怖的伊凡"。1581年,伊凡四世在大怒之下用手杖击中儿子的太阳穴而致其死亡。

为了加强中央集权,伊凡雷帝于16世纪50年代进行了一系列的行政和军事改革。伊凡四世的改革史称为16世纪中期的改革(реформы середины 16 в.)。这场改革是一次综合性、纲领性和全局性的社会变革,涉及国家和社会生活的各个主要方面,为了加强皇权、削弱和打击旧的领主贵族势力,曾将领主杜马的人员组成增大了三倍。他依靠服役贵族对国内政治、军事等方面进行了一系列改革,强化了中央权力,提高了分封贵族在国家管理中的作用,具体措施有:

1)将领主杜马过渡到新的国家机构——缙绅会议(Земский собор)。该会议的成员由领主杜马、宗教界高层代表、各政厅的高级官员和工商区上层人士组成。会议不定期举行,决定国家大事、对外政策和财务问题。首届会议于1549年召开,到17世纪80年代的最后一次会议为止,共举行过80次缙绅会议;

2）废除世袭领地机构,建立中央管理机构。地方上建立统一管理体系,原来地方征税由食邑的贵族来管理,1550年取消采邑制度(кормление),将管理权交给由地方贵族选举出的区长(губной староста)。在城市则由各显贵阶层选举的地方长官来管理。这样,在16世纪中期就形成了代表等级的君主政体(сословно-представительная монархия)。

3）颁布法典。缙绅会议于1550年通过了在伊凡三世法典基础上修改的新法典(судебник)。法典的宗旨是强化中央集权,规定农民只能在"尤利节"(Юрьев день)才能出走易主,并加大征收易主赎金(плата за пожилое)。封建地主要为农奴犯罪负责,强化了农奴对主人的依赖。在法典中首次写进了国家公务人员受贿要受到惩罚的条例,法典中还制定了城市和农村的统一课税单位。

4）为加强国家的武装力量,首次颁布《兵役法典》(уложение о службе)。部队的中心由贵族兵组成,世袭贵族或地主均可从15岁服役,并可继承,每150俄亩土地出兵1人。1550年组成常规火枪兵,起初就有3千人。首次在军队中有外国人服役;为巩固边防吸收了哥萨克兵,并加强了炮兵力量。

5）建立直辖区和直辖军。伊凡四世将全国分为直辖区(опричнина)和普通区(земщина):沿海城市,大的工商区城市以及战略和经济区属沙皇直接管理的直辖区,并驻守有贵族组成的、由普通区提供供给的千人直辖军。他们身穿黑衣,马鞍旁挂着一个狗头和一把扫帚,象征着直辖军像狗一样忠于沙皇,并准备随时将叛逆者扫出国门。他们的任务是屠杀不归顺沙皇的贵族及家属。

1551年沙皇和教主召开"百项决议"教会会议(Стоглавый, Собор русской церкви)。会议赞同1550年法典和伊凡四世的改革,并将教堂仪式进行了整顿统一,教徒可以购买土地并且收受贡赋,但必须经沙皇的许可。

外部扩张是伊凡雷帝在位51年始终不变的取向。为扩张领土,他全方位出击,几乎有一半时间是在外挂帅亲征。1552年9月,伊凡雷帝亲率15万大军围攻东邻喀山汗国(Казанское ханство),攻陷后将其并入俄罗斯版图;1554年他又派兵3万,直取阿斯特拉罕汗国(Астраханское ханство)的都城;之后,伊凡雷帝下令夺取西伯利亚。于是,1581年9月由叶尔马克(Ермак)率领的哥萨克武装840人侵入西伯利亚汗国,次年11月该部队侵占了西伯利亚都城伊斯凯尔(Искер)。从此,西伯利亚地区有"金羊毛"(Золотое руно)之称的皮货和金银矿就成了沙皇财政收入的主要来源之一。

伊凡雷帝为了打通去波罗的海的航路、争夺出海口,发动了长达25年的立沃尼亚战争(Ливонская война)(1558—1583)。战争的借口是立沃尼亚骑士团扣留了123名俄罗斯邀请工作的外国专家和立沃尼亚占领的德尔普特城(Дерпт)不予纳贡;另外,还有立沃尼亚和波兰及立陶宛结成军事联盟的原因。立沃尼亚特使来到莫斯科,却无法解释不予纳贡的理由。俄罗斯便以空盘来宴请特使,这一侮辱实际是向立沃尼亚宣战。战争起初,伊凡雷帝连败立沃尼亚骑士团,占领了芬兰湾南岸大片土地。后来瑞典、丹麦、波兰和立陶宛联合出兵干涉,俄国战败,被迫与波兰(1582)、瑞典(1583)签订停战协定,放弃新占领土。这场耗费时日和金钱的战争没有达到预期的目标,使伊凡雷帝的侵略野心变成泡影。

16. 俄罗斯哪个历史阶段被称为"混乱时代"?

伊凡四世在立沃尼亚战争失败后不久突然逝世,从 16 世纪末到 17 世纪初俄罗斯社会生活的各个方面危机加剧,社会动荡不安,宫廷争权夺利,斗争不断,史称为"混乱时代"(Смутное время)。

1) 鲍里斯·戈杜诺夫的统治

1584 年伊凡雷帝在下棋时去世。小儿子德米特里只有 2 岁,皇位只得由二儿子费多尔(Фёдор Иванович, 1584—1598)继承。费多尔智力迟钝、生性软弱,不善于料理国事。伊凡四世早有准备,为此成立了摄政委员会(Регентский совет),国家大权实际上由费多尔的妻兄鲍里斯·戈杜诺夫(Борис Годунов)掌管。伊凡雷帝在世时,戈杜诺夫就参与摄政,他成功地击败了大贵族多次篡权的阴谋。1591 年伊凡四世的小儿子德米特里(Дмитрий Иванович)在乌格利奇(Углич)莫名其妙地死亡。1598 年费多尔死后又无子,留里克王朝从此无人继承。在缙绅会议上鲍里斯·戈杜诺夫战胜罗曼诺夫兄弟继任沙皇(1598—1605)。鲍里斯·戈杜诺夫富有朝气,是一位精明的君主,在国家经济即将崩溃、国际形势复杂的情况下,继续执行伊凡四世的政策,但采取了温和手法。在对外扩张政策上他继续向西伯利亚推进,占据了南方地区,巩固了俄罗斯在高加索的地位。在同瑞典长期战争以后,于 1595 年签订了和约,俄罗斯收回了波罗的海岸失去的土地,击退了克里木鞑靼人对莫斯科的进攻。1598 年率贵族兵 4 万亲征卡兹亚—吉烈汗(Каза-Гирей),使其加入俄罗斯。在莫斯科和边界城市及南方和西方修筑了大量的防御工事。

与此同时,在国内首次确立了俄罗斯大牧首制(патриаршество),使俄罗斯的教会同其他东正教会具有同一规格和享有同一威望。1589 年摄政期间选举他的同党约夫(Иов)为第一届俄罗斯大牧首(патриарх),此人后来在推荐戈杜诺夫为沙皇的缙绅会议上立下了汗马功劳。

戈杜诺夫是第一位试图同西欧接触的沙皇。他邀请外国人来俄工作,外国人可以进行免税贸易,他还将 18 位莫斯科贵族首次选送出国留学。他极力防止经济崩溃,便向贵族和工商人士提供优惠,但是农民的生活则愈来愈差,引起了广大群众的极大不满,于是在 1603—1605 年间发生首次农奴(холоп)起义,史称农民战争(крестьянская война)。起义军占领了国家大片地域,形成了一半是起义军统治、一半为沙皇统治的局面。最终起义军被镇压,首领被杀。

当对戈杜诺夫不满的呼声越来越高时,1602 年在立陶宛出现了一个自称伊凡四世之子德米特里的人受波兰武力的支持,率 2 千多人雇佣兵向莫斯科进发。戈杜诺夫不相信人民会支持伪德米特里(Лжедмитрий Ⅰ),从而错失良机没有给予回击。1605 年 4 月 13 日早饭后 54 岁的戈杜诺夫耳鼻出血,突然死亡。一昼夜后鲍里斯的 16 岁儿子费多尔(Федор Годунов)登基,但 2 个月后费多尔和母亲便被捕杀。1605 年 6 月 20 日伪德米特里开进莫斯科,一个月后加冕称沙皇(1605—1606)。登基之后,他继续对农民实行残酷无情的压榨手段,又欲将俄罗斯领土割让给波兰,将天主教引入俄罗斯,引起民众极大不满而起义反对。起义者追得伪德米特里从克里姆林宫跳窗身亡。大贵族们乘机窃取了政权。大贵族瓦西里·舒伊斯基(Василий Шуйский)被推举为沙皇(1606—1610)。

2）罗曼诺夫王朝的建立

正当舒伊斯基全力镇压农民起义之际,波兰联合哥萨克推出又一个伪德米特里(Лжедмитрий Ⅱ),此人外貌和伪德米特里一世十分相似。在波兰军队支持下,他率军占领了西北和北部大部分俄罗斯土地。沙皇政府无力同伪德米特里二世争斗,便于1609年同瑞典在维堡(Выборг)签订和约,放弃波罗的海沿岸的土地,想借助瑞典军队同伪德米特里二世作战和抵御波军。波兰借此公开向俄宣战,波兰人再不需要伪德米特里二世,他逃到卡鲁加(Калуга)不久便死去。莫斯科大贵族们乘机政变,推翻了舒伊斯基,由七个贵族组成政府,史称"七领主政府"(Семибоярщина,1610—1612)。他们向波兰求和,承认波兰王子弗拉基斯拉夫(Владислав)为俄罗斯沙皇,并将波兰军队请入克里姆林宫。1610年8月17日弗拉基斯拉夫登位。这一背叛民族的行为激起广大民众的愤慨,1611年波查尔斯基(Дмитрий Пожарский)和商人米宁(Кумач Минин)组织国民义勇军,奋起反抗波兰入侵者,经过一年多的艰苦战斗,终于赶走了波兰侵略军,收复了莫斯科。至今在莫斯科红场上还矗立着民族英雄米宁和波查尔斯基的塑像(由依·波·马尔多斯1818年塑)。

1613年2月在莫斯科举行缙绅大会,推选出16岁的年轻大贵族米哈伊尔·罗曼诺夫(Михаил Романов)为沙皇(1613—1645)。从此开始了俄罗斯历史上长达300多年的罗曼诺夫王朝的统治。

罗曼诺夫王朝建立以后,继续加强对农民的压迫和剥削,对外继续实行扩张政策。1643年和1649年先后派波雅科夫(Пояков)和哈巴罗夫(Хабаров)率兵进犯中国黑龙江流域。于1658年在中国尼布楚(今涅尔琴斯克)强筑城堡,并以此为基地向黑龙江流域侵犯。1686年8月22日(彼得一世统治时期)中俄双方在尼布楚举行谈判。8月27日签订了《尼布楚条约》,据此划定了中俄东段边界,暂时遏制了俄军对外兴安岭以南中国领土的侵犯。

17. 俄国历史上有哪两次较大规模的农民起义？其原因和历史意义何在？

随着沙皇专制制度的确立和农奴制的形成,农民和地主间的矛盾日益加深、激化,农民和城市贫民不断发动反封建起义。在俄罗斯的历史上,17世纪规模较大的两次农民起义为波洛特尼科夫和拉辛领导的农民起义。

1) 伊万·波洛特尼科夫领导的农民起义(1606—1607)

伊万·波洛特尼科夫(Иван Болотников)出身农奴,年轻时因反抗地主压迫逃亡到顿河流域哥萨克居住区,后被卖给土耳其人,并流落欧洲许多国家。他性格坚强果断,深受压迫欺凌之苦,有强烈的反抗情绪。1606年7月波洛特尼科夫在俄国西南部被拥为领袖,农民起义军由普梯弗里出发向莫斯科进军,沿途多次打败沙皇军队。人们纷纷加入起义队伍,起义军曾扩大到十万人之多。他们占领了图拉城,并围攻莫斯科。沙皇政府曾派大批援兵镇压起义,起义军坚守图拉城四个月,后因沙皇军队放水淹城,最终城池被攻克,波洛特尼科夫被俘,在流放中于1608年惨遭杀害。

2) 拉辛领导的农民起义(1667—1671)

17世纪中叶在沙皇统治下,农民遭受的剥削和压迫更加严重,农民与地主间的矛盾进一步恶化,哥萨克中的贫富分化日趋加剧。沙皇故意将土地和农民赐给哥萨克有权势的上层人士,激起了哥萨克贫民的极大愤慨与反抗。于是,1667年爆发了农民起义。斯捷潘·拉辛(Степан Разин)出身贫苦,刚毅机智,被推举为起义的领袖。无以为家的哥萨克起义军在里海西部沿岸打击贵族、富商和哥萨克上层分子。1669年起义军攻占了察里津,释放了大批囚犯,解救贫苦居民,队伍很快扩大。拉辛的口号是"谁愿和我在一起,他就会是自由的哥萨克。我只打倒地主和领主,对贫苦的人们如同兄弟并与他们分享一切"。起义军所到之处受到贫农百姓的拥护和爱戴。1670年,起义军已扩大到7 000多人,进而攻占了阿斯特拉罕、萨拉托夫和萨马拉等城市,直接逼近莫斯科近郊。沙皇政府惊恐万状,调来大批军队和外国雇佣军镇压起义。1670年10月起义军在辛比尔斯克战败,拉辛腿部中弹负伤,率部向顿河流域撤退。1671年4月拉辛被哥萨克上层分子的出卖,于6月6日在莫斯科红场上被肢解。

  这两次俄国历史上较大规模的农民起义虽然失败了,但它的深远意义永存。它的矛头不仅指向封建主,还指向沙皇政权,有力地打击了封建主的统治;它为人们争取自由平等作出榜样,教育了人民,推动了俄罗斯历史的前进,为以后的反封建斗争积累了经验。

18. 19—20世纪时期俄罗斯的社会革命运动的特点是什么?

  俄罗斯的社会革命运动是在废除农奴制以后社会斗争也发

生了巨大变化的情况下发生的。此时,专治制度的统治越来越加强,统治阶级对劳动人民的剥削日益严重,基层的人民生活日益贫困,农民暴动和起义不断发生,学生知识分子也开始骚动。沙俄则以大规模的逮捕来对付民主运动。此时,俄罗斯的青年知识分子试图找到新的思想旗帜。他们认为可以越过资本主义阶段,由村社直接进入社会主义,而俄国传统的村社包含着社会主义的萌芽,应当发动和依靠广大的农民来推翻专制制度。这些青年出身平民,来自民间,以"到民间去"(хождение в народ)来感染和发动群众,史称"民粹派"(народность)。在走什么样的路来建立新制度的问题上,民粹派分为三个派别:1)以无政府主义巴库宁(М. А. Бакунин)为首的造反派(бунтарское направление),主张面向农民,唤起农民暴动,消灭国家,消灭政权,建立一种无政府型的社会主义;2)以拉夫罗夫(П. Л. Лавров)为首的宣传派(пропагандистское направление)主张对人民进行长期宣传,以便为推翻沙皇专制,为重建社会做准备;3)以特卡乔夫(П. Н. Ткачев)为首的密谋派主张有良好组织的党派应该通过恐怖和暗杀活动夺取政权,建立新型的社会主义制度。

1874年春天,一批平民知识分子革命者穿着农民服装,希望通过"到民间去"号召农民起来夺取地主的土地,推翻沙皇的专制统治。他们的足迹遍及俄国欧洲部分37个省。但他们并不真正了解农民,农民对他们的宣传感到陌生,有些人甚至还将宣传者的活动密报给当局政府。这样,"到民间去"的民粹派得不到农民的支持,大部分人被警察逮捕,"到民间去"的运动也随之失败。

1876年,民粹派成立了"土地与自由社"(Земля и воля)组织。他们主张每个农民都应拥有一定数量的土地,把土地的社会职能全部交给村社,实行村社的完全自治。1879年,该组织因内部意见分歧而分裂。以普列汉诺夫为首的部分成员成立了"黑分社"(Черный раздел),他们继续坚持把土地分给农民,坚持在农村进行宣传活动,反对恐怖活动;另外一部分人组成"民意党"(Народная воля),执意在国内从事恐怖活动,坚持用刺杀沙皇的手段来改变俄国的制度。他们专门策划谋杀亚历山大二世,直到1881年3月1日将沙皇炸成重伤后去世。沙皇被刺杀后人民群众并没有起来响应革命,民意党人遭到严酷镇压,领导人均被处以绞刑。

与此同时,马克思主义在俄国得到了传播。亚历山大三世(Александр Ⅲ)上台后,毫不动摇地执行专制,拒绝任何改革,竭力将俄国拉回到其父改革前的状态。俄国的民族主义和殖民主义压迫日益加深。这一时期被称为"反改革时期"(контрреформа)。亚历山大三世的反动政策没有把人民吓倒,反而导致了社会冲突的不断爆发。1861年,随着俄国资本主义的发展,工业无产阶级产生,到19世纪末,俄国工人的数量已经达到300万左右。残酷的剥削和艰苦的生活条件引起了工人的强烈不满与反抗。从70年代起,他们就经常在俄国的大小工厂中自发地举行罢工和骚动。这时,在马克思和恩格斯的影响下,西方的社会主义运动蓬蓬勃勃地开展起来。一部分成员在对俄国革命的道路进行重新思考后最终转向马克思主义。俄国第一位传播马克思主义的思想家是普列汉诺夫。1883年,他在日内瓦创办了"劳动解放社",从事马克思主义宣传和筹备俄国工人党的组建工作。此外,普列汉诺夫将马克思的《共产党宣言》及《资本论》等著作翻译成俄文,在俄国传播。不久,俄国的马克思主义小组相继出现。另外,乌里扬诺夫(列宁)把马克思主义同俄国的工人运动相结合,在工人中宣传马克思主义,同民粹派进行论战,马克思主义取代民粹派迅速占领了俄国社会思想的主阵地。1898 年俄国各地的马克思主义小组代表在明斯克开会,成立了"俄国社会民主工党"(Российская Социал-демократическая рабочая партия),它是俄国共产党的前身。

19. 何为"南社"和"北社"?

俄国十二月党人(Декабристы)由俄国的知识分子以及一些士官生组成。由于沙皇的反动镇压革命,他们只好转入地下活动,建立秘密团体。1816 年成立了第一个秘密团体——"救国协会"(Союз спасения)。1818 年又成立了"幸福协会"(Союз благоденствия)。1821 年 1 月,十二月党人在莫斯科召开代表大会,决定从协会中清除动摇和不可靠的会员,将"幸福协会"改组成"南社"(Южное общество)和"北社"(Северное общество)。"南社"于 1821 年 3 月在乌克兰成立,主要领导人是巴维尔·彼斯特尔(Павел Иванович Пестель,1793—1826)。他主张资产阶级共和政体。1824 年"南社"通过了由彼斯特尔起草的《俄国宪法》草案,宪法明确规定"一切公民在法律面前人人平等","应该坚决消灭农奴制"。"北社"于 1822 年在彼得堡组成,主要领导人是尼吉达·穆拉维约夫(Никита Михайлович Муровьев,1795—1843)。他改变了拥护共和制的主张,要退回到君主立宪制的立场。他拟定的宪法草案提出,"有大量财富的人才能拥有选举权和被选举权"。穆拉维约夫认为土地是地主的财富,反对把土地分给农民。他的这些错误主张受到以诗人雷列耶夫(Рылеев)为首的"北社"一些成员的激烈反对。尽管南北社之间存在着分歧,但在推翻沙皇专制制度和消灭农奴制的认识上还是一致的。所以南、北社还是彼此经常联系,并为共同起义推翻沙皇专制制度而奋斗。1825年沙皇换位,"北社"借新沙皇尼古拉一世宣誓的时机,率领军队在参政院广场发动了武装起义。但是,由于起义指挥官临阵脱逃而错失良机,沙皇政府调集部队包围了起义军并将其屠杀;"南社"在乌克兰也策划了部队起义,结果同样遭到失败。

20. 简论1905年俄国第一次革命及革命失败后的俄国。

俄国第一次革命是从1905年1月22日(俄历1月9日)彼得堡流血事件开始的。1905年1月16日(俄历1月3日),彼得堡最大的普梯洛夫工厂因反对开除工人举行罢工,罢工很快扩及全市大小工厂。到1月21日(俄历1月8日)罢工工人达到15万,形成总罢工趋势。沙皇政府被罢工运动的巨大规模所震惊,加邦(Гапон)牧师及其秘密工人社团企图使罢工运动和平化,他建议工人和平列队前往冬宫向沙皇呈递陈述工人疾苦的请愿书。

这时,布尔什维克劝说工人们不要受骗上当,把一切危险情况告诉了工人,并向工人指明,自由绝不是用向沙皇请愿的方法可以获得的,而需要拿起武器去夺取。但很大一部分工人当时存有沙皇会帮他们解决问题的幻想。俄历1月9日清晨,工人们带着全家男女老少,抬着沙皇的画像,举着教堂的旗幅,唱着祷告歌向冬宫前进,结果遭到沙皇骑兵的袭击和步兵的排射,7千多人被打死,2千多人受伤。彼得堡大街血流成河,尸横满地,此日被称为"流血星期日"（кровавое воскресенье）。

这一事件激起了全国人民的愤慨，他们对沙皇彻底失望了。在莫斯科、里加、华沙和梯弗里斯（第比利斯）等地都爆发了群众性的罢工。随着春天的到来，俄国各地的农民骚动也此起彼伏，农民开始夺取地主的土地，烧毁庄园，拒绝纳税。此类斗争也波及乌克兰、白俄罗斯、波兰、立陶宛、阿塞拜疆和格鲁吉亚等民族地区。

1905年10月—12月，革命达到了高潮。革命的重心转移到了莫斯科。十月份莫斯科开始政治罢工，很快罢工运动遍及全国。几天时间，全国工厂停业，铁路停运，商店关门，报纸停刊。一般的工作人员、大中学生也参加了罢工运动。他们走上街头游行示威，要求政治自由，建立共和国，召开立宪会议。在10月的罢工中产生了工人苏维埃（Совет рабочих），农民也在1905年发动暴动，在社会革命党人的影响下成立了全俄农民协会（Всероссийский крестьянский союз）。1905年夏天黑海舰队最先进的《奥恰科夫》号军舰上发生了水兵起义。

面对革命形势的压力，1905年10月17日，尼古拉二世签署宣言，许诺给人民以民主和自由，并进行杜马选举。自由派欢迎宣言的出台，认为俄国即将走向立宪的道路。但是，左派则预言，斗争仍将继续。此时，列宁从国外回到俄国。他指出，为了将革命提高到一个新阶段，必须发动武装起义。11月末，工人骚动再起高潮。布尔什维克党领导的莫斯科苏维埃开始准备旨在推翻沙皇政权的武装起义。12月10日，工人们着手准备武器，建筑街垒。莫斯科街头的街垒战持续了10天，最后，起义被镇压下去。其他城市的武装起义也遭到了同样的命运。

面对强大的革命风潮，沙皇政府表面上让步，暗地里则积蓄力量,趁机反攻倒算。1906年春天,全国关押和流放的人数超过了5万。讨伐队残酷地镇压农民的暴动,军事法庭将罢工领导人判处死刑。极右翼组织大肆宣传保皇思想和大俄罗斯沙文主义,组织"黑色百人团"(Черносотенцы),并在政府的支持下实行大屠杀、大洗劫等。他们是极端的民族主义分子,认为俄罗斯人优越于其他民族,首先在犹太人中间实施这一灭绝人性的行动,还组织了暗杀革命者的恐怖活动。1907年春夏之交,革命运动被彻底镇压下去。这就是俄国第一次革命。

随着革命的失败,沙皇对允许个人自由、言论、集会的许诺也化为泡影。尼古拉二世始终顽固维护专制制度,在《10月17日宣言》中他唯一兑现的许诺是召开杜马会议。尽管在杜马的选举体制中存在着种种限制,社会主义党派(其中包括布尔什维克党)、农民和少数民族的代表们最终得以进入杜马。这些代表要求解决土地问题,谴责政府的现行政策。这样的杜马显然得不到沙皇的欢心。因此,沙皇曾几次解散杜马,进行新的选举。

1906年7月斯托雷平(П. А. Столыпин)出任大臣会议(Совет министров)主席。他决定挽救君主制度,并采取强硬措施镇压革命。1907年8月他下令逮捕社会革命党在杜马中的代表,指控他们准备武装暴动。沙皇此时下令解散了杜马。此事被称为"国家政变"(государственный переворот)。

另一方面,斯托雷平也已经认识到国家现代化的必要性。他看到了国家发展的阻力在于村社,所以认为有必要进行改革。但是,他所推行的改革旨在摧毁村社,将农民变成个体所有者。他的改革使许多富有农民(富农)变成了独立经营者。然而,改革并没有触及地主的土地所有权。结果农民的贫富分化加剧,阶级矛盾进一步尖锐化。斯托雷平的改革受到了来自左右阵营的抨击,同时也不受沙皇的欢心;这样,他完全失去了政治上的支持。1911年9月1日,他在基辅被恐怖分子杀害,宣告了俄国保守派改革尝试的失败。

第一次革命失败后,俄国各政治党派对革命的教训作了不同的评价。孟什维克认为,目前俄国发动革命的时机尚未成熟,因而,社会主义党派的任务是帮助资产阶级进行资产阶级革命;而布尔什维克认为,不能将革命运动的领导权托付给资产阶级,工人阶级应当成为俄国革命的领导力量。在1905年革命期间,布尔什维克和孟什维克曾试图联合在一起,革命失败后却分道扬镳了。

俄国第一次资产阶级民主革命是资产阶级民主派与专制制度的维护者之间冲突的必然结果。虽然,这次革命以失败而告终,但是,它对于以后的革命运动和社会思想的发展都产生了深远的影响。在第一次俄国革命结束初期,俄国的资产阶级民主革命运动暂时走向低潮,布尔什维克党员的数量减少了好几倍。列宁和布尔什维克党的其他领导人不得不再度流亡国外;留在国内的成员也只能转入地下秘密工作。

21. 何时爆发第一次世界大战?俄国参战的结果如何?

俄国国内政治形势的紧张同国际形势尖锐化正相吻合。19世纪下半叶,德国的统一使工业发展速度超过了英、法两国,国际环境发生了巨大变化。以德国为首的奥匈帝国和意大利组成三国联盟(Тройственный союз)。英、法、俄于1904年组成同盟,称为协约国(Антанта)。欧洲两大敌对阵营之间展开了争夺势力范围的战争。1914年由巴尔干危机最终导致了第一次世界大战的爆发。

1914年7月奥匈帝国向塞尔维亚(Сербия)宣战。俄罗斯历来被认为是巴尔干斯拉夫人的保护伞,作为对俄国行动的回应,8月1日,德国对俄国宣战。8月3日德国又向法国宣战。8月4日,英国向德国宣战。8月6日,奥匈帝国也向俄国宣战。意大利脱离三国联盟,投靠协约国。此时,日本也加入协约国。德国将土耳其和保加利亚拉入联盟。于是,38个国家和世界上四分之三的人口卷入了第一次世界战争。

第一次世界大战被称作帝国主义战争,因为所有的参加国都是为了帝国主义利益而交战。战争初期,俄国军队出师顺利。然而,这种局面仅仅是暂时的,事实上,俄国并没有做好长期战争的准备,经济不景气,前线武器弹药匮乏。1915年5月,德国和奥匈帝国展开全面进攻,结果俄国兵力损失过半,俄军向东部大幅度撤退。战争的失败激起士兵们反战情绪的高涨。许多人抛下武器逃离了战场。

俄国城乡各地的不满情绪也与日俱增。战争导致劳动人民的生活条件急剧恶化。物价飞涨,卢布价格暴跌,商店门前排起了买面包的长队。投机倒把和腐败现象横行,当局对此无能为力,没有采取任何有效措施,统治阶级上层的内部争斗加剧。1915—1916年间共换了4个总理、6个内务大臣、3个外交大臣和4个国防大臣。沙皇将国家大权交给妻子,其妻不仅骄横跋扈,而且愚昧无知,将一名流氓僧侣拉斯普京(Распутин)请进王宫。拉斯普京依仗皇后权势,干涉国家事务,使得已经摇摇欲坠的罗曼诺夫家族的威望一落千丈。1916年12月,给沙皇戴绿帽子的"妖师"拉斯普京在一次精心策划的宴会上当众被保皇派诱杀。但是,此举也并不能挽回事态。俄国国内形势越来越严重,罢工、农民运动、布尔什维克的宣传吸引了越来越多的同情者,一场新的革命正在俄国逐渐酝酿成熟。

22. 什么是二月革命?

20世纪初叶,俄国社会的矛盾突出体现在经济上的农奴制残余的存在阻碍了资本主义的进一步发展,政治上沙皇专制制度制约了社会民主化的进程。在世界帝国主义营垒中,俄国属于落后型的国家,但沙皇政府又具有极大的野蛮和贪婪的本性。1907年以后,农民、工人、民族问题以及政权问题使得俄国的政治经济危机愈陷愈深。参加第一次世界大战更使得本来就落后的俄国经济遭到极大破坏,沉重的战费负担激起了人民的强烈不满,彼得格勒普梯洛夫工厂工人罢工犹如燎原烈火,还引发了罢工游行、抗议示威的浪潮,军队厌战情绪和革命情绪都在不断高涨。尼古拉二世欲从前线调集亲信部队,回驻彼得格勒,然而,很多火车站已被革命者占领,部队也停止前进。

1917年2月23日(公历3月8日),布尔什维克为纪念"三·八"国际妇女节组织罢工游行,揭开了二月革命的序幕。这一行为很快遍及整个首都,人数达到20万。游行队伍高呼"要面包"、"要和平"、"要自由"、"打倒君主专制"。当局在市中心和交通要道布满了军警,街道屋顶上机枪林立,特务密探四处搜捕革命者。2月26日,警察开枪打死40多名游行者。虽然游行被镇压了,主要的革命者被捕,但政府却在部队中失去了支持。彼得格勒的卫戍部队基本都是准备派往前线的新兵和从前线受伤退下来的战士。这些人很多参加过罢工,在开枪射击游行队伍的当天晚上军营开始骚动,巴甫洛夫团的第10连士兵倒戈起义。2月27日沃伦斯基团等一批军队相继转到起义一方,他们与工人一道占领军火库,组成战斗队,捣毁警察分局,占领政府机关,打开监狱,逮捕政府大臣;傍晚,首都卫戍部队转向革命方面,最后一届沙皇政府的大臣们被捕,送往彼得保罗要塞。二月革命取得了胜利,埋葬了统治俄国长达304年的罗曼诺夫王朝(Династия Романовых)。

23. 何为国内战争?布尔什维克是如何取得胜利的?

十月革命胜利后,帝国主义想把红色政权扼杀在摇篮之中。1918年春天,英、法、美、日派遣小规模的干涉军在摩尔曼斯克、符拉基沃斯托克登陆,开始了第一次武装干涉俄国革命。各地反苏维埃分子在帝国主义的支持和指使下向红色政权发起猛攻,工农红军为保卫政权同敌人展开了一场殊死战争,俄罗斯历史上著名的国内战争(гражданская война)开始了。新生的苏维埃国家处在四面包围之中。在西面的波罗的海地区是德国军队;在顿河和北高加索是旧俄将军克拉斯诺夫(Краснов)和邓尼金(Деникин)部队;外高加索是德国、土耳其部队和地方民族主义分子;伏尔加河流域掌握在白军(Белая гвардия)和协约国部队的手中。沙俄海军将军高尔察克(Калчак)占据了西伯利亚。各路白军直逼莫斯科。国内形势十分严峻。没有军队,没有粮食,铁路又陷于瘫痪,新生的工农政权刚刚建立,全国到处都有敌对分子在进行破坏捣乱。1918年7月,左派社会革命党人炸死德国大使,俄德的矛盾激化。8月30日,他们又在彼得格勒刺杀著名的布尔什维克乌里斯基(Урицкий),同一天,该党的女党徒卡普兰(Каплан)在莫斯科刺杀列宁(Ленин)。在其他各地也发生了多起暗杀事件。为了打退敌人的进攻,保卫苏维埃共和国,布尔什维克在极短的时间内扩建了自己的军队。1920年,红军由150万人增加到500多万人,成为世界上数量最大的部队,用"红色恐怖"来对付"白色恐怖"。鉴于国际国内的形势,苏俄政府于1918年9月成立了共和国革命军事委员会,同时设置共和国武装力量总司令,负责全军的指挥。革命军事委员会主席和总司令一职均由托洛茨基(Лев Давидович Троцкий,1879—1940)担任。11月30日成立了以列宁为首的工农国际国防委员会,拥有调动一切人力、物力用于国防的权力。1918年11月第一次世界大战结束,同盟国投降。然而协约国开始了第二次武装干涉;在他们的支持下,乌克兰民族主义政府以及克拉斯诺夫和邓尼金军队联合向北推进,矛头直指俄罗斯的心脏地区。这时,党和政府紧急动员共产党员们奔赴南方前线与红军共同作战,终于在12月遏制住了敌人的进攻。

  1919年春,英、法、美、日等国组成新的干涉军,加上国内白卫军的主力是高尔察克部队共计130万兵力。协约国命令高尔察克和邓尼金联合进攻莫斯科。到4月底,他们已经接近萨马拉(Самара)、辛比尔斯克(Симбирск,现为乌里扬诺夫斯克)和喀山(Казань)。这时党、团、工会齐动员,先后有6万名工人奔赴东线。莫斯科铁路工人提出"共产主义星期六义务劳动"(коммунистические субботники),用实际行动支援前线。红军在伏龙芝(М. В. Фрунзе,1885—1925)的指挥下于4月首创敌

47

人,并转入进攻。8月份,红军解放了乌拉尔,次年2月解放了西西伯利亚地区。1919年底高尔察克部队全军覆没,高尔察克本人成了俘虏,次年2月7日被处决。

1919年7月,邓尼金的部队拿下了外高加索、乌克兰、俄罗斯南部,切断了伏尔加河,占领了察里津(Царицын),企图与高尔察克会合。邓尼金突破红军防线,9月夺取了库尔斯克(Курск)、奥廖尔(Орел),直逼图拉(Тула)和莫斯科。10月13日红军开始了南线的反攻,在布琼尼(С. М. Буденный)领导下歼灭了邓尼金的精锐部队,解放了哈尔科夫(Харьков)、基辅、察里津,并于1920年春粉碎了邓尼金的叛乱。

1919年9月,尤登尼奇(Н. Н. Юденич)在英国支持下向彼得格勒发动进攻。10月16日尤的部队已到达彼得格勒近郊,攻占北方首都指日可待。列宁在10月17日发表声明,称彼得格勒的命运是"俄罗斯苏维埃政权命运的一半"。10月21日红军从普尔科夫高地(Пулковские высоты)向敌人发起进攻,用了一个月时间将尤登尼奇赶到爱沙尼亚境内,尤登尼奇被解除了武装。

1920年4月底波兰军队在毕尔苏茨基指挥下侵入乌克兰,弗兰格尔(Врангель)的军队也在英、法支持下攻下白俄罗斯、基辅,直到第聂伯河(Днепр)左岸。5月底红军西线部队和西南线部队发起反攻,对波兰军队穷追不舍,红军西线部队一直打到华沙城下。10月双方签订停战和预备合约。1921年3月18日俄波双方在里加签署正式条约,将乌克兰和白俄罗斯的西部划归波兰,成为了第二个布列斯特条约。1920年盘踞在克里木的弗兰格尔企图渡过第聂伯河同波兰军会合。红军在伏龙芝的指挥下,于11月17日彻底打垮了白卫军,占领了克里木半岛,取得了彻底的胜利。

到1920年底,长达三年的反对外国武装干涉和国内战争结束。苏维埃政权得到了彻底巩固。据历史学家计算,国内战争共折员1 200万人,除双方军人各80万人外,其余人死于恐怖事件、饥饿、疾病中。另外大约有250万俄罗斯人因战争而侨居国外。

1918—1920年国内战争期间,战争和饥荒使苏维埃国家处境十分艰难。战争初期苏维埃共和国处于四面战火的包围中,在严酷的战时环境下,为了克服极端严重的经济困难,苏维埃政权采取了"战时共产主义"(Военный коммунизм)政策:1)将一切大、中、小工业收归国有,将全国的一切生产实行国有化,而且将产品的分配控制在国家手中;2)全俄实行余粮征集制,农民必须将自己的余粮全部交给国家,然后由国家凭票在城市中分配,推行实物配给制。农村成立了专门的征粮队,强迫农民交出粮食、土豆、鸡、肉及奶类食品;3)实行普遍义务劳动制,工厂中推行严格的纪律,凡年龄在16—50岁的公民都必须劳动,组成了强大的劳动大军;4)取消自由贸易、经济关系的实物化:禁止私人买卖粮食和其他生活必需品。同时在社会改造过程中,布尔什维克发布了劳动法令,实行8小时工作制,确立了男女平等,包括婚姻上的男女平等。并从1918年元月24日起实行西方的公历,即1918年元月31日的旧历成为公历1918年2月13日。政府禁止了反对党的宣传活动,并关闭了反布尔什维克的出版社,实行教会与国家和学校脱离,摆脱教会对教育的干预,将教会和其他宗教组织的财产收为国家财产。

战时共产主义政策不是一项发展生产力的政策,是不得已而为之的应急措施和非常措施,借以保证城市工人和红军最低的生活供应,对战胜困难、赢得战争、保卫年轻的苏维埃政权起到了积极的作用。

24. 苏联何时成立？简述列宁对苏联革命的贡献。

1）苏联成立

十月革命前,列宁与马克思和恩格斯一样是坚决反对联邦制的,主张建立中央统一集中的民主共和国,认为"联邦体制在原则上是从无政府主义的小资产阶级观点产生的"。但外国武装干涉及国内战争使俄罗斯苏维埃共和国面临着新的形势：① 各少数民族纷纷谋求独立,民族关系上升为主导地位；② 各苏维埃共和国要求联合,共同挫败国内外反革命势力的进攻；③ 在帝国主义的包围中,为巩固无产阶级专政,需要联合各民族走上社会主义道路。在这种情况下,列宁改变了原有观点,转向倡导建立联邦制国家。列宁在 1918 年的《被剥削劳动人民权利宣言》中第一次明确规定了联邦制原则,即在建立统一国家的形式上,列宁主张建立松散的邦联式国家,坚持俄罗斯联邦、乌克兰(Украина)、白俄罗斯(Белоруссия)、南高加索联邦(Закавказская Федерация),其包括阿塞拜疆(Азербайджан)、亚美尼亚(Армения)、格鲁吉亚(Грузия)三个苏维埃共和国,必须按照自愿和平等原则加入新的联邦制国家,建立新的全联邦中央机构。1922 年,俄共(布)中央十月全会通过各苏维埃共和国平等的联合组成苏维埃社会主义共和国联盟的协议。苏联的成立是列宁民族政策的胜利。乌克兰、白俄罗斯、阿塞拜疆、亚美尼亚、格鲁吉亚的共产党中央委员会和苏维埃代表大会讨论了上述决议后表示同意。1922 年 12

月 30 日,在莫斯科召开了苏维埃社会主义共和国联盟第一次苏维埃代表大会(Всесоюзный съезд Советов)。代表大会通过了苏维埃社会主义共和国联盟成立宣言和联盟条约,选出了苏维埃社会主义共和国联盟中央执行委员会,作为代表大会期间联盟的最高权力机构。

1922 年苏维埃社会主义共和国联盟(Союз Совестских Социолистических Республик,СССР),简称苏联(Совесткий Союз)正式成立。最早加入苏联的有 4 个加盟共和国:俄罗斯联邦、南高加索联邦、乌克兰和白俄罗斯。以后陆续加入的有乌兹别克(Узбекистан)(1924 年 10 月 27 日)、土库曼斯坦(Туркменистан)(1924 年 10 月)、塔吉克(Таджикистан)(1929 年)、哈萨克(Казахстан)(1936 年 12 月)、吉尔吉斯(Киргизия)(1936 年 12 月)。南高加索联盟于 1936 年 12 月 5 日撤销后,格鲁吉亚、亚美尼亚和阿塞拜疆直接成为加盟共和国。1940 年 8 月爱沙尼亚(Эстония)、拉脱维亚(Латвия)和立陶宛(Литва)成立后加入苏联;摩尔达维亚(Молдавия)也于 1940 年加入苏联。此外,卡雷利阿(Карелия)于 1940 年 3 月加入苏联,称卡雷利阿芬兰苏维埃社会主义共和国(Карело-Финская ССР),其后于 1956 年 7 月又降格为自治共和国(Карельская АССР)。1956 年后,苏联共计有 15 个加盟共和国。

2)列宁对苏联革命的贡献

弗拉基米尔·伊里奇·列宁(Владимир Ильич Ленин)是伟大的无产阶级革命家。他于 1870 年出生于俄罗斯的辛比尔斯克国民学校的督学家庭,原本姓乌里扬诺夫(Ульянов)。他哥哥是民粹党人,因企图谋刺杀沙皇而被判绞刑,列宁因此表示要走另一条路。1887 年列宁考入喀山大学(Казанский университет)读书,由于参与学生运动被校方开除,从此走上职业革命的道路。1895年秋,列宁联合圣彼得堡的所有马克思主义小组,创立彼得堡工人阶级解放斗争协会,其为俄国工人阶级政党的雏形。1897年他被流放西伯利亚,其间完成了一系列有关经济问题和社会理论的著作。流放回来后,于1901年他以"列宁"这个笔名发表文章,阐述自己的政治观点。1900年,列宁在国外创办了俄国第一份马克思主义报纸《星火报》(Искра)。在1903年俄国社会民主工党第二次代表大会上,列宁因在建党组织原则上与马尔托夫产生分歧而进行斗争,并获得多数代表的支持而成为多数派(布尔什维克(Большевик))。1905年,俄国第一次资产阶级民主革命成功,之后列宁多次领导起义,但均告失败。1917年俄国二月革命推翻了沙皇的统治,同年11月7日(旧历10月25日)列宁发动的十月革命取得胜利,创建了第一个社会主义国家。之后,他领导工农联盟在非常困难的条件下粉碎了帝国主义的武装干涉和地主资产阶级的反革命叛乱。在此期间,苏俄实行了"战时共产主义"(Военный Коммунизм)。1921年,列宁提出"新经济政策"(Новая экономическая политика, НЭП)代替原来的"战时共产主义"。1922年底,在列宁领导下成立了《苏维埃社会主义联盟》。新经济政策之后,苏联进入了国民经济的发展阶段。

1924年列宁病逝,被安葬莫斯科红场的列宁墓供人瞻仰。列宁作为无产阶级革命导师、马克思主义理论家、俄国共产党和苏维埃社会主义共和国联盟的主要创建人,他的学说世称列宁主义(Ленинизм)。列宁逝世后,他的出生地辛比尔斯克改名为乌里扬诺夫斯克(Ульяновск);彼得堡易名为列宁格勒(Ленинград),苏联解体后改名为圣彼得堡(Санкт-Петербург);苏联解体后有人提出将列宁安葬在老家乌里扬诺夫或者圣彼得堡。但时至今日,他的遗体仍停放在红场的列宁墓(Мавзолей Ленина)中。

25. 斯大林其人及其推行的经济发展政策是什么?

约瑟夫·维萨里奥诺维奇·斯大林(Иосиф Виссарионович Сталин)1879 年 12 月 21 日(1879—1953)生于格鲁吉亚的一个鞋匠之家,格鲁吉亚人,原姓朱加什维利(Джугашвили)。斯大林这个姓氏是他成年后自己改的,意为"钢铁"。1894 年,斯大林进入梯弗里斯(今第比利斯)东正教中学读书,其间开始研读马克思的作品并参加革命活动。1898 年加入俄国社会民主工党。1901 年 3 月开始职业革命家生涯;从 1902 年 4 月至 1913 年 3 月间,他因参加革命活动而被捕 7 次,曾 6 次被流放和多次被监禁。1903 年被选进共产党的高加索联盟委员会。1903 年俄国社会民主工党分化为孟什维克和布尔什维克两派后,他参加了布尔什维克派。1904 年 12 月领导巴库工人大罢工。1912 年 2 月被选入布尔什维克党中央委员会,主编党的机关报《真理报》(Правда),1913 年 7 月至 1917 年 3 月又被流放到西伯利亚。曾参加俄国 1905 年革命,捍卫并执行布尔什维克的政策和策略。1912 年被增补为俄共(布)中央委员会委员,并领导中央委员会俄罗斯局的工作。1917 年 5 月至 1952 年 10 月连续当选为苏共中央政治局委员。他协助列宁组织和领导了 1917 年的十月社会主义革命。十月革命胜利后参加了以列宁为首的第一届人民委员会,历任民族事务人民委员(1917—1922)、国家监察部人民委员

(1919—1922)。在反对外国武装干涉和国内战争时期,斯大林任苏维埃共和国革命军事委员会委员,列宁多次派他到最关键的战线去指挥作战。在保卫察里津战役中,在粉碎尤登尼奇、邓尼金和波兰贵族的战斗中,他大智大勇,为保卫苏维埃政权建立了功绩,苏维埃中央执行委员会为此授予他红旗勋章。在1922年12月第一次全苏苏维埃代表大会上,他作了关于成立苏维埃社会主义共和国联盟的报告,提出了"在一个国家首先建立社会主义"的主张。1924年1月列宁逝世后,他领导苏联党和人民在十分艰难的条件下进行社会主义建设,把落后的农业国变成先进的工业国,为国防奠定了牢固的经济技术基础。1941年苏德战争爆发后,他担任国防委员会主席、国防人民委员和武装力量最高统帅,动员、组织和领导全民进行反法西斯战争。他依靠最高统帅部大本营及其总参谋部及时作出战略决策,制定战略计划,组织战略协同,组建和使用战略预备队,先后取得了莫斯科会战、斯大林格勒会战和库尔斯克会战等一系列战略决战的重大胜利。同时,积极开展外交活动,曾参加苏、美、英三国首脑在德黑兰、雅尔塔和波茨坦举行的会议,在推动世界反法西斯联盟的建立和巩固、制定打败德意日法西斯的战略决策方面起了举足轻重的作用。伟大的卫国战争胜利后,斯大林连续担任苏联共产党党中央总书记、苏联部长会议主席和苏联武装力量部长,领导苏联人民恢复和发展遭到战争严重破坏的经济,加强国防建设,迎接"冷战"的挑战。他对苏联军事理论和军事学术的发展作出了重要贡献。但他在一生中也犯过许多错误,特别是肃反扩大化、搞个人迷信、后期思想僵化和把苏联一国经验绝对化等,给苏联和国际共产主义运动造成了不可挽回的不良影响。

苏联伟大卫国战争时期斯大林被授予苏联元帅(1943年3

月6日)、苏联大元帅(1945年6月27日)、苏联武装力量最高统帅、苏联英雄称号(1945年6月26日)、苏联社会主义劳动英雄(1939年12月20日)称号。曾经获得1枚苏联英雄奖章,1枚苏联劳动英雄"镰刀斧头"奖章,3枚列宁勋章,2枚"胜利"勋章(1944年7月29日和1945年6月26日),3枚红旗勋章,1枚苏沃罗夫一级勋章(1943年11月6日),共计9枚勋章、5枚奖章,还获得第一骑兵集团军军刀1把和蒙古人民共和国"苏赫—巴托尔"勋章1枚。1953年3月5日斯大林因患脑溢血在莫斯科去世,终年73岁,遗体被安放在列宁墓中,供人们瞻仰,1961年遗体从列宁墓中取出,被葬于莫斯科红场的列宁墓后。

列宁逝世,斯大林开始领导苏联社会主义建设。1925年12月俄共(布)第十四次代表大讨论通过了社会主义工业化方针。1926年联共(布)召开中央全会通过了《关于经济状况和经济政策》的决议,制定了社会主义工业化的具体纲领。在1928年至1932年推行第一个五年计划,斯大林提出要高速度地建成独立完整的工业体系,实现国家工业必须实行统一计划、加强集中管理、优先发展重工业,在国内实行高积累、增加工业化资金。为了解决技术干部缺乏,苏维埃政府大力发展教育事业,扩大高等院校招生,开设红色专家班和红色厂长班,兴办共产主义大学以及工厂艺徒学校,并向国外派遣留学生和实习生。经过两个"五年计划",苏联的机械制造业、冶金、电力、矿业、石油和运输等工业部门都有了很大的发展,使苏联跃升为居欧洲第一位和世界第二位的社会主义工业国。

随着工业化的开展,工农业之间的矛盾日益暴露出来。斯大林认识到工业的进步必须由农业基础的发展加以支持。1929年联共(布)中央十一月全会提出了实现农业全盘集体化的方针,认为"苏联已进入了对农村普遍进行社会主义改造和建设社会主义大农业的时期",决定以消灭富农为中心来实现全盘集体化,并规定了不同地区的集体化速度。斯大林将全国的农业发展纳入计划之中,以小农庄的合并成大型集体农场(колхоз)的方法来推动现代化耕作,包括机械化生产及采用化肥;强调规模经济,共同享有土地、农产品及生产设备。集体农场的生产目标由国家根据全国或地区需要加以规定。随着农业全盘集体化运动的开展,一种"左"倾冒进主义情绪滋长起来,很多地区违反自愿原则,用强迫命令办法追求集体化的高速度。经过中央纠正错误偏向,集体化运动又有新发展,一些退出农庄的农民重新加入农庄。自1933年起,苏联政府大力发展农业机器、拖拉机站,增加对集体化农庄的贷款,帮助集体农庄培养经营管理干部、技术人才和拖拉机手,以及帮助集体农庄建立和健全各种规章制度。

第二个五年计划在1933年至1937年推行,其主要目标则由农业转为发展重工业。斯大林为煤、铁、钢等工业生产定下高额生产目标,下令兴建发电站、矿井及油田,改进运输设施。结果在短短数年间工业产量有大幅度提升。以钢产量为例,1938年的钢产量仅次于美国,比英国和法国的产量总和高,位居欧洲第一、世界第二。同年,苏联在世界制造业产量的占有率仅次于美国、德国及英国,位列第四;工业产量的提升带动能源耗用量比第一次世界大战前增加3倍有余、比1920年的最低潮高出12倍,同样仅次于美国、德国及英国。而乌拉尔及西伯利亚地带则建设了一批新兴的工业城市,推动了城市化的发展。1938年开始的第三个五年计划则集中发展军事工业。斯大林通过发展一些和军工业近似的民用工业,以为即将到来的战争作准备,譬如扩大农用履带拖拉机的生产,以便在战时可于短时间内利用其生产线来生产轻型坦克,又或以扩大飞机生产以准备生产战机。1938年开始,苏联的飞机生产较上年度增加1倍有余;1940年,苏联的武器生产额仅次于德国,达50亿美元,已等同于英美两国武器生产额的总和(当时苏联并未参战,而英德正在开战),1941年更为列强之首。第三个五年计划在1941年因德军入侵而中断。显然,五年计划的成功令苏联迅速进行工业化,在1940年,钢、煤、石油、电力产量都达到新高,苏联经已成为继美国和德国之后世界第三强工业国;而在东部兴建新的工业城市则有助西伯利亚及乌拉尔山地区的开发。然而,苏联却因为集中发展对国防有利及国家有需求的重工业,而忽视生产日常消费品的轻工业,人民没有享受到工业化带来的成果。

伟大的卫国战争给苏联人民带来巨大灾难,正是在斯大林的领导下,苏联人民继续实行第四个五年计划(1946—1950),1948年底全国的工业达到战前水平,1950年苏联在工业和农业等各个部门基本渡过难关,并消除了战争所带来的不良后果。

26. 1936年的苏联宪法的主要内容是什么?

苏联的1936年宪法,即1936年12月5日全苏苏维埃第8次非常代表大会通过的《苏维埃社会主义共和国联盟宪法》,共13章,146条。宪法对社会结构,国家结构,苏联最高国家权力机关,加盟共和国最高国家权力机关,苏联国家管理机关,加盟共和国国家管理机关,自治共和国最高国家权力机关,地方国家权力机关,法院和检察院,公民基本权利和义务,选举制度,国徽、国旗、首都和宪法修改程序等分别作了规定。

宪法宣布,苏联的政治基础是由推翻地主和资本家的政权并建立无产阶级专政而成长和巩固起来的劳动者代表苏维埃；苏维埃社会主义共和国联盟是工农社会主义国家，全部政权归城乡劳动者，由劳动者代表苏维埃来实现它。宪法规定，苏联的经济基础是生产资料社会主义所有制。苏联的社会主义所有制有两种形式——国家所有制（全民财产）和合作社与集体农庄所有制（各个集体农庄的和各个合作社的财产）。宪法规定分配原则是"各尽所能，按劳分配"的社会主义原则。宪法还规定，凡苏联公民，不分民族和性别，一律平等，都享有劳动权、休息权、受教育权，有言论、集会、出版等自由权。宪法规定保证人身不受侵犯，并规定了苏联公民应履行的义务以及实行无记名投票直接选举各级政府和机构。苏联是由各平等的加盟共和国联合组成的联盟国家，有全联盟的国家权力机关和国家管理机关，有全联盟的法律、国民经济和国籍。

这个宪法是社会主义在苏联建成的标志，也表明了斯大林社会主义体制的确立。

27. 简述苏联肃反扩大化。

斯大林时期的苏联肃反扩大化、大清洗的根源由来已久。据苏联解体后报道，1934年联共（布）十七大在选举新的中央委员会的无记名投票时，反对斯大林的票占有很大一部分，基洛夫（Сергей Миронович Киров，1886—1934）的选票超过斯大林。斯大林得知此事特别不愉快，但是经过处理，斯大林仍然当选为总书记。此事为后来的大清洗埋下了根源。1934—1938年在苏联发生了一场大规模的清洗运动。

1934年12月1日，中央政治局委员、中央书记、列宁格勒州委书记米·基洛夫在列宁格勒斯莫尔尼宫（Смольный）被刺客开枪暗杀,这一事件激起了全国公众的极大的震动和愤慨。当晚,斯大林在没有经过政治局讨论和批准的情况下颁布了《关于修改各加盟共和国现行刑事诉讼法典的决议》,此决议开了破坏社会主义法制的先例。它越过了政府权力机关、越过了中央执行委员会,擅自修改了刑事诉讼程序,党取代了政府职能、权力取代了法律。这个决议剥夺了被告的申诉权利,使一些投机钻营的诬告者得以通行无阻。该决议还使司法机关违反法律程序,采取了种种非法手段大搞逼、供、信,为制造冤假错案诬陷好人开了绿灯。1936 年斯大林为推进肃反浪潮,下令叶诺夫（Ежов）取代雅哥达,任内务人民委员（雅哥达及其几位副局长后来被处决）；1938 年 7 月,又将叶诺夫免职,由贝利亚（Берия）接替,指控其企图暗杀斯大林和篡夺领导权,以"毫无根据地镇压苏联人民"罪被枪决。叶诺夫成了肃反运动中大量冤假错案的替罪羊。

　　以基洛夫遇刺事件为导火线,苏联展开了大规模的肃反运动。根据斯大林的建议,苏联刑法作了如下修改：侦查恐怖活动不得超过 10 天；有关结论于开庭前一天交给被告；判决一经作出,不得上诉、不得赦免；极刑立即执行。1935 年 1 月审讯了季诺维也夫（Григорий Евсеевич Зиновьев, 1883—1936）、加米涅夫（Лев Борисович Каменев, 1883—1936）等 16 名前反对派分子,罪名是他们在托洛茨基指使下组织了"列宁格勒总部"、"莫斯科总部"等地下反革命组织,阴谋暗杀斯大林等党和国家领导人,又称基洛夫被害就是他们策划的。被告 1936 年 8 月被判处死刑,立即执行。此后,清洗镇压的规模迅速扩大,全国掀起了一场"揭发和铲除人民敌人"的运动。1937 年,苏联肃反运动达到了高潮。1937—1938 年间审理的要案主要有：以中央委员皮达可夫（Г. Л. Пидаков，1890—1937）、拉狄克（К. Б. Радек，1885—1939）为首的"反苏托洛茨基中心"；以苏联元帅、国防部副部长图哈切夫斯基（Михаил Николаевич Тухачевский，1893—1937）为首的"反苏军事中心"；以前政治局委员布哈林（Николай иванович Бухарин，1888—1938）、前人民委员会主席李可夫（Алексей иванович Рыков，1881—1938）为首的"右派—托派反苏联盟"。这些案件的被告都以"人民公敌"的罪名被判处死刑，立即执行。肃反运动使许多无辜者遭到逮捕和杀害，出现了大量冤、假、错案，严重地破坏了社会主义法制，给苏联党、国家和人民造成了巨大的损失。莫斯科大审判一共三次，它是1937—1938年大清洗的高潮剧目，三次大审判的被告人数分别为16、17、21人。除第二、三次各有3人获有期徒刑外，其余被告全部枪决。当年著名的列宁遗嘱中提到了6位苏共领导人，除斯大林外，另外5人——托洛茨基、季诺维也夫、加米涅夫、布哈林、皮达可夫，全部在三次大审判中被处决（托洛茨基因流放海外缺席审判，但后被刺杀）。此外，领导十月革命的第6届中央委员会成员中有2/3被枪决；11大中央委员会的27人有20人被枪决；15大政治局的7人，除斯大林外，6人被枪决或暗杀；第1届苏维埃政府的15名成员中，除5人已去世外，除斯大林外的9人全部遭枪决。大清洗中红军指挥人员和政工人员有4万余人被清洗，其中1.5万人被枪决，包括了5名元帅中的3人、4名一级集团军级将领中的3人、12名二级集团军级将领的全部、67名军长中的60人、199名师长中的136人、397名旅长中的221人。1936—1938年间，苏共一半的党员——约120万人被逮捕。斯大林对列宁时期的老布尔什维克的清洗早已开始，早在1929—1931年的清党运动中就有25万人被开除党籍，大清洗冤死的不仅是无数苏联本国干部和群众,还有很多外国人,包括中国一大批在苏联工作、学习的干部和学生,以及共产国际中国代表团的许多工作人员。

1937年至1938年被称为苏联"大恐怖"时期。在此期间,130万人被判刑,其中68.2万人遭枪杀,很多人遭到逮捕,被关押在古拉格劳改营里,部分人在饥饿、疾病等恶劣的生存环境中死亡。苏联境内的诸多少数族裔被集体迁移和流放,其中包括波兰人、伏尔加德意志人、摩尔多瓦人、犹太人、爱沙尼亚人、拉脱维亚人、立陶宛人、克里米亚鞑靼人、车臣人、朝鲜人等。株连的例子俯拾即是,例如,随图哈切夫斯基元帅被捕和处决的有他的妻子和他的两个兄弟,他的母亲和三个姐妹被关进集中营,后来母亲和一个妹妹死在里面。夫妻一起被处决的例子举不胜举。在当时,株连是有法律依据的,1934年《关于反革命与叛国罪》的法令规定,军职人员逃往国外,家庭成员集体承担责任;对于叛国行为,不论已成事实还是仅仅预谋,知情不报,严惩不贷。而1935年4月7日颁布的法令,则将死刑的年龄降到12岁。军界、经济、艺术等社会各界不少精英被清肃。除了社会科学领域的专家学者受到批评及政治迫害以外,自然科学界的权威人士也难逃厄运。例如,物理学的专家院士以及几乎所有的学术带头人都被称之为"敌对思想的走私犯",许多人被捕处死,而在农业和生物学界李森科主义盛行,把遗传学斥为"资产阶级伪科学",把在遗传学研究上取得卓越成就的科学家斥为"顽固的反苏维埃分子",甚至以"外国帝国主义间谍"来加以残酷迫害。列宁格勒农学院院长被处决,棉花、畜牧、农业化学、植物保护等研究所的领导人也相继遭到同样下场。天文学家们更是胆战心惊,据统计,在此期间,约有20%的天文学家被捕。此外,苏联中央气体液体力学研究所几乎所有的研究人员都被逮捕入狱,而整个航空科学的几乎所有学术骨干都被监禁——但为了使新飞机的研制工作不至于中断,内务部不得不建立了一座代号为"中央设计局第 29 号"的特别监狱,让这些科学家一面接受审讯,一面进行科学研究。苏联足球队因为在 1952 年赫尔辛基奥运会半决赛输给了南斯拉夫足球队,全体队员被流放到西伯利亚,直至 1953 年斯大林去世才结束流放,并得到平反。

这场大清洗的政治运动给苏联社会造成严重创伤,各个领域的社会精华均受到摧残,人们的生命安全和行动自由得不到法律保护,精神受到极大打击;这场运动同时也确立了高度中央集权制度的极端形式,即斯大林个人专制;同时大规模的恐怖镇压给苏联的社会经济发展造成严重障碍和后果。

1956 年 2 月,赫鲁晓夫在苏共二十大上作题为《关于个人迷信及其后果》的秘密报告,对于苏联大清洗这段历史做了揭露,严厉地谴责了斯大林的个人迷信及其残杀无辜、大搞恐怖活动的罪行。

28. 何为伟大的卫国战争?

1940 年 6—7 月,希特勒(Гитлер)做出了进攻苏联的决定。12 月 5 日,希特勒批准了德军参谋总部制订的侵苏计划,并于 12 月 8 日以"巴巴罗莎"(План Барбаросса)为代号下达了这一反苏战争计划。希特勒企图用突然袭击的"闪电"战,以一次快速的战役击溃苏俄。1941 年 6 月 22 日晨,希特勒撕毁《苏德互不侵犯条约》,对苏联不宣而战。

尽管苏联建立了较强的防卫战线,但对德国向苏联发动突然袭击的时间判断有误,致使德军入侵时,苏联军队没能及时进入临战状态。虽然苏军进行了英勇的抵抗,但在头 5 个月,苏军损失惨重,截至 1941 年 11 月,德军深入苏联腹地 850—1 200 公里,占领了 150 万平方公里的领土,苏联面临着十分危险的局面。

战争爆发的第一天,苏联党和政府号召苏联各族人民奋起抗击德国的侵略,开展伟大的卫国战争(Великая Отечественная Война)。6 月 29 日全国进入军事状态,6 月 30 日成立了以斯大林为首的国防委员会,统一领导各阶层人民为打败德国侵略者而斗争。7 月 3 日,斯大林发表广播演说,指出苏联所进行的是反对法西斯侵略的正义战争,要用人民的一切力量来粉碎敌人。苏联人民迅速动员起来,到 1941 年 7 月 11 日就有 530 万人应征和自愿加入苏联武装部队。前方战士英勇奋战,后方的工人、农民和知识分子也像战士一样,不惜任何劳苦和牺牲,为战胜德国法西斯忘我劳动。他们在不到 3 个月的时间内,把 1 300 多个工业企业转移到乌拉尔、伏尔加河流域等地,并很快投入生产。许多生产民用品的工厂改产军用品,整个国民经济转入战时轨道。

苏德战争爆发的当天,英国首相丘吉尔(Черчилль)发表广播演说,声明英国将站在苏联一边。第二天,毛泽东在延安发表了《关于反法西斯的国际统一战线》一文,号召各国人民组织国际统一战线,对法西斯斗争。6 月 24 日,美国总统罗斯福(Рузвельт)也声明将全力援助苏联。1941 年 7 月 12 日,苏、英签订了《关于对德战争中共同行动之协定》(Соглашение о совместных действиях в войне против Германии),8 月 9 日罗斯福和丘吉尔在大西洋的军舰上发表了《大西洋宪章》,并致函斯大林,建议召开美英苏三国会议,宣告三国在反法西斯战争中采取联合行动。1941 年 12 月 7 日日本人在太平洋摧毁了美国最大海军基地珍珠港(Перл-Харбор),加速了反法西斯统一战线的形成。从此,美国也加入了战争行列。1942年1月1日、中、苏、美、英等26个国家在华盛顿发表《联合国家宣言》(Декларация Объединенных Наций),也称《同盟国宣言》;签字国保证用自己的全部经济、军事力量对法西斯国家作战,规定签字国不得与敌人单独媾和。这些都标志着国际反法西斯统一战线的形成。

苏联人民的英勇抵抗使希特勒3个月内消灭苏联的"闪电战"计划化为泡影。苏军在经受初创后,经过准备,发动了著名的三大战役:

1) 莫斯科战役(Московская битва,1941年9月—1942年4月)

1941年秋,德军将列宁格勒团团围困,列宁格勒军民在极其艰苦的条件下,忍受巨大的牺牲,浴血奋战,顽强抗击敌人,近900天的"铁壁合围",德军却未能越雷池一步。在南方战线,苏军粉碎了德军速战速决的计划。

9月30日至10月2日德军集中了89个师,包括14个坦克师和摩托化师,对莫斯科发动大规模进攻。苏联党和政府号召军民不惜一切代价保卫首都。莫斯科军民忘我、紧张地工作,修建防御工事。在11月6日不顾德军的空袭和郊区战斗的进行,苏联军民仍然在红场进行了纪念十月革命胜利24周年的庆典活动;第二天照常在红场进行了传统的阅兵式,斯大林发表了讲话。阅兵式过后,部队直接开赴前线。莫斯科军民的英勇保卫战挫败了德军对莫斯科的"十月攻势"。经过两个多月的苦战,苏德双方力量对比发生了有利于苏联的变化。苏军击溃了从南北两面威胁莫斯科的德军,收复了加里宁、图拉、莫斯科州的几个城市和几百个城镇,歼敌30多万,缴获大量军械武器。莫斯科保卫战的胜利粉碎了德军"不可战胜"的神话,埋葬了希特勒的"闪电战"

计划,大大鼓舞了苏联人民和世界人民战胜纳粹德国的信心。

2) 斯大林格勒战役(Сталинградская битва,1942年7月—1943年2月)

　　1942年,德国利用英美拖延开辟第二战场的机会,将几十个师从西欧调到苏德战场的斯大林格勒发动局部攻势。斯大林格勒具有经济和战略意义。1942年7月17日斯大林格勒会战开始。德军鲍留斯的第六集团军35万兵力,加上400多辆坦克、1 200架飞机向斯大林格勒发动进攻。整个城市已经成为废墟,激烈战斗是在城市的各条街道上进行。斯大林格勒军民在极端困难的情况下与敌人浴血奋战,他们一手拿武器,一边冒着敌人的炮火进行生产,支援战斗。1942年11月下旬苏军由防御转入进攻。1943年1月10日,苏军5 000多门大炮同时向敌人阵地猛轰,德军被切成南北两部。1月31日,苏军摧毁了南路德军的反抗,俘虏了鲍留斯及其参谋部人员。2月2日,北部德军也在斯大林格勒被歼。这次战斗共歼德军33万,俘虏德军军官2 500人、将领24名。斯大林格勒会战是苏德战争的转折点。它的胜利使德国受到致命打击。从此,希特勒一蹶不振,开始转入战略防御,而苏军开始转为反攻。

3) 库尔斯克会战(Курская битва,1943年7月—1943年8月)

　　在斯大林保卫战取得胜利的同时,苏军于1944年1月突破了德军对列宁格勒的封锁。1943年上半年,苏军先后收复顿巴斯地区顿河畔罗斯托夫(Ростов-на-дону)和沃罗涅日(Воронеж)等大城市。希特勒不甘心失败,7月初德军在库尔斯克集中50个精锐师,包括16个坦克和摩托化师,分别从奥廖尔(Орел)和别尔戈罗德(Белгород)发起突击,妄图包围和消灭库尔斯克突出部的苏军，然后向纵深进发。苏军早已识破德军阴谋，为歼灭德军作了充分准备。苏军集中兵力积极应战，双方出动数千辆坦克。经过数次激烈战斗，德军损失官兵7万多人、坦克近3 000辆、飞机1 392架。库尔斯克会战是迄今人类历史上最大的坦克大会战。库尔斯克会战的胜利，使苏军牢固地掌握了作战的主动权。1943年，苏军收复了2/3被敌人占领的国土，解放了基辅、斯摩棱斯克（Смоленск）和布良斯克（Брянск）等大城市及第聂伯河西岸的乌克兰和白俄罗斯地区。苏军向西方推进了300—600公里，转入了全线进攻。

柏林会战（Берлинская битва，1945年4月16日至5月8日）是卫国战争的最后战役。由朱可夫（Г. К. Жуков）、罗科索夫斯基（К. К. Рокоссовский）和科涅夫（И. С. Конев）元帅指挥的白俄罗斯第一、第二方面军和乌克兰第一方面军承担攻克柏林的任务。4月16日苏军出动50万兵力、4 100多门大炮和迫击炮、8 400架飞机、6 300多辆坦克和自行火炮对德军发起强大攻势。25日苏军在易北河西岸与英美联军回合，柏林（Берлин）被四面包围。27日苏军攻入柏林中心，28日攻进波茨坦广场。4月30日下午，柏林帝国国会大厦（Рейхстаг）上空升起了胜利的红旗。它标志着希特勒德国的灭亡。5月2日，希特勒绝望自杀，柏林正式签订无条件投降书，从此欧洲战争结束。5月9日被定为胜利日（День победы）。

伟大卫国战争期间，苏联全国有2 650万人死于战争，德军占领和破坏了1 710座城市和居民点，7万多个村庄，毁坏了3.18万家工矿企业，破坏了9.8万个集体农庄和近2 000个国营农场，毁坏铁路6.5万多公里，苏联的国民经济的直接损失达2.569万亿卢布。苏联人民以巨大的牺牲和难以弥补的损失换取了卫国战争的胜利,为欧洲的解放、战胜法西斯作出了贡献。

29. 简述苏联伟大的卫国战争在第二次世界大战中的作用。

第二次世界大战是人类有史以来规模最大、战斗最激烈、影响最广泛和最深远的战争。它以德意日法西斯"轴心国"的彻底失败和美中苏英等反法西斯"同盟国"的完全胜利而告终。苏联伟大卫国战争是在苏德战场上进行的、苏联军民抗击和歼灭德国法西斯的战争。苏联人民以巨大的牺牲换来了伟大卫国战争的胜利。苏联的伟大卫国战争在二战中的作用是非常巨大的。

1) 第二次世界大战是由德、意、日法西斯国家挑起的,在这三个法西斯国家中,又以德国法西斯为最强大、凶恶和狡猾。1940年12月18日,希特勒批准了关于侵略苏联的"巴巴罗萨计划",企图用闪电战击溃苏联,并规定对苏战争必须在6个星期到2个月内结束。在战争初期,苏联红军遭受了相当大的损失,1941年12月6日,苏军在莫斯科转入了反攻,收复了莫斯科州、加里宁州、图拉州、梁赞州的全部以及斯摩棱斯克州、奥廖尔州局部,赢得了莫斯科保卫战的重大胜利,粉碎了"德国陆军不可战胜"的神话。莫斯科保卫战是伟大卫国战争开始以来的第一次战略胜利。它不仅给苏联人民以极大的鼓舞,坚定了夺取最后胜利的信心,还促进了世界反法西斯统一战线的形成和发展,扭转了苏军的战略态势,提高了苏联的国际地位,为苏德战场的根本转折奠定了坚实的基础。

2) 苏德战场是打败德国法西斯的主战场,苏联红军是歼灭德国法西斯的主力军和决定性的力量。德军在莫斯科会战惨遭失败之后,被迫放弃了对苏联的全面进攻,他们企图占据重要的经济、军事和交通要道斯大林格勒。从1942年到1943年为期200天的斯大林格勒会战粉碎了德军集团,标志着苏德战争乃至整个第二次世界大战达到了一个转折点,即苏军从战略防御开始转入了战略进攻。随后的库尔斯克会战彻底粉碎了德军的一切企图,苏军把握了战争的主动权。在伟大的卫国战争中苏联红军所消灭的敌军士兵和武器的数量要比英美等其他国家所消灭的敌军总数还要多。而第二次世界大战的其他任何战场都没有像苏联战场那样紧张和残酷,第二次世界大战的根本转折是在苏联大地上发生的,是苏联红军帮助解放了欧洲的大部分国家和领土,并一直打到了德国柏林。

3) 苏联伟大卫国战争胜利本身是对法西斯的最大打击,苏联信守承诺,在胜利后3个月内对日宣战,帮助中国的抗日战争,缩短了中国抗日战争的时间。实际上,苏联卫国战争不仅消灭了德国法西斯,而且还与抗日民族解放战争遥相呼应,彼此之间进行战略支援与配合,共同打败了野蛮的日本帝国主义侵略,取得了第二次世界大战的胜利。

30. 伟大的卫国战争期间,苏、美、英三国首脑举行了哪几次会晤?

第二次世界大战后期,苏美英三国首脑先后在德黑兰、雅尔塔和波茨坦举行三次首脑会晤,史称"三巨头会晤"(Большая Тройка),协商对德日作战问题以及战后问题。三次会晤确立了苏联在世界大国中的新地位。

1） 苏、美、英三国首脑斯大林、罗斯福和丘吉尔第一次会晤是1943年11月28日至12月1日在伊朗首都德黑兰举行,史称德黑兰会议(Тегеранская Конференция)。会谈的实质是:

（1）关于在欧洲开辟第二战场问题,决定于1944年5月在法国南部开辟反法西斯第二战场;

（2）就战后成立一个维护世界和平与安全的国际组织问题交换了意见,即后来成立的联合国;

（3）就战后如何处置德国的问题进行了初步讨论,三国提出不同的分割方案;斯大林力图争得格尼斯堡(现加里宁格勒)归苏联所有;

（4）三国一致赞成战后重建独立的波兰,将其边界西移,将德国东部的部分地区并入波兰作为对盟国的让步;

（5）苏联答应在欧洲战争结束后的三个月内开辟东方战线,对日宣战。

2） 第二次会晤是美、英、苏三国首脑罗斯福、丘吉尔、斯大林在苏联克里米亚半岛雅尔塔于1945年2月4日—11日举行,又称"雅尔塔会议"(Ялтинская Конференция)。其实质内容为:

（1）三国政府同意对德国实行苏、美、英、法四国分区占领;

（2）在波兰问题上,基本承认德黑兰会议达成的协议;

（3）在中国问题上,他们以牺牲中国主权利益来满足苏联对日宣战。把大连港国际化,苏联租用旅顺为军事基地,中国东北、南满铁路由苏中联合经营;

（4）将库页岛交给苏联,将南萨哈林岛归还苏联;

（5）讨论了联合国的组建问题,决定1945年4月在旧金山召开会议,准备宪章。

3) 第三次会晤是 1945 年 7 月 17 日到 8 月 2 日杜鲁门（Трумэн）、艾德礼（Эттли）和斯大林在柏林近郊的波茨坦举行，史称"波茨坦会议"（Потсдамская Конференция）。其内容为：

（1）设立苏、美、英、中、法五国外长会议，进行关于缔结对德国等战败国和约的准备工作；再次讨论了对日作战问题。

（2）苏、美、英、法四国分区占领德国，解除德国全部武装，铲除可用作军事生产的德国工业，一切武器、军火及战争工具均由盟国处置或予以销毁；摧毁纳粹党及其附属机构，逮捕和审判纳粹战犯，禁止德国军国主义及纳粹主义复活，使德国沿着和平民主的道路发展。

（3）规定德国的赔偿责任。苏、美、英等国将从各自的占领区及相应的德国国外投资中取得赔偿；苏联除在其占领区获得赔偿外，尚可自西部占领区取得工业设备作为赔偿。

（4）哥尼斯堡（今加里宁格勒）及其邻近地区划归苏联；在波兰西部边界最后划定前，德国前东部领土，包括会晤决定不归苏联管辖的一部分东普鲁士领土和前但泽（今格但斯克）自由市区域均由波兰政府管辖。

（5）关于审判战争罪犯的问题。

31. 简述赫鲁晓夫其人及其在苏联历史上的作用。

尼基塔·谢尔盖耶维奇·赫鲁晓夫（Никита Сергеевич Хрущев）（1894—1971）是苏联历史上的重要领导人。他 1918 年加入布尔什维克党，1929 年进莫斯科工业学院学习。1934 年当选为联共(布)中央委员。1935年起任联共(布)莫斯科州委第一书记。1938年起任乌克兰党中央第一书记。1939年被选为联共(布)中央政治局委员。伟大卫国战争期间获中将军衔。战后初期继续担任乌克兰党中央第一书记,并为乌克兰共和国部长会议主席。1949年12月任联共(布)中央书记和莫斯科州委第一书记。1952年10月任苏共中央主席团委员兼中央书记。1953年3月斯大林逝世后,任苏共中央书记,后任第一书记、部长会议主席。1964年10月苏共中央全会"鉴于赫鲁晓夫犯有主观主义和唯意志论错误"解除其职务。

赫鲁晓夫上台后,决定对农业开始进行改革,受到了广大群众的支持。然而改革未能涉及其根基,即行政指挥体系。1953年8月最高苏维埃公布了第一批农业改革措施:提高农产品的收购价格,增加国家对农业的投资;免除集体农庄和国营农场往年的欠款;免除自留地的税收并允许将自留地扩大5倍;农村也实行退休制度;发给集体农庄庄园护照;农庄有权根据当地条件修订规章等。这些改革措施收到了明显的效果:农民的实干积极性大大提高,城市畜产品和果品的供应有了明显的好转。1954年春夏,苏联政府将30万青年自愿者安排到北高加索、西西伯利亚、哈萨克、阿尔泰和乌拉尔等地开垦荒地。青年们在当地搭帐篷,建立了新的农场、农庄和农业拖拉机站。1955年,垦荒计划基本完成。1956年,处女地获得了大丰收,小麦产量达到历史上最好水平。农业生产奇迹的出现为赫鲁晓夫获得一枚列宁勋章(1957年)。1954年赫鲁晓夫开始推广美国经验,不顾实际情况大力开展种玉米运动。由于苏联的气温等方面的条件不适合玉米生长,瞎指挥的结果使玉米收成大量减产,许多地方收获的只是青秆饲料。

赫鲁晓夫在工业改革方面，坚持苏联的重工业发展的首要位置，决定在工业领域开展科学技术进步运动，对工业生产实行机械化和自动化。在较短的时间内，苏联将几个大型的宇航规划全部付诸实施。1957年10月，苏联成功地发射了世界上第一颗人造地球卫星。11月2日，又将一颗带着实验动物的卫星送入太空。1961年4月12日，苏联宇航员尤里·加加林（Ю. Гагарин，1934—1968）驾驶"东方号"宇宙飞船完成了人类历史上的首次航天飞行，使苏联在宇宙研究方面一直走在美国前面。

1956年，赫鲁晓夫对国家管理机构进行改革，扩大地方机关、共和国和各地区的经济自治权，实行分散管理。1957年，在苏联各个部委中，只保留了航天工业部、国防工业部、无线电工业部及造船工业部等关系国计民生的关键性部门，其余的全部交给国民经济委员会管理，对部委的数量作了精简。在经济改革的同时，赫鲁晓夫政府还十分重视人民日常需求。职工的工资和退休金有了明显提高，国家展开了大规模的住房建设，即建设现在被称为"赫鲁晓夫式房子"（хрущевка）的简易楼房，基本解决了城市居民住房问题，人民的生活水平较前有了很大的提高。

赫鲁晓夫最为重大的作用是于1956年的苏联共产党第二十次代表大会中发表了"秘密报告"，对斯大林展开全面批评，震动了社会主义阵营，引发东欧的一系列骚乱。任期内，他实施去斯大林化政策，为大清洗中的受害者平反，苏联的文艺领域获得解冻。

32. 苏共二十大在苏联历史上有何作用？

苏共二十大在苏联的历史中有着重要的作用。在当代国际共运史上，苏共二十大是一个载入史册的会议，宣布了社会主义过渡形式的多样化,并且有可能和平过渡,从而在事实上否定了国际运动中只有"一个中心"、"一种模式"的观点。它为世界上第一个武装夺取政权的社会主义国家的发展探索符合本国国情的道路解除了桎梏。另外,大会打响了反对个人崇拜,反对践踏党内民主生活,反对破坏社会主义法制的第一枪。

苏共二十大于1956年2月召开,会议原计划总结第5个五年计划,通过第6个五年计划(1956—1960)纲要,提出要在最短的时期赶超发达的资本主义国家的任务。2月24日午夜的闭幕会上,赫鲁晓夫作了题为"关于个人崇拜及其后果"(О культе личности и его последствиях)的报告,震动了大会代表,大会忘却了基本任务,会议的计划被打乱。报告中首次提出了列宁遗嘱和列宁要求撤销斯大林职务的建议。在斯大林时代,列宁的遗嘱一直是保密的。赫鲁晓夫在报告中着重指出斯大林的专横暴戾本性,1936—1938年的大清洗则使成千上万的无辜者被监禁,最忠实、最顺从的共产党人屈打成招,违心地承认自己是"人民公敌"而被处决。该报告宣告了斯大林大清洗时代的结束,同时也成了国际共产主义运动大分裂的开始。赫鲁晓夫在批判个人迷信的同时,竭力主张实行社会主义法治,对国家安全委员会要严格控制,继续为受冤者平反昭雪,恢复党的集体领导原则,完善社会主义民主,用批判的眼光看待自己的历史,还要求"编写一本通俗的、以历史事实为依据的马克思主义的党史教科书"等。

33. 为何将勃列日涅夫时期称为"停滞时期"?

列昂尼德·伊里奇·勃列日涅夫(Леонид Ильич Брежнев, 1906—1982)——苏共中央总书记、苏联最高苏维埃主席团主席、苏联国防委员会主席。勃列日涅夫上台以后,苏联的军事力量大大增强,核武器的数量超过美国,使苏联历史性地成为军事上的超级强国。他执政后期,经济改革趋于保守,苏联经济的陈旧管理体制使得经济发展速度不断下滑,人民群众的生活水平不断下降,而他本人却热衷于搞勃列日涅夫主义,这一时期被称为"停滞时期"。

从1964年底开始,勃列日涅夫决定以鼓励物质利益来刺激社会生产,以农业和乡村的社会稳定为基础。1965年开始了经济改革(Экономическая реформа),临时缓解了粮食生产供应的紧张状况。另外,采纳了经济学家利别尔曼(Е. Либерман)制定的"计划工作和经济刺激新体制"方案,使第八个五年计划胜利完成。然而到了20世纪70年代,由于加强了集中管理,实行了中央集权,各部委权利得到强化,使得在以后的第9、第10个五年计划中经济增长缓慢,并且开始下滑。从20世纪70年代起苏联将工业发展的重点放在建立和发展西西伯亚区域生产大型综合体的建设上,优先发展石油天然气工业。

第11个五年计划(1981—1985)的基本指标没有一个完成,苏联的经济出现了危机的前兆。从20世纪70年代初开始,勃列日涅夫逐渐放弃改革,在国内生活中过于求稳怕乱,苏联的政治、经济、社会和文化等领域都出现了停滞的局面。然而,苏联的社会经济结构还算稳定,勃列日涅夫推行了"满足人们最低需要"的政策。由于前几十年奠定的经济基础尚能维持社会各基层的生活水平不降,甚至还出现了缓步上升的势头。多数居民能够住上舒适而便宜的房屋,享受着免费医疗、出国旅游、到海滨休假等待遇。但由于农业、轻工业发展滞后,商品短缺现象,排队抢购、走后门、"倒洋货"的现象也十分普遍。社会差异变得越来越不明显,知识分子与工人阶级之间的教育水平差别也不大。勃列日涅夫尽力回避各种改革,保持各方面的利益平衡,稳定干部队伍。1965—1984年间,苏联各加盟共和国、各州和各部委的领导班子几乎没有做过任何人事变动。到20世纪80年代初,政治局成员的平均年龄已经达到70岁。

在国际事务中,苏联加强了对社会主义阵营的控制,采取强硬政策。苏共领导人以武力干涉捷克斯洛伐克事务,使"布拉格之春"夭折。1979年,苏联打着"国际主义"旗号直接派兵入侵阿富汗(Афганистан),遭到阿富汗各阶层人民的反对和抵抗,也引起了国际社会的强烈谴责。阿富汗战争持续十年,不仅给阿富汗人民带来了极大灾难,也给苏联造成了大批人员伤亡和物质资源的巨大损失。

在苏联的体制管理中,行政命令式的管理方式又返回到各管理体制中。20世纪60、70年代,所谓的"新阶层"(Новый класс),即享用巨大权利和特权的国家官僚阶层,在苏联社会管理中起到了关键性作用。国家机构中的主要成员都是在30年代大清洗以后步入仕途的。他们已经不再具备革命的理想和信念,只是关心自己的切身利益。这个阶层内部形成了为数众多的与个人私利和权利(各部委和生产部门的代表、大企业经理、农业部门的代表、军队和军工综合体的代表等)密切相关的社会集团。这些集团之间的矛盾、他们对利益的垄断和钻营严重削弱了中央的权利和威信,破坏了苏维埃体制的完整性,使得苏联腐败和违法现象进一步扩大。官僚阶层与影子经济、官方经济与影子经济迅速而顺利地融合,苏联正在经历一场严重的社会分化,苏联体制已经从内部瓦解。20世纪60年代末,苏联出现了持不同政见者,政府对这些人采取的是逮捕流放,因而发生了一系列在对待持不同政见者的轰动性"案件"。到了20世纪80年代初苏联开始陷入严重的政治、经济、社会和精神危机。

34. 戈尔巴乔夫上台后推出了何种改革？

米哈伊尔·谢尔盖耶维奇·戈尔巴乔夫（Михаил Сергеевич Горбачев, 1931—　）——末代苏联共产党中央总书记（1985—1991），第一位，也是最后一位苏联总统（1990—1991）。1985年，戈尔巴乔夫任苏共中央总书记后不久，就在政治、经济、社会等领域全面推行以"民主化"、"公开性"和"多元化"为核心内容的"新思维"，并在苏共二十七大上提出了"加速发展"战略和"根本改革经济体制"的方针，其核心思想是使经济管理体制由从前的以行政领导为主过渡到以经济方法为主，并实现管理的广泛民主化。他的改革首先从经济开始。

戈尔巴乔夫于1987年开始推行社会主义框架内的市场经济改革，允许企业成为独立的生产单位，实行内部自治，推行经济核算，自己选择合作伙伴、购买原料、推销产品；同时也可以组建合资企业，自由对外出售企业产品；各个劳动集体可以自行选举领导并对其进行监督。在中央则对中央机关进行改革，削减部委数量，各个部委之间同企业应该成为伙伴关系；又提出根本改革的具体实施方案，即大力扩大企业自主权，对企业实行"三自一全"的经济政策。1989年底，戈尔巴乔夫又宣布新的改革目标，即向市场经济过渡，制定租赁化经济纲领，计划对企业实行租赁。

戈尔巴乔夫在经济改革没有取得成就时意识到其中有政治体制的原因，于是对苏联的政治体制进行改革，即在一党的领导体制原则下，充分保障人的各种权利，实行社会主义意见多元化，重提"一切权力归苏维埃"的口号,实现国家权力机构中心从党的系统向国家权力机构转移;在人民代表大会制度下引入适当的权力制衡机制;建设社会主义法制国家,使法律取代行政命令;实行党政分开;在苏共自身建设问题上,强调发扬民主;建设人民代表大会制,把国家权力中心从苏共的体系转移到苏维埃,以克服过去政治体制的弊端;扩大苏维埃机制的民主性,实行严格的干部任期制;实行司法改革,明确司法独立原则;政治体制活动应该实行公开性原则。另外,在政治体制的改革中一个重要的举措就是在苏联实行总统制和实行多党制。

由于遭到来自各方面的重重阻力以及社会和政局动荡等因素,戈尔巴乔夫的上述改革措施在实际经济活动中并没有得到有效实施,最终使苏联解体。

35. 戈尔巴乔夫的《改革与新思维》对苏联解体起了什么作用?

《改革与新思维》(Перестройка и новое мышление)一书是1987年戈尔巴乔夫应美国出版商西蒙·贝西的请求而写。1990年他以此书获得诺贝尔和平奖。在书中,戈尔巴乔夫全面系统地阐述了他的国内政治经济改革和关于国际关系的"新思维"。他指出,"改革给我们的政治实践和社会思维提出了新的任务",必须"结束社会科学的僵化状态","彻底消除垄断理论的后果","使社会政治思维发生急剧的转折"。"新思维"在对苏联历史和现状进行重新评价的基础上,详细地阐述了进行政治经济改革的原因、原则、政策和目标,阐明了对时代的看法和苏联的对外政策。"新思维"的提出仅是戈尔巴乔夫执政的开始,在后来的整个执政期间戈氏又发表了许多讲话和文章,制定和通过了许多政策、决议和纲领,这些都是"新思维"的继续、发展和体现。

戈尔巴乔夫"新思维"的产生绝不是偶然的,它是苏联传统政治经济体制与生产力的矛盾发展的结果。正是这些弊端和矛盾成为戈尔巴乔夫"新思维"产生的历史条件。也正是由于这些原因,"新思维"的提出曾引起极大的反响,西方报刊称这"标志着苏联历史上一个新时代的开始"。

由于"新思维"是适应历史的需要而产生的,因此具有历史的积极意义。但是"新思维"有个发展变化过程,这又决定了它的历史作用的复杂性,特别是后来在重大政治经济问题上"新思维"发生了原则性变化,它对国家统一和社会主义制度的作用便走向了反面。戈尔巴乔夫"新思维"本来就是针对社会主义根本制度的一种形而上学的破坏性的旧思维方式,当初人们却被种种假象所迷惑,把它误认为是辩证的建设性的新思维来接受了。戈尔巴乔夫"新思维",是他在苏联执政后的改革哲学,"全人类的价值高于一切",是这一思维的核心。而"公开性"、"民主化"、"多元论"、"人性化和人道主义化",则是这一思维存在的支柱。其中,"一切为了人,为了人的福利",是这一思维的最高原则。而"人道的民主的社会主义",则是这一思维衍生出来的政治纲领和社会目标模式。这一思维的主要特点是概念内涵的不确定性、多变和实用主义,形而上学的绝对化,原则同实际相背离,因而在指导改革实践中具有极强的破坏性。我们知道,改革是一项全社会的科学实验工程,同时也是一项开放而又严谨的创造性的系统科学思维工程。因此,改革的方针政策、口号、概念必须明确、切实、严谨,才不至于被人篡改或引偏方向,造成不良后果。

例如,"改革"和"改造"、"革命性变革"这些概念都是表达对原体制要保留其有效成分,破除其已经僵化的失效成分。但是,"改造"、"革命性变革"则是表明要从根本上废除旧体制,改变它的根本属性,以求达到根本的质变。所以,改革同"改造"、"革命性变革"不仅具有程度上的差别,而且具有根本性质上的区别。戈尔巴乔夫在使用这些概念时,并没有加以区别,而是把它们相互混淆起来。他指出,改革"就是指对社会进行真正革命的和全面的改造","改革是一个内容广泛的词。我要在改革和革命两个词之间划一个等号"。政治革命的中心问题是政权问题,革命意味着夺权。戈尔巴乔夫是要改变社会主义根本制度。因为戈尔巴乔夫反复说明,不是放弃社会主义选择,而是为了"更多的社会主义"。在那贴着"更多的社会主义"标签的葫芦里卖的却是"全盘西化"的资本主义毒酒。这说明,戈尔巴乔夫的"新思维"在社会迫切要求进行改革的历史背景下具有可接受性,也就是说在一定时期里它具有很强的腐蚀性,因而也就具有极大的破坏性。

戈尔巴乔夫"新思维"中的"公开性"口号,开始人们也是从改革所应当具有的开放性来理解的。改革要求创新,而创新则要求破除迷信,解放思想,转变观念,大胆实践,开展争鸣。作为领导者,从一开始就应当鲜明地提出防止主观臆断、以偏概全、怀疑一切、否定一切、全盘否定历史的错误倾向。可是,戈尔巴乔夫并没有这样做。戈尔巴乔夫在中央全会上带头要求实行"彻底的公开性";"不必害怕公开性。……公开性是苏联当代生活的准则",要发扬公开性"并没有失去任何东西,反而只有好处"等。戈尔巴乔夫强调,"我们主张毫无保留、毫无限制的公开性"。然而,实际上"毫无限制"的只是传播西方文化、资产阶级自由化和为过去被推翻的剥削阶级翻案的言论和行动以及各种宗教活动。到 1988 年苏联已开放 7 930 种禁书,停止对西方电台的干扰,还允许出版专门揭露历史"空白点"的书刊杂志。

戈尔巴乔夫"新思维"是用超阶级的唯心主义的思维方式来取代马克思主义,只是由于它利用了以往"左"的失误和一些非本质的现象,使得苏联共产党很快走向盲目相信群众的自发性和片面夸大民主作用的极端,导致了各种社会思潮泛滥,社会处于严重的失控状态,使人们受到了似是而非的侵蚀而变得麻木不仁,政治界线不清,因而在敌对势力和反对派进攻面前丧失了战斗能力,为苏联解体做了思想上的推动作用。

戈尔巴乔夫反复阐明他的"新思维"的核心思想就是全人类的价值高于一切,全人类的利益高于阶级利益,"人类的需要比无产阶级的任务更重要";不应再把和平共处看作是"阶级斗争的特殊形式",而应促使国际关系人性化、人道主义化,消除"敌人形象"。苏联现在已"没有政治上的敌人",也"没有在政治上抵制新方针的问题"。这些都是典型的主观唯心主义。

上述这些超阶级的"新思维"观点,经过报刊电台电视台大量宣传后,就使得广大干部群众尤其是青年人麻木不仁,被解除了思想武装,分不清政治是非界限,很容易接受资产阶级自由化分子和民族分立主义分子的煽动而步入歧途,"使党在迅速组织起来的反社会主义力量的密集炮火下束手无策地坐在战壕里"。只要社会上还存在着阶级差别,作为国家政治形态的民主就仍然是有阶级性的,任何超阶级的全民民主、全民国家、全民党的宣传都是骗人的,是根本不可能的。戈尔巴乔夫"新思维"把民主视为超阶级的绝对之物。"没有民主就没有社会主义",这一论断无疑是正确的。然而,戈尔巴乔夫由此出发认为,把民主作为社会主义制度存在的"一种唯一可能的方式"。从表明看,戈尔巴乔夫的"新思维"正确无疑。然而,正是戈氏"新思维"对苏联解体起着非常重要的作用。领导人思想的锐变必然会影响到社会的方方面面,会与社会上的思潮发生共鸣。戈尔巴乔夫的"新思维"严重脱离了苏联地缘政治的实际,削弱了党的领导,把一切寄于多党制,想在短期内解决苏联共产党长期存在的问题。戈尔巴乔夫的"新思维"使得苏联国内的反共反政府思潮有恃无恐;在国际上对以美国为首的西方存在众多幻想;戈氏理论成为加快苏联的解体破产的助推器。

36. 苏联解体的原因是什么?

苏联解体(Распад СССР)发生在1991年12月25日,以苏联总统戈尔巴乔夫宣布辞职的事件为标志。次日,苏联最高苏维埃通过决议宣布苏联停止存在,为成立了69年的苏联画上句号。苏联解体后分裂出15个国家。苏联解体是国内和国外多种因素相互作用的结果,而国内的诸多因素是最终导致苏联解体的主要因素。纵观各种因素,我们认为其主要因素是政治、经济和民族问题等。

1)政治因素

主要表现在高度集中和集权的政治体制以及党的总书记个人集权领导弊端突出。总书记是全党、全国、全军的最高领袖,其极权领导使党内民主生活受到限制,党内民主变成了只是说好话不说坏话的奉承和机械的举手程序。这种体制严重背离现代经济的发展规律,压抑了地方、企业和劳动者的积极性,加上它在政治上无情地消灭各种反对派和压制持不同政见的知识分子,以及意识形态方面的严密控制,使整个社会处于僵化、封闭和麻木的状态。这种体制使经济发展缓慢,国民经济发展比例失调更加严重,制度性的弊端进一步凸显。在这种体制下,戈尔巴乔夫领导失职,缺乏一个大国领导人应有的胆略和能力,面对种种困难和压力仓促应对,在领导改革中出现种种失误和错误,使整个国家迷失方向、危机骤增、秩序失控,以至于改革失败。在紧急关头,戈尔巴乔夫辞去党中央央总书记的职务,使苏共迅速走向衰败。政党腐败,形成了众多的特权阶层和"官僚氏族集团",他们官官相护,贪污渎职,使执政党与民众之间隔阂越来越大,民心尽失。苏共党内官僚特权阶层"在很大程度上是苏联既得利益集团、苏联上层统治阶级内部矛盾而产生的'自我政变'"。苏共衰败,是苏联剧变的前兆;苏联解体,是苏共垮台不可避免的结果。

2) 经济问题

由于苏联体制的僵化,使得以国家为中心、高度集中的指令性计划经济体制、结构和战略不能适应时代的发展和变化。苏联的经济结构是以工业为主导、重工业优先于轻工业、重速度轻效益、重生产而轻消费、重工轻农、国民经济结构严重失调,最终导致经济增长速度缓慢、货币发行失去控制、债台高筑、通货膨胀率越来越高。这种僵化的经济体制导致苏联经济危机,经济危机导致信仰危机、政治危机和民族危机,最终导致苏联解体。

3) 民族问题

苏联是以民族为特征的邦联制国家,民族问题由来已久。从1547年莫斯科大公伊凡四世自称沙皇、建立沙皇俄国始到1917年,沙俄先后扩张占领了外高加索、中亚、西伯利亚和远东(含侵占中国的150万平方公里)等地,征服的民族达120多个。斯大林时期强行吞并波罗的海三国和芬兰的卡累利阿。为巩固野蛮统治,历代沙皇均对被征服的民族实行残酷压迫与奴役,极力煽动大俄罗斯沙文主义情绪,唆使俄罗斯人鄙视、仇恨、欺压非俄罗斯民族。十月社会主义革命虽然建立起崭新的社会主义制度,但是旧俄疆域上形成的多民族国家共同体及其民族问题却历史地遗留给了苏联。由于历史上传袭下来的民族问题的严重性和民族关系的复杂性,加上在处理民族问题的一系列理论和实践上的失误,使民族问题未能得到根本解决。苏联存在的69年中,其民族问题可谓头绪纷繁、盘根错节。苏联解体前夕,民族矛盾日益尖锐,民族冲突此起彼伏,甚至发生了武装冲突。

4) 军事问题

美苏两国间的军备竞赛,使苏联国家财力过多地投入国防军事预算,加剧了国民经济的比例失调。特别是勃列日涅夫时期穷兵黩武,发动阿富汗战争,使国防军事开支猛增,国内各类矛盾积聚,成为苏联解体原因之一。

5) 和平演变

和平演变是西方国家,特别是美国对社会主义国家实行颠覆的一种战略,即以武力为后盾对社会主义国家遏制的同时,以强化政治、经济、文化和意识形态领域的手段,全面推行西方的价值观,或明或暗地支持苏联国内的反对派和民族分裂主义势力,加速美国式全球民主化进程。当苏联国内出现政治、社会危机和动荡的时候,这种外因发挥了一定的作用。

37. 叶利钦及其推行的社会、经济改革有哪些?

鲍里斯·尼古拉耶维奇·叶利钦(Борис Николаевич

Ельцин,1931—2007),1931 年生于俄罗斯斯维尔德洛夫斯克州达里茨基区布特卡村一个农民家庭,1955 年毕业于乌拉尔基洛夫理工大学建筑系(Строительный факультет Уральского политехнического университета им. Кирова),1961 年加入苏联共产党。担任过建筑工程师、总工程师、斯维尔德罗夫区建设局长;1975 担任斯维尔德罗夫区共产党书记、第一书记。1981 年至 1985 年成为苏共中央委员会成员。1985 年 6 月至 12 月时任苏共中央委员会建筑问题的书记;同年获戈尔巴乔夫调任为苏共莫斯科市委第一书记。1987 年 11 月至 1989 年 5 月任苏联国家建设委员会第一副主席。1990 年 5 月俄罗斯联邦举行第一次人民代表大会,叶利钦当选为俄联邦最高苏维埃主席,在苏共 28 大上宣布退出苏联共产党,结束近 30 年的共产党生涯。1991 年 12 月 25 日,苏联总统戈尔巴乔夫宣布辞职,将国家权力移交给俄罗斯总统。苏联作为一个主权国家正式停止存在而灭亡。叶利钦接管了戈尔巴乔夫的全部权力,以 57.4% 得票进一步当选俄罗斯联邦总统。同年 8 月领导反对"特别委员会",8 月 22 日宣布停止苏联共产党的活动。12 月和乌克兰、白俄罗斯总统声明成立独联体。后一直担任俄联邦总统至 1999 年 12 月 31 日。

叶利钦上台后推行了一系列的社会政治、经济改革。其主要表现为:

1)"休克疗法"(Метод шокотерпии)的经济改革

这一改革的主要内容是放开物价,执行物价市场机制。结果是物价飞涨,货币急剧贬值,老百姓生活水平大幅下降;实行自由贸易,包括对外贸易,各行各业全部参与到自由贸易之中;卢布自由兑换,国家允许外汇自由兑换,美元成为结算单位,老百姓担心卢布贬值;从 1992 年开始,叶利钦进行了私有化改革,使国家财产的私有化成为群众性的、公开的而非秘密自发的行为。农业改革是给予公民和土地所有者以权利,即可以出售、继承、馈赠、租赁、交换以及可将土地作为抵押加入股份公司,包括外资公司的基金。公民和法人还可以将各自土地重新联合组成共有财产。土地可以转卖,但是该土地只能用作耕地。"休克疗法"的实施严重损害了俄罗斯的经济,导致长期经济衰退、国力下降,国有资产大量流失,社会严重贫富分化,寡头实力膨胀。

2)社会政治改革

　　独立后的俄罗斯要从原来的一党制向多党议会民主制过渡,首先涉及国家的政治体制、政治运行机制。最为困难的是改变人民的社会政治思维和理念。当时,总统和最高苏维埃两种体制共同存在。叶利钦通过全民公决来赢得胜利,只有通过宪法修订来改变两种政权同时存在的现象。通过激烈的,甚至是武力的方法,叶利钦赢得新宪法的通过,终止了苏联时期的旧宪法,确立了总统制、议会制、多党制,实行三权分立的政治体制。

　　叶利钦在以后的国内改革中仍然步履艰难,曾多次更换政府总理,以求得社会稳定和经济发展。

38. "休克疗法"及其造成的后果有哪些?

　　叶利钦是在俄罗斯社会动乱、经济崩溃、人民生活水平急剧下降的情况下上台执政的。作为独立国家加速推行向市场经济过渡的各项改革是当务之急。叶利钦任命 36 岁的盖达尔为总理,于 1992 年 1 月 2 日起以全面放开物价为起端,开始在全国范围内推行"激进经济改革",人们习惯称其为"休克疗法"。该疗法主要包括以下三个方面的内容:

第一,经济自由化(либерализация)。目标是最大限度地取消对经济的各种管制,给经济主体以充分的经营自由。它具体又包括大范围放开物价、取消对外经济活动的限制、外汇自由化等措施。

第二,紧缩银根(жёсткая кредитно-денежная и финансовая политика)。主要目标是稳定宏观经济,控制通货膨胀和遏制生产下降。具体措施有:一是削减预算,二是提高税收,三是控制信贷。

第三,推行私有化(приватизация)。私有化分为大小两种:商业、服务业和小企业通过赎买、租赁、股份制等实现小私有化,而大中型国有企业通过拍卖、出售、股份制等方式实现大私有化。

俄罗斯在向市场经济过渡初期所实行的以"休克疗法"为主要特征的激进改革大致持续了两年。从总体上看,该项改革不仅未能使俄罗斯的经济形势得到"迅速好转",反而带来了一系列严重后果:主要经济指标大幅度下降、经济结构比例更加失调、国家财政赤字年年攀升。"休克疗法"的失败,迫使俄政府不得不对过渡初期的改革政策做出某种"修正",并最终予以"放弃"。

39. 俄罗斯私有化的主要内容是什么?

俄罗斯私有化是1992年开始的。前一年俄罗斯已经开始了"赎买权租赁"概念下的自发私有化,即租赁者在租赁期满后有权赎买企业产权,成为完全的私人企业。这种改革被民主主义者称为自发的、偷盗式的私有化。它使得部分人可以廉价购买企业。

1991年7月3日俄罗斯最高苏维埃通过了"国营企业私有化"

法令(Закон о приватизации государственных предприятий),该法令奠定了俄罗斯私有化的法律基础,使得国家财产的私有化成为群众性的、公开的而非秘密自发的行为。

国家财产委员会主席的丘拜斯(Чубайс)是推进私有化进程的主要人物。俄罗斯的私有化改革是将国家财产转入集体、股份公司和私人手中。国家财产委员会统一指挥领导私有化的全部进程。

私有化分为三个阶段:第一阶段(1991—1992.10)进行"小型私有化"(малая приватизация),即将贸易和服务业私有化,希望以此来消除日用品的短缺;第二阶段(1992.10—1994.6)为"大的"私有证券的私有化(ваучерная приватизация),其结果要使得大多数居民成为生产企业的所有者,国家无偿将一部分财产通过发放私有化证券的形式转让给每一个公民;第三个阶段(自1994.6起)进行货币私有化(денежная приватизация),即用货币从国家手中购买企业。

小型私有化是 1991 年 4 月在高尔基市组织了首次商店拍卖,后又在列宁格勒拍卖了理发店、商店、服装店、电影院、洗衣店等,使其成为法律上、经济上、财务上独立的经济实体。通过拍卖的私有化过程给国家和城市的财政增添了收入。

1992 年 6 月 11 日俄罗斯最高苏维埃通过了 1992 年私有化国家纲领,通过发行一种专设的有价票证,国家将它发给全体公民,公民凭借票证能够购买国家企业的股份。起初这一票证是实名票证。后总统下发命令,取消实名票证,凡 1992 年 9 月 2 日前出生的俄罗斯公民均可得到一张价值 1 万卢布(按当时比价值 40 美元)的私有化票证(ваучер)。该证券可以换成投资基金,可以买卖、赠送,可以继承,国家保证公民在该证券价值内拥有部分国家或收归私有的财产。私有化证券进程一直持续到 1994 年 6 月 30 日。这时，私有化证券有的投入到私人企业中，有的卖给了交易的大赢家 2 000 多名法人手里；还有的证券进了证券投资基金。然而许多基金会收集了老百姓的证券后立即消失，国家无法保障老百姓不被欺骗。这期间私有化证券随着货币的急剧贬值而变得越来越不值钱，绝大多数公民凭借国家发放的证券是无法购买国家企业股份的。最后，这些证券以极低的价格流向有经济实力和政治特权的少数人之手，这些人一夜之间暴发起来，变成了企业家和银行家，成为当今俄罗斯有产阶级的一部分，即后被称为"俄罗斯新贵"(новый русский)。

到 1995 年，俄罗斯工业、贸易和服务行业中的多数企业都实现了私有化。国家手中只剩下能源、交通及部分石油、采矿工业。大型银行的作用日趋显现，它们不仅能够调控工业企业，而且还左右着一些报纸、杂志和电视台的命运。一些对国家政治生活产生重大影响的工业大财团，即金融寡头集团随即形成。

40. 车臣危机是如何引发和解决的？

车臣(Чечня)位于俄罗斯南部的高加索。车臣人素以英勇善战著称，民族意识极为强烈。在 19 世纪上半叶，沙俄经过 40 多年的高加索战争，才于 1859 年把车臣并入沙俄帝国版图。车臣自治区于 1922 年 11 月 30 日成立，属俄罗斯联邦。1934 年 1 月 15 日，车臣与其西邻的印古什自治区合并成立车臣-印古什自治区，1936 年 12 月 5 日为加入俄罗斯联邦的自治共和国。1944 年，苏联政府以车臣人同德国侵略者合作为由，把他们强行迁出家园，50 万车臣人被集体流放到高加索以北和西伯利亚地区，直到 1957 年车臣才恢复民族自治。可以说,斯大林当年所奉行的错误民族政策为后来车臣问题的出现埋下了伏笔,而苏联的解体和车臣分离主义势力的崛起,则是导致车臣问题爆发的直接原因。车臣危机折射出了苏联解体以后俄罗斯国家的复杂的民族、社会状况;而俄罗斯军队在车臣遭遇的挫折以及俄罗斯在车臣危机与战争中付出的代价,是苏联解体以来俄罗斯民族遭受的苦难的一个缩影。

1991 年,曾任苏联空军重型轰炸机师少将师长的杜达耶夫(Дудаев)利用俄内部政治、经济、军事的混乱,趁"8·19 事件"爆发之机,将原车臣-印古什领导人赶下台,并在同年的总统大选中当选为车臣第一任总统。上台不久,杜达耶夫便宣布车臣脱离俄联邦独立,使得刚刚独立的俄罗斯当局面临着国家分裂的现实危险。为了遏制杜达耶夫的分离倾向,俄罗斯当局最初对车臣采取了"以压促变"的策略:在宣布杜达耶夫政权"非法"的同时,在财政上冻结对其预算补贴,在政治上则致力于扶植车臣反对派。

1994 年 12 月 11 日,俄罗斯联邦中央出动大量兵力赴车臣平叛,试图以武力解决车臣问题,结果不但没有能够消灭车臣武装力量,反而使中央部队损失严重。1996 年 8 月 30 日,俄安全会议秘书列别德(Лебедь)与车臣武装力量参谋长马斯哈多夫(Масхатов)签署联合声明,宣布将和平解决危机,并在 2001 年前最终解决车臣地位问题,第一次车臣战争就此结束。1997 年 1 月,马斯哈多夫当选车臣共和国总统。联邦中央与车臣当局谈判,未取得任何实质成果。车臣当局加快分裂步伐,形成了俄罗斯的国中之国。1999 年 8 月初,车臣极端伊斯兰分裂势力渗入邻近的达吉斯坦共和国,发动武装叛乱,宣布建立独立的达吉斯坦伊斯兰共和国。俄罗斯联邦政府果断派军,将其赶出达吉斯坦。1999年8月第二次车臣战争爆发后,叶利钦赋予普京指挥权,普京宣布俄政府已经为整顿达吉斯坦的秩序制定了一整套方案,对车臣非法武装分子进行了严厉打击。车臣非法武装分子巴萨耶夫(Басаев)则调集了大批恐怖分子潜入俄罗斯境内,将几百吨炸药运进莫斯科,进行了疯狂报复,并在别斯兰学校、莫斯科地铁、剧院等地方多次制造恐怖事件。9月23日,普京总理下令,俄罗斯空军出动大批飞机在车臣境内不停进行轰炸,陆军也攻入车臣境内。随后,俄军攻占了车臣首都格罗兹尼(Грозный),取得了平叛行动的决定性胜利。2000年2月6日,俄代总统普京宣布,车臣战争结束。车臣非法武装遭到毁灭性打击,但仍在山区与俄军继续周旋。俄军开始对车臣境内的分裂分子发动大规模攻势。2000年6月8日,普京签署命令,对车臣实行总统直接治理,由总统驻北高加索代表卡赞采夫具体落实。6月16日,车臣原马斯哈多夫政府反对派卡德罗夫被任命为车臣临时政府首脑。2001年初,普京下令将清剿车臣残匪的任务由国防部移交联邦安全局。在车臣成立政府和常设行政机关,任命原斯塔夫罗波尔政府首脑伊里亚索夫为车臣新政府总理,标志着车臣开始从战争状态转入正常状态。2001年2月起当局从车臣撤军,由车臣人民自治管理车臣。

2000年3月普京当选为俄罗斯第三届总统。面对车臣非法武装分子的爆炸活动,普京采取搜剿、安抚等措施,与车臣非法武装分子展开斗争。俄罗斯出动大批警察和纠察队员对许多城市的车臣人进行调查,查封资助恐怖分子实施恐怖活动的商务机构,切断车臣非法武装分子的经济援助。政府还广泛发动群众,一旦发现恐怖活动迹象立即向警方报告,对警方反恐活动帮助很大。

同年6月，普京任命卡德罗夫（Кадыров）为车臣行政首长。俄领导开始强化在车臣推行宪法秩序。2003年车臣全民公决通过了共和国宪法。根据宪法建立新的政权机构，选举了车臣共和国总统。卡德罗夫当选为总统。2005年3月8日，车臣匪首马斯哈托夫被打死，恐怖分子的数量在不断减少。

美国"9·11"事件后，以美国为首的西方国家一反常态，改变了对车臣战争的态度，承认俄罗斯在车臣的军事行动的反恐性质，使得俄罗斯在车臣问题上夺得了战争的主动性和有利的国际环境。普京政府在车臣问题上首次得到国际社会的声援，车臣战争出现了新的局面。

2003年5月15日，俄罗斯总统普京向俄国家杜马提交了一项特赦车臣前叛军的法令草案，准备在车臣实施大赦。根据特赦方案，俄联邦将不再追究任何在8月1日前上缴武器并停止叛乱活动的车臣非法武装队员的任何责任，但特赦并不适用那些犯有谋杀、绑架、抢劫、勒索和其他严重罪行的车臣人以及在车臣与俄联邦对抗的外国人。

由于车臣问题不仅限于恐怖主义问题，其中涉及众多民族、宗教等方面复杂的历史因素，解决难度极大。最终，俄罗斯政府一方面通过战争手段，另一方面又加以政治手段，团结大多数、争取中间派、打击极少数极端分离势力，使车臣恢复了秩序。

41. 普京及其推行的改革有哪些？

符拉基米尔·符拉基米罗维奇·普京（Владимир Владимирович Путин）1952年10月7日生于列宁格勒。1975年，他毕业于列宁格勒国立大学法律系，分配到列宁格勒工作。

1985年被派往民主德国从事国家安全工作。1990年,苏联从民主德国撤军,普京回国担任列宁格勒大学负责国际问题的副校长助理、副校长,不久任列宁格勒市苏维埃主席的顾问。1991年6月担任圣彼得堡市政府对外联络委员会主席,主管引进外资、城市经济建设、建立合资企业,同外国伙伴进行合作。1994—1996年,被任命为圣彼得堡市政府第一副市长,市政府外联委员会主席。1996—1997年,任俄罗斯总统事务管理局副局长。1997年3月—1998年4月任总统办公厅副主任兼总理办公厅监察总局局长。1998年5—7月任总统办公厅第一副主任,主管中央与地方的关系问题。1998年7月任俄联邦安全局局长,同年11月任安全会议常务委员。1999年3月任俄联邦安全局局长兼国家安全委员会秘书。1999年8—9月起普京任俄罗斯第一副总理兼代总理,8月6日起正式任总理。同年9月起任俄罗斯和白俄罗斯执行委员会主席。1999年12月31日任俄罗斯代总统。2000年3月当选俄罗斯联邦总统。2004年3月再次当选俄罗斯总统。2008年普京卸任总统后,第二度出任总理。2011年11月,普京作为统一俄罗斯党候选人参加2012年俄联邦总统大选的提名,获得全票通过,正式宣布2012年参选总统。2012年3月,普京含泪宣布赢得总统选举,得票率64.9%。2012年5月7日举行总统就职典礼,普京宣誓就职俄罗斯总统。2013年6月6日证实和夫人柳德米拉·普京娜已经离婚。

普京当选俄罗斯总统后,在加强国家权力和稳定社会方面有计划地推行了许多社会改革措施,取得了巨大成就。就俄罗斯的政治体制,普京说,"我们必须冷静并负责任地发展我们的政治体制,我们的民主还年轻,我们需要一个不仅能够有效服务于我们今天,还能服务于我们子孙的政治体制"。他强调,俄罗斯需要一个"稳定的政治机制",以确保俄罗斯在未来数十年内保持长期稳定的发展。

普京上台第一步是进行联邦体制改革。2000年5月3日普京总统签署总统令,决定将全俄罗斯89个联邦主体划分为7个联邦区,建立大联邦区,总统不再向各联邦主体派驻全权代表,只向大联邦区派遣代表,建立国家垂直的政权管理体系,成功地建立了对地方的中央集权制度,总统代表成为中央与区域联系的最主要环节,总统代表对各联邦区的权力机关进行监督。同时对俄罗斯联邦议会上院进行改革,上院的成员不再由各主体的执行长官和主体的政权代表机构的领导担任,而是由在联邦主体长期工作、具有丰富经验的执行长官的代表来担任,每届任期4年。

精简机构也是普京政治改革的重要手段,把原来众多的部委减少到17个,减少各个部委之间的扯皮现象。

另外,依据俄联邦宪法对各联邦主体的不符合俄联邦宪法、法规的地方性法规和法律性文件进行纠正,删除了各联邦主体的宪法中有关各自拥有主权的条文,使得地方分立主义和民族分离主义实力得到有效遏制。

在社会经济政策的改革方面,普京总统上台后,为了规范社会行为和整顿社会秩序,通过总统办公厅等行政部门,有计划地向联邦会议提交许多涉及国家司法制度、政党制度、行政制度、军事制度、选举制度等内容的法律草案。有些法律是对原方案的修改和补充,有的法案是首次提出,如《政党法》(《Закон о политических партиях》)、《土地法》(《Земельный кодекс》)等。在法制建设与改革方面,普京旨在理顺立法关系,清理各部门与法律不符的规章。加强法院的地位,提高法院审判效率,同时严格对法官队伍的监督。提高法官的工资,防止权力或黑社会拉拢和影响法官对案件的审理,同时通过提升国家服务标准、确保公务员队伍的高素质等,提高行政效率,打造高效现代的行政机关,鼓励良性竞争,完善开放性政治环境。2002年法官的工资提高40%—50%。这证明了普京政府要把俄罗斯建成制度化、法制化的国家。实行地方长官直选制,但总统保留监督、管理和撤换地方行政长官的权力。

在政治改革的同时,普京政府把恢复经济作为政府工作的核心。从2000年起,俄罗斯执行的社会经济政策基础是"俄罗斯联邦长期远景社会发展的基本方向"的10年纲要。纲要认为必须进一步搞活经济,首先,应当重组自然资源的优势,发展竞争氛围,大力开展经济结构的改革,改善投资环境。

普京出任总统的第二年便开始对土地、税收、海关、预算体制、劳动领域、公用事业、教育、养老金等领域进行改革。为了提高人民的生活水平,普京上台后对俄罗斯的税法进行改革,一是取消原来按收入纳税的方法,即收入增加,纳税率增加,改为固定的13%的税收;二是逐步减少以致最终取消增值税。另外,实行了将国家对退休人员的种种优惠货币化,几乎每年给部队、卫国战争老战士、教师等人员增加工资。

在大力开展社会制度性建设的同时,普京开始利用强硬手段加强对妨碍社会稳定的媒体的控制,惩治腐败,打击金融寡头和极端主义,保持反腐工作的连续性、合理性和坚定性。普京还发布了关于禁止外国资本进入俄罗斯新闻媒体的总统令。

在反腐问题上,普京责成俄罗斯副总检察长负责对地方领导人的腐败和违法行为进行调查,根据调查结果向法院提起诉讼,通过检察机关对有腐败行为的政府和地方官员的调查,罢免了许多腐败的行政官员。普京重新当选总统后,俄罗斯颁布了两项反腐败行为：第一项是清除"裸官"；第二项是公布官员财产。2013年1月1日起开始生效的对国家公务人员管理规定：禁止所有公务员及其妻子和儿女等家属拥有境外资产，已拥有境外资产的公务员必须在6个月之内将资产清理完毕。对海外隐匿资产的本国公务员处以600—1 000万卢布罚款或5年以下有期徒刑，并在三年内不得进入公务员队伍。普京指出，我们不仅要在政府最高层打击腐败，我们还需要注意那些发生在我们的城市和小镇的腐败行为。普京带头公布自己的财产。普京在《真理报》发表讲话指出，一个把老百姓的居住权、健康权和受教育权拿来拉动经济的政府，一定是个没有良心的政府，真正执政为民的政权，一定要把这三种东西当作阳光、空气和水给予人民。一个国家不能变成弱肉强食的动物世界，有人占几十套房，有的人住不起房——真要那样，执政当局没有任何脸面赖在台上，因为民生问题，就是政治问题，就是执政者的责任。一个国家的执政文明就表现在对弱势群体的关怀上，而不是表现在富人有多富，也不表现在经济增长的数据上。

42. 普京的"新俄罗斯思想"主要有哪些内容？

普京执政期间，俄罗斯国内政局、社会逐渐稳定，经济得以恢复，老百姓的生活水平有了明显改善提高。这一切得益于他着力建构新的俄罗斯思想，加强对民众的思想道德教育，填补了苏联解体后造成的已延续多年的意识形态真空，恢复了俄罗斯的强国地位。在俄罗斯这样一个大国，由一党独政的集权政治体制向多党竞争的权力制度过渡，其途充满坎坷。"休克疗法"的剧痛使人们产生许多业已成型、极难变动的思维结构。于是，现实社会和生活的感觉与昔日苏联时期政治理想和说教的某些影像相重合,就成了固化俄罗斯政治形态的力量。

在第一次执政的八年,普京最大的特点首先是务实精神,淡化"主义"色彩,以解决现实问题为目的,以俄罗斯现实为坐标,对各种思想兼收并蓄。1999年12月30日,普京发表了《千年之交的俄罗斯》,提出了"俄罗斯新思想"。"俄罗斯新思想"是普京继承了俄罗斯传统的价值观,并赋予了它新的生命,其内容概括为爱国主义、强国意识、国家观念和社会团结。它们相辅相成,爱国主义是旗帜,强国意识是核心和支柱,国家观念是手段和动力,社会团结是基石。

关于爱国主义普京指出,"这是一种为自己的祖国,自己的历史和成就而产生的自豪感,憧憬着自己的国家变得更加美丽、更富足、更强大和更幸福的心愿"。挖掘爱国主义的内涵,普京要求俄罗斯人民具有:首先,要找回民族自豪感和自尊感;其次,"有使自己的国家成为更加美丽、更加富强、更加幸福国家的渴望";再次,要有强烈的"为了国家的独立和富强贡献力量和生命的渴望"。2012年重新执政后倡导"新型爱国主义"。爱国主义被视为国家发展的一面旗帜重新被摆到了俄罗斯国家教育的核心位置,一系列贴合俄罗斯本国实际的爱国主义教育新理论、新举措纷纷涌现并付诸实践,一整套崭新的爱国主义教育模式得以重构:坚持国家主导,完善顶层设计;依托军事教育,凸显教育优势;借助青年政治,拓展教育载体;探索多样方式,确保教育效果。普京把俄罗斯的历史传统、社会现实和未来发展方向结合在一起,改变了前人贬低苏联历史的态度,强调"全盘否定历史会使俄罗斯民族数典忘祖"。苏联时期在许多领域值得骄傲自豪,否定苏联时期的成就是不正确的。只有把俄罗斯的现实与历史结合在一起,俄罗斯才会更加发展,未来会更好。在2005年庆祝卫国战争胜利、反法西斯胜利60周年前夕,他下令将原来无名战士墓旁排列的英雄城市名字恢复到原来的名字,即将伏尔加格勒又改名为斯大林格勒等。节日之前,电台、电视、报纸等媒体不断在宣传卫国战争的英雄人物及其历史,对斯大林的评估也更尊重历史。在5月9日的庆典活动中,5 000多位来自伟大卫国战争老战士走在阅兵式的最前列,使俄罗斯人重温战胜法西斯的历史,增强了民族自信心。在改变俄罗斯国歌的时候,普京将苏联国歌的曲调定为俄罗斯国歌,使激昂的旋律振奋着俄罗斯人。普京在一次讲话中指出,"俄罗斯的训练只有一项,那就是爱国。爱国是力量的源泉,丧失爱国主义精神,就失去了能够创造伟大成就的人民。"

在强国意识和国家观念方面,普京认为,"俄罗斯过去是,将来也还会是一个伟大的国家。它的地缘政治、经济和文化的不可分割的特征决定了这一点。在俄罗斯的整个历史进程中,强大的国家意识一直决定着俄罗斯人的思想倾向和国家政策"。历史从过去而来,向明天而去,因此,在具体的实践中,理论也应与时俱进,与国情俱进。普京不断进行联邦制度改革,取消联邦中央和地方以及各地之间可以随意签订有关划分职权范围的双边协议的做法,改革地方自治制度,使得各主体与俄罗斯联邦的向心力更强,力保国家统一。在车臣问题上,他冒着与西方国家决裂的危险也不允许国家分裂。

强调社会稳定团结是普京新思想的另一个体现,他指出,"大多数俄罗斯人不习惯通过自己的努力奋斗改善自己的状况,而习惯于借助国家的和社会的帮助和支持做到这一点","社会团结要求社会有共同的信仰,全民一致的奋斗目标"。普京越是感到稳定俄罗斯的迫切性就越需要用新的世界观来填补社会空间,更需要用新的意识形态巩固政权、凝聚力量,参加国家建设。东正教是与俄罗斯历史有着一千多年密切联系的宗教,是俄罗斯意识形态的巨大支撑点。由于俄罗斯东正教信徒众多,普京时刻不忘利用宗教活动的机会灌输爱国主义教育的观念。通过创办宗教学校、在世俗教育机构中进行宗教教育的尝试、宗教教学报告会、媒体广泛宣传等形式进行道德教育。在社会上,注重为思想政治教育营造良好的氛围,并通过社会教育工作和家庭教育相结合切实提高思想政治教育的水平和实效。他更致力于通过培养合格公民解决俄罗斯所面临的两大难题——贫穷与犯罪,把法制教育、道德教育与政治教育并列在公民教育中的核心位置。通过国家、学校、家庭、宗教和社会等的合力,建立统一的"思想道德教育空间"。

普京的"俄罗斯新思想"吸收了西方派、斯拉夫派和欧亚派的思想精华,批判地继承了俄罗斯的传统文化,有机结合了当今时代特征,为俄罗斯重新树立了衡量社会成就和社会价值的标准,填补了意识形态的真空,奠定了普京时代思想政治教育的基础。

普京具有宽阔的国际视野,认识到苏联自我封闭、争霸世界的严重后果。他认为,传统的帝国观念不符合俄罗斯的国家利益和国情,只有融入世界才能无往不胜。在当今世界,俄罗斯只能增强综合国力,维护国家安全,构建现代化的军事大国,强国富民,不断提高人民的生活水平,对外努力改善国际环境、采取务实积极的全方位外交,拓展空间、维护本国利益,支持反恐联盟,在国际舞台上逐步恢复强国地位。普京赢得了西方领导人的尊重,俄罗斯也进入了八国首脑会议。在外交上,国家利益至高无上。

普京的俄罗斯思想运用半强制手段来结束政治混乱、实行政会统一;以弱化民主制为代价,确立以总统权力为核心的国家政治体系;以建立修订法规,实现法治社会;以改革联邦制度提高行政管理效率,树立政府形象;以打击金融寡头,打击官僚腐败、快速发展经济加强军队建设;以稳定社会、造福于民、减少贫富差距来实现俄罗斯的全面振兴。

43. 俄罗斯联邦由哪些主体组成?俄罗斯在行政管理上实行何种体制?

俄罗斯是个联邦制国家,独立初期,共由89个主体组成,随后通过合并改革现由83个联邦主体组成。83个联邦主体分布在8个联邦区内:中央联邦区、西北联邦区、北高加索联邦区、南方联邦区、伏尔加河沿岸联邦区、乌拉尔联邦区、西伯利亚联邦区和远东联邦区。

俄罗斯宪法规定:该83个主体的权利和地位平等,享有立法权和行政自主权,在议会上院联邦委员会中拥有各自的代表,并参与联邦各机构的工作等。83个主体由21个共和国、9个边疆区、46个州、2个直辖市、1个自治州和4个自治专区组成。

1) 21个共和国

阿迪格共和国(阿迪格)(Республика Адыгея)、阿尔泰共和国(Республика Алтай)、巴什科尔托斯坦共和国(Республика Башкортостан)、布里亚特共和国(Республика Бурятия)、达吉斯坦共和国(Республика Дагестан)、印古什共和国(Республика Ингушетия)、卡巴尔达-巴尔卡尔共和国(Кабардино-Балкарская Республика)、卡尔梅克共和国(Республика Калмыкия)、卡拉恰

伊-切尔克斯共和国(Карачаево-Черкесская Республика)、卡累利阿共和国(Республика Карелия)、科米共和国(Республика Коми)、马里埃尔共和国(Республика Марий Эл)、莫尔多瓦共和国(Республика Мордовия)、萨哈共和国(雅库特)(Республика Саха)(Якутия)、北奥塞梯共和国(Республика Северная Осетия-Алания)、鞑靼斯坦共和国(鞑靼斯坦)(Республика Татарстан)、图瓦共和国(Республика Тыва)、乌德穆尔特共和国(Удмурсск Республика)、哈卡斯共和国(Республика Хакасия)、车臣共和国(Чеченская Республика)、楚瓦什共和国(Чувашская Республика)。

2) 9个边疆区

阿尔泰边疆区(Алтайский Край)、克拉斯诺达尔边疆区(Краснодарский Край)、克拉斯诺亚尔斯克边疆区(Красноярский Край)(泰梅尔自治区和埃文基自治区2007年1月1日并入)、滨海边疆区(Приморский Край)、斯塔夫罗波尔边疆区(Ставропольский Край)、哈巴罗夫斯克边疆区(Хабаровский Край)、彼尔姆边疆区(Пермский Край)(原彼尔姆州和科米-彼尔米亚克自治区)、堪察加边疆区(Камчатский Край)(原堪察加州和科里亚克自治区)、外贝加尔边疆区(Забайкальский Край)(原赤塔州和阿加布里亚特自治区)。

3) 46个州(область)

阿穆尔州(Амурская область)、阿尔汉格尔斯克州(Архангельская область)、阿斯特拉罕州(Астраханская область)、别尔哥罗德州(Белгородская область)、布良斯克州(Брянская область)、弗拉基米尔州(Владимирская область)、伏尔加格勒州(Волгоградская область)、沃洛格达州(Вологодская область)、沃罗涅日州(Воронежская область)、伊万诺沃州

（Ивановская область）、伊尔库茨克州（Иркутская область）(2008年1月1日乌斯季奥尔达布里亚特自治区并入)、加里宁格勒州（Калининградская область）、卡卢加州（Калужская область）、基洛夫州（Кировская область）、科斯特罗马州（Костромская область）、库尔干州（Курганская область）、库尔斯克州（Курская область）、列宁格勒州（Ленинградская область）、马加丹州（Магаданская область）、莫斯科州（Московская область）、摩尔曼斯克州（Мурманская область）、下诺夫哥罗德州（Нижегородская область）、诺夫哥罗德州（Новгородская область）、新西伯利亚州（Новосибирская область）、鄂木斯克州（Омская область）、奥伦堡州（Оренбургская область）、奥廖尔州（Орловская область）、奔萨州（Пензенская область）、普斯科夫州（Псковская область）、罗斯托夫州（Ростовская область）、梁赞州（Рязанская область）、萨马拉州（Самарская область）、萨拉托夫州（Саратовская область）、萨哈林州（Сахалинская область）、斯维尔德洛夫斯克州（Свердловская область）、斯摩棱斯克州（Смоленская область）、坦波夫州（Тамбовская область）、特维尔州（Тверская область）、托木斯克州（Томская область）、图拉州（Тульская область）、秋明州（Тюменская область）、乌里扬诺夫斯克州（Ульяновская область）、车里雅宾斯克州（Челябинская область）、雅罗斯拉夫尔州（Ярославская область）、利佩茨克州（Липецкая область）、克麦罗沃州（Кемеровская область）。

4) 2个联邦直辖市

莫斯科、圣彼得堡。

5) 1 个自治州

犹太自治州(Еврейская автономная область)。

6) 4 个自治区(автономный округ)

涅涅茨自治区(ненецкий автономный округ)、汉特—曼西自治区(Ханты-Мансийский автономный округ)、楚科奇自治区(Чукотский автономный округ)、亚马尔—涅涅茨自治区(Ямало-Ненецкий автономный округ)。

俄罗斯在行政上基本延续前苏联的四级行政管理体制，即：(1) 联邦中央；(2) 共和国、边疆区、州、直辖市、自治州、自治专区；(3)(共和国、州、边疆区属)市、区；(4) 镇(村)。

(1) 联邦中央：俄罗斯联邦中央的最高国家权力机关为联邦议会。议会由上院—联邦委员会和下院—国家杜马两院组成。根据宪法，联邦委员会由俄罗斯83个主体各派2名代表组成，每4年选举一次。

俄罗斯国家权力的最高执行机关为联邦政府，由政府总理、若干副总理和各部部长等人员组成。联邦政府在1994年前称为"部长会议"(Совет Министров)，当时的总理称为"部长会议主席"。

(2) 共和国(республика)：共和国是根据当地居民的民族构成(如有占主体的少数民族)、人口数量、经济发展状况、地理位置和其他必备条件建立的；边疆区(край)：边疆区是俄罗斯联邦境内特殊的行政区划单位；州(область)：州是俄罗斯联邦的主要行政区划单位，是包括工业中心和农业区在内的复杂的经济综合体。各州的面积和人口的数量差别很大；自治州(автономная область)是民族区域自治的行政区划单位，行政地位相当于州。

（3）市（город）：俄罗斯的市分为三级管理，即联邦直辖市：莫斯科和圣彼得堡，共和国、边疆区、州和民族自治区辖市，区属市等；区（район）：区是俄罗斯的行政区划单位。共和国、边疆区、州、民族自治区内都辖有区，大城市中也设区。区的面积数百至数千平方公里不等，人口一般为 2—6 万之间，并通常下设镇或村。

（4）镇（посёлок）或村（село）：是俄罗斯最基层的行政区划单位，一般由一个或数个居民点构成。镇按类型通常又可分为"城市型镇"（посёлок городского типа）、"工人型镇"（рабочий посёлок）、"疗养型镇"（курортный посёлок）、"别墅型镇"（дачный посёлок）、"农村型镇"（посёлок сельского типа）、"车站型镇"（посёлок при станции），以及较大工业或商业区的村镇等。

44. 俄罗斯有哪些直辖市？

俄罗斯联邦有两个直辖市：莫斯科和圣彼得堡。

1）莫斯科

俄罗斯联邦的首都，是联邦直辖市，全国政治、经济、科学、文化、教育和交通的中心。它位于著名的东欧平原的中部，跨莫斯科河两岸，面积 1 000 多平方公里，常驻人口数量为 1 150 多万人（2010 年）。别名为"五海之港"、"森林中的首都"。

莫斯科始建于 1147 年，是俄罗斯历史最久的古城之一。奠基人名叫尤里·多尔戈鲁基（Юрий Долгорукий），俗称"长臂"尤里。莫斯科城因其古代时水多（周围有 800 多个湖和近 150 条河流）及气候特点而得名。

莫斯科共有大小街道近 4 000 多条。最著名的几条大街均位于克里姆林宫(Кремль)和红场(Красная площадь)周围,如:特维尔大街、列宁大街、剧院大街,两旁多为 19 世纪末至 20 世纪初的古建筑,大剧院、小剧院和中央儿童剧院以及莫斯科最大的"儿童世界"商店(Детский мир)、中央百货商店等都位于这条街上。

莫斯科的公路交通十分便利,有数十条主干线呈辐射状通往全国各地和国外。全市街道总长度达 5 500 多公里。主干道十分宽敞,中间留有绿化带,上下行各设行车道 2—4 条,逆向不会相遇。市内公共交通发达,有公共汽车、无轨电车、有轨电车,500 多万辆私人小汽车。但是,在市内交通工具中利用率最高和最为便捷的还是开通于 1935 年的地铁(Метро)。目前地铁全长 320 多公里,共有 12 条线路及 188 个车站,地铁每天平均开班 8 500 多次,早上 5 点开始至夜间 1 点运行,每天运送的乘客达 900 多万人次,地铁运行时速最高达 90 公里。

莫斯科是俄罗斯最大的铁路枢纽,共有 9 个火车站(开往不同方向的列车,如开往北京的列车须在雅罗斯拉夫尔车站乘坐),每天约有 200 多万乘客进出,全年接送旅客约 7 亿多人次。莫斯科与郊区相连的还有电气火车(электричка)。此外,莫斯科共有 5 个机场:伏努科沃机场(Внуково)、多莫杰多沃机场(Домодедово)、谢列梅捷沃机场(1 号和 2 号机场)(Шереметьево)和贝科沃机场(Быково)。

莫斯科的水路交通尤为发达。莫斯科运河与伏尔加河、白海、波罗的海、黑海、亚速海和里海相通,是"五海之港"。莫斯科是全俄罗斯最大的工业中心,工业部门齐全,化工、食品加工、印刷、轻纺等工业都很发达。市郊农业多以种植蔬菜和饲养奶牛为主。

作为俄罗斯科学文化的中心,莫斯科集中了许多科研机构和近百所高等院校,包括世界上规模最大、门类最齐的俄罗斯科学院和国内历史最悠久的国立莫斯科大学。

莫斯科还是座花园城市,有大小公园 600 多座,自然森林区 11 个,绿地占城市总面积的 40% 以上。另外,莫斯科市内还建有数百座雕塑和纪念碑(像),大凡俄罗斯历史上有名望的作家、艺术家、科学家、军事家、政治家等,都有各自的塑像或纪念碑,它们都坐落在莫斯科的各大公园和大街小巷里。莫斯科汇集了具有纪念意义的历史建筑、纪念碑和名胜古迹,如红场、克里姆林宫、新圣女修道院、凯旋门、俯首山的胜利公园、克里姆林宫和特列季雅科夫美术馆等。

2)圣彼得堡

位于俄罗斯西北部,波罗的海沿岸,涅瓦河口,面积 1 400 多平方公里,人口 495 万多人(2012 年)。它是列宁格勒州的首府,俄罗斯第二大城市。圣彼得堡是俄罗斯第二大政治、文化、经济中心,也是俄西北地区中心城市,全俄重要的水陆交通枢纽。又称为俄罗斯的"北方首都"、"北方威尼斯"。

圣彼得堡是座举世闻名的历史名城,彼得一世于 1703 年建成,从 1713 年起的 200 多年间,一直是俄罗斯帝国的首都。1914 年,第一次世界大战爆发后,俄国出现反日耳曼情绪,沙皇政府遂将圣彼得堡改名为彼得格勒。其后苏联成立,为纪念列宁在 1924 年逝世,将市名改为列宁格勒。1991 年苏联解体后,经市民投票,恢复圣彼得堡的旧名。

圣彼得堡是俄罗斯对外贸易的重要港口和军事重地,其西北 30 公里处的喀琅施塔得要塞是俄罗斯波罗的海舰队(Балтийский флот)的主要基地。圣彼得堡是俄罗斯通往欧洲的窗口,也是一座科学技术和工业高度发展的国际化城市,拥有众多的工业企业、众多的高等院校和科学研究机构。

圣彼得堡是俄罗斯第二大交通枢纽,全国有 12 条铁路干线汇集于此。铁路干线呈辐射状通向白俄罗斯的明斯克和爱沙尼亚的塔林、芬兰的赫尔辛基等国外首都以及国内的乌拉尔、莫斯科、阿尔汉格尔斯克、摩尔曼斯克等经济中心和海港。它既是重要的国际航空港,又是俄罗斯欧洲部分河运和海运的中枢。它通过白海—波罗的海运河和伏尔加河—波罗的海水路而通向北冰洋、黑海和亚速海。圣彼得堡港的吞吐量每年都在 1 000 万吨以上。

圣彼得堡是一座四面环水的"水城",西濒芬兰湾和波罗的海,东靠拉多加湖。城市本身就建筑在涅瓦河三角洲的 101 个岛屿上,并由 20 多条运河及 60 多座桥梁连接,水上交通四通八达,故有"北方威尼斯"之美称,圣彼得堡人也被俗称为"岛上居民"。圣彼得堡还是座名副其实的"白夜城",位于北纬 59.57 度,东经 30.19 度。在这里,漫长的冬季和短暂的夏季相接。5 月下旬至 7 月下旬为夏季。"白夜"时,白天显得特别长,不待落日的余晖消逝,黎明的曙光便紧随而至,黑暗是如此的短暂。

圣彼得堡是著名的科学文化中心,现有各类高等院校 40 余所。彼得大帝下令于 1724 年建立的俄罗斯科学院,圣彼得堡大学以其悠久的历史、门类齐全的学科和培养出的高质量人才而闻名于世。诺贝尔奖金获得者巴甫洛夫,作家、哲学家车尔尼雪夫斯基,著名作家屠格涅夫等以及现任俄罗斯总统普京等毕业于这座大学。普希金、莱蒙托夫、高尔基等人都曾在此生活和从事创作。

圣彼得堡整个城市是被科教文组织纳入的世界遗产城市,是世界上最美丽的城市之一,除了有众多的运河和造型奇特的桥梁等水城风光外,其城市建筑也别具特色。花岗石建筑是城市的主要标志,因而有"花岗石城"(Гранитый город)之美誉。它有华贵典雅的教堂,有18世纪的建筑和闻名于世的广场,还有星罗棋布的雕塑、公园和喷泉。著名的涅瓦大街(Невский проспект)是其文明、古老和繁华的标志。圣彼得堡是俄罗斯建筑艺术的博物馆,也是一座汇集了众多博物馆的博物馆城,彼得保罗要塞、伊萨基辅大教堂、喀山大教堂、埃尔米塔什博物馆(Эрмитаж)、俄罗斯博物馆、十二月党人广场、冬宫、夏宫等都坐落在圣彼得堡。

45. 简述俄罗斯的国旗、国徽及国歌。

俄罗斯国旗(Государственный Флаг)由2000年12月25日颁布的俄联邦第一号宪法性法律《俄罗斯联邦国旗法》确定。俄联邦国旗为长方形,由三条水平平行的等宽色带构成,上端为白色,中间为蓝色,下方为红色。对于国旗的解释有不同的版本,一般通用的为俄罗斯幅员辽阔,国土跨寒带、亚寒带和温带三个气候带,用三色横长方形平行相连,表示了俄罗斯地理位置上的这一特点。白色代表寒带一年四季白雪茫茫的自然景观;蓝色既代表亚寒带气候区,又象征俄罗斯丰富的地下矿藏和森林、水力等自然资源;红色是温带的标志,也象征俄罗斯历史的悠久和对人类文明的贡献。也有其他的解读:白色代表和平、纯净、贞洁和尽善尽美;蓝色是信仰和忠诚、忠贞不渝的象征;红色象征毅力、力量、为祖国而流出的鲜血。白、蓝、红三色旗来自1697年彼得大帝在位期间采用的红、白、蓝三色旗,这三色被称为泛斯拉夫颜色。1917年十月革命胜利后取消三色旗。1991年苏联解体,俄罗斯苏维埃联邦社会主义共和国改称为俄罗斯联邦,随后采用白、蓝、红三色旗为国旗。

俄罗斯国徽(Государственный Герб)由2000年12月25日颁布的俄联邦第三号宪法性法律《俄罗斯联邦国徽》确定。俄罗斯联邦国徽衬底为红色方形盾牌,盾牌下方两角呈圆弧形,盾牌底部呈尖状突起。盾牌表面是一只向上展翅的金色双头鹰。双头鹰头戴两顶小皇冠,上方还有一顶大皇冠。三顶皇冠间由带子连接。鹰的右爪抓着权杖,左爪抓着象征王权的金球。鹰的胸前有一面红色小盾牌,盾牌上一名骑白马、披蓝袍的银甲骑士用银矛击杀一只被马踏于蹄下、向后仰倒的龙形怪兽。

2000年12月8日,俄罗斯国家杜马以381票通过、51票弃权、1票反对的投票结果决定采用由米哈尔科夫(Михалков)2000年重写歌词的、采用亚历山大罗夫(А. Александров)于1943年写的前苏联国歌旋律的新的俄罗斯联邦国歌(Государственный гимн);2000年12月25日颁布的俄联邦总统第2110号命令《关于俄罗斯联邦国歌歌词》确定。歌词为:

俄罗斯,我们神圣的国家,/俄罗斯,我们挚爱的祖国。/顽强的意志,辉煌的荣耀/是你永恒的财富!/光荣啊,我们自由的祖国,/兄弟民族的古老联盟,/先辈们赋予的智慧属于人民!/光荣啊,祖国!我们为你骄傲!/从南方的海洋到北极边疆/到处是我们的森林和田野。/你举世无双!/上帝保佑你,我们唯一的故土!/光荣啊,我们自由的祖国,/兄弟民族的古老联盟,/先辈们赋予的智慧属于人民!/光荣啊,祖国!我们为你骄傲!/未来岁月为我们的生活和理想/开辟无限的空间。/对祖国的忠诚给予我们力量。/过去,现在,将来都一样!/光荣啊,我们自由的祖国,/兄弟民族的古老联盟,/先辈们赋予的智慧属于人民！光荣啊,祖国！我们为你骄傲！

46. 1993年的俄罗斯宪法要点是什么？俄罗斯宪法赋予总统什么地位和权力？

通过激烈的斗争,叶利钦赢得了制宪的权利。1993年12月12日俄罗斯联邦举行全体公民投票,通过了俄罗斯独立后的第一部宪法（Конституция）,同年12月25日宪法正式生效。新的俄罗斯宪法与原来苏联时期的俄罗斯宪法有了本质的不同,彻底废除了延续近70年的苏维埃制度,从根本上改变了国家的政治体制。其主要要点有：1）确立国家的性质为俄罗斯联邦是共和政体的、民主的、联邦制的法制国家。2）确立人权至上的原则,任何人的权利与自由具有至高无上的价值；承认保障人和公民的权利和自由；人的基本权利与自由不可被剥夺并且每个人生来就具有；个人尊严受到国家保护；人民的权力的最高直接表现是全体公民公决与直接选举。3）确立以总统为核心的国家权力体制。宪法明确规定了总统制的政体,总统由选民直接选举产生；特别强调了总统的权力和地位,总统牢牢控制国防、内务、安全等关键部门；俄罗斯联邦总统是国家元首,是俄罗斯联邦宪法、人和公民的权力与自由的保障。4）确立联邦议会制。俄罗斯联邦会议是俄罗斯联邦的代表与立法机关；联邦会议由联邦委员会（Совет Федерации）和国家杜马（Гасударственная Дума）两院组成；俄罗斯联邦政府是俄罗斯联邦的执行权力机构。5）确立三权分立的权力平衡和制约机制。规定了立法（议会）、行政（总统、政府)、司法(法院与检察机关)三权分立,各司其职,相互制约,强调法律优先于行政命令。6) 确立新的联邦体制。俄罗斯联邦各联邦主体(共和国、边疆区、州、自治州和自治区)的权力、地位平等。俄罗斯联邦主体的地位只有在俄罗斯联邦和俄罗斯联邦主体根据联邦宪法进行相互协商后才能改变。突出了中央的权力对联邦主体的控制,强调联邦宪法与法律在俄罗斯全境具有统治地位;中央有权终止联邦主体执行机关文件的权力。7) 确立多党制的原则。新宪法明确承认意识形态的多样性,承认政治多元化和多党制原则。强调任何一种意识形态、任何一个政党都无权进行独裁统治。8) 确立了私有制。宪法规定,私有权受到法律保护,每个人都有权拥有私有财产,有权单独或与他人共同掌管、使用和支配这些财产;对私有制、国家所有制、地方所有制以及其他所有制形式予以同样的承认与保护。

俄罗斯新宪法为避免总统与议会再次冲突,大大扩大了总统的权限。有人戏称俄总统是"超级总统",他的权力超过"欧洲各国总统权力的总和"。俄总统的权力主要表现在:

1) 总统有权采取措施保卫国家主权、独立和领土完整,保障国家权力机关协调一致地行使职能并相互协作;有权利用协调程序解决联邦国家权力机关与联邦主体国家权力机关之间的纠纷以及俄罗斯联邦各主体国家权力机关之间的分歧;有权终止与俄罗斯联邦宪法、法律、国际义务相抵触或侵犯人权和公民权利与自由的俄联邦主体执行权力机关法规的效力;有权决定举行全民公决;有权决定给予俄罗斯联邦国籍和提供政治避难问题;有权组建俄罗斯联邦总统办事机构;有权任免俄罗斯联邦总统全权代表;总统还拥有决定国内外政策基本方针、向联邦会议提交有关国内形势和国外政策基本方针的咨文、发布命令和指示的权力。

总统是国家武装力量最高统帅并领导国家安全会议;总统有权解散议会,而议会只有指控总统犯有叛国罪或其他十分严重罪行并经最高宪法法院确认后才能弹劾总统。

2) 总统在立法方面拥有实权。总统拥有向国家杜马提出法律草案和公布法律的权力。如果总统在这期间否决了联邦法律,国家杜马和联邦委员会就应该按照联邦宪法规定的程序重新审议该法律。

3) 在外交方面,总统按俄罗斯联邦宪法和联邦法律决定国家对内对外政策;总统拥有在国内和国际关系中代表俄罗斯联邦的权力;拥有同联邦会议相应委员会或两院委员会协商后任免俄罗斯联邦驻外国和国际组织的外交代表、接受外国外交代表的国书、签署俄罗斯联邦国际条约及领导制定俄罗斯外交政策的权力。

4) 总统身为俄罗斯武装力量统帅,拥有军事方面的权力;统帅全军;批准军事理论;任免武装力量最高指挥官;领导安全会议;宣布全国或个别地区实行战时状态和紧急状态。

5) 总统对政府和司法部门中的关键职务拥有任免权;征得国家杜马同意后,任免俄联邦总理;作出要求俄罗斯联邦政府辞职的决定;根据俄联邦总理提议,任免联邦政府的副总理、部长,任命俄罗斯联邦宪法法院、最高法院、最高仲裁法院以外的其他联邦法院审判员;有权向国家杜马提出俄罗斯联邦中央银行行长候选人和提出解除其职务问题;向联邦委员会提出俄罗斯联邦宪法法院、最高法院、最高仲裁法院审判员候选人。

6) 总统有权召集国家杜马会议,有权解散国家杜马,决定国家杜马选举。

47. 什么是俄罗斯的联邦制？俄罗斯国家杜马的由来及现状？

1）俄罗斯的联邦制

根据百科词典的解释，联邦制国家是复合制国家的一种，又称联盟国家，由两个或两个以上的政治实体组成，联邦制国家各构成单位政府，不同于单一制国家的地方政府，它们在国家中具有很高的、独立的地位。

俄罗斯的联邦制是由83个政治主体（共和国、州、区等）结合而成的一种国家结构形式。联邦成员在联邦成立之前，是单独的享有主权的政治实体；加入联邦之后，虽然不再有完全独立的主权，但在联邦宪法规定的范围内，联邦成员的主权仍受到法律的保护，联邦成员有自己的宪法和法律。在组成联邦制时，联邦成员把各自的部分权力交给联邦政府，同时又保留了部分管理内部事务的权力。联邦宪法明确界定联邦政府统一行使的权力和各成员国的中央政府所保留的权力，即联邦权力是来源于各成员的参与。联邦成员有自己的独立的立法、行政和司法机构。联邦的主权由联邦和各成员单位分享，联邦政府对外代表国家主权。各联邦成员也在联邦宪法允许的范围内享有一定的外交独立性，可以与其他外交主体签订一些协议。俄罗斯联邦的特点为：

（1）国家具有最高立法、行政和司法机关，行使国家最高权力，各联邦组成单位也有自己的立法、行政和司法机关，这些机关与中央机关之间没有隶属关系；（2）国家有统一的宪法和基本法律，在此前提下和范围内，各联邦组成单位有自己的宪法和法律;(3)联邦是国际政治的主体,外交权属于中央政府,但在宪法的范围内,联邦成员也可以有一定的对外交往独立性。

2) 俄罗斯国家杜马

俄罗斯的杜马是从16世纪开始的,当时被称为城市杜马。到了1905年,受到俄国革命的影响,于同年8月6日谢尔盖维特发表宣言召开国家杜马。在十月宣言发布之后,尼古拉二世承诺这个议会将其用以维护人民的基本自由,国家杜马会在各界广泛的参与下组成,国家杜马将被赋予监督以及立法大权。在1906年杜马成立以前先颁布了宪法,其中规定沙皇未丧失部长的任命权,也不用向杜马负起行政上的政治责任,甚至可以随心所欲地解散议会。苏联成立后,成立苏维埃。苏联解体后,俄罗斯联邦恢复了国家杜马。国家杜马是俄罗斯联邦会议的下议院,而上议院是俄罗斯联邦委员会。在1993制定新宪法后,其中第95条规定杜马有450个席次,依据第96条每四年改选一次。依据宪法第97条俄国公民需年满21岁才能角逐杜马议员的选举。修订后的选举法规定,从2007年第五届国家杜马开始,不再设单席位选区,全部国家杜马代表都由政党比例原则产生,即在全国范围内由各政党提出候选人名单,选民投票给政党,政党根据得票率分配议席,政党进入国家杜马的得票率提高到7%(原为3%),并且不允许政党组建选举联盟联合提出候选人名单。2008年,俄罗斯修改宪法,将国家杜马的任期由4年延长为5年。2011年12月4日,俄罗斯举行了第六届国家杜马选举。结果统一俄罗斯党以49.54%获得了杜马238席位;俄罗斯联邦共产党获得92个席位,占19.16%;公正俄罗斯党获得64个席位,占13.22%;俄罗斯自由民主党获得56个席位,占11.66%。按照宪法规定,国家杜马主要有下列职权:(1)同意俄罗斯联邦总统对俄罗斯联邦政府总理的任命;(2)决定对俄罗斯联邦政府的信任问题;(3)任免俄罗斯联邦中央银行行长;(4)任免审计院主席及其半数审计员;(5)任免按联邦宪法法律行事的人权全权代表;(6)宣布大赦;(7)提出罢免俄罗斯联邦总统的指控。根据俄罗斯宪法,下议院可以:① 以简单多数方式通过法律,得由联邦委员会(上院)通过,由总统签署生效;② 以三分之二多数方式通过修改宪法;③ 以三分之二多数推翻联邦委员会对法案的否决;④ 会同联邦委员会以三分之二多数推翻总统对法案的否决;⑤ 通过或否决总统对总理的提名;⑥ 委任副审计长及一半审计官;⑦ 以三分之二多数通过弹劾总统议案。

俄罗斯国家杜马下设29个委员会:立法委员会,安全委员会,老战士委员会,教育和科学委员会,妇女、家庭、青年委员会,经济政策委员会,联邦事务与地区政策委员会,社会组织和宗教事务委员会,旅游与体育委员会,资格审查委员会,民族事务委员会,国防委员会,地方自治委员会,国家财产与私有化委员会,劳动与社会政策委员会,工业委员会,信息政策与通讯委员会,地缘政策委员会,预算委员会,自然资源委员会,生态委员会,国家事务委员会,独联体事务委员会,文化委员会,军工转产委员会,农业委员会,杜马程序与组织委员会,健康保护委员会,北部地区委员会。

但是,国家杜马通过的法律,要经过联邦委员会(上院)的审议,总统也有权加以否决;政府由总统直接组建,国家杜马如三次拒绝通过总统提名的总理,或两次通过对政府的不信任议案,总统就有权解散国家杜马。

48. 俄罗斯联邦司法机构由哪些部门构成？其特点是什么？

俄罗斯的司法机构由俄联邦宪法法院、俄联邦最高法院、俄联邦最高仲裁法院、俄罗斯联邦检察院和各级地方司法机关（联邦主体、州、地区和市级的司法机构）和仲裁法庭法院组成。凡是在俄罗斯司法机关工作的人员一律不允许加入任何党派。

1）宪法法院（Конституционный суд）

该法院是负责解释俄罗斯联邦宪法、审理宪法诉讼司法机关，按俄联邦宪法规定的诉讼程序实行审判权。俄罗斯只在联邦中央设立宪法法院，也就是说，俄罗斯联邦宪法法院在各联邦主体及下属区划分均不设立宪法法院。俄联邦宪法法院根据总统提名由联邦委员会任命的 19 名大法官组成。作为解释宪法的最高权力机构，宪法法院要根据联邦总统、联邦委员会、国家杜马、联邦政府、各联邦主体立法权力机构的要求对联邦宪法做出解释。作为审理宪法诉讼案的机构，宪法法院要根据联邦总统、联邦委员会、国家杜马、联邦委员会、联邦政府、联邦最高法院和最高仲裁法院、各联邦主体立法机关和执行权力机构的要求，裁定有关下列文件是否符合联邦宪法的案件：(1) 联邦法律，联邦总统、联邦委员会、国家杜马和联邦政府颁布的法规；(2) 各共和国的宪法，各联邦主体的章程，各联邦主体就属于联邦国家权力机关管辖的问题或者属于国家权力机关与联邦主体国家权力机关共同管辖的问题颁布的法律和法规；(3) 联邦国家权力机关与联邦主体国家权力机关之间签订的条约，各联邦主体国家权力机关之间签订的条约；(4) 尚未生效的俄罗斯联邦国际条约。

作为审理宪法诉讼案的司法机关,宪法法院还有权裁决下列有关职权范围问题的争端:(1) 联邦国家权力机关之间的争端,主要指联邦总统、联邦会议、联邦政府之间的争端;(2) 联邦国家权力机关与各联邦主体国家权力机关的争端;(3) 联邦各主体国家权力机关之间的争端。此外,宪法法院还可以根据对违反公民宪法权利与自由的申诉以及法院的要求,按照法律规定的程序审查在具体案件中所采用的或将要采用的法律是否符合宪法;根据俄联邦委员会的要求,作出关于对联邦总统提出的犯有叛国罪或其他严重罪行的指控是否遵守了规定程序的裁定。宪法法院是最高司法机关,它所做出的裁定有充分的法律保证。裁定一旦做出,与宪法相违背的各种法律、法令就必须立即停止执行。被裁定的国家机关、社会团体等必须执行宪法法院的判决。

2) 俄罗斯联邦最高法院(Верховный Суд РФ)

该法院是裁决民事、刑事、行政和其他在法庭(包括民事和军事法庭)管辖权下的案件的最高司法机关,对所有法院的活动实行司法监督,并对所有下级法庭作出的判决的合法性和论据充足与否进行检验。其司法管辖范围包括民事、刑事、行政案件;专门的法庭裁决特殊的法律纠纷案件,例如军人之间或者雇主和雇员之间的纠纷。

3) 俄罗斯联邦最高仲裁法院(Высший Арбитражный Суд РФ)

该法院是对经济纠纷裁决的最高司法机关。俄联邦最高仲裁法庭审理法人之间(企业、组织和机构)的财产及其涉及的非财产纠纷案件。

4) 俄罗斯联邦检察院(Прокуратура РФ)

该检察院对犯罪案件侦查的合法性进行监督,支持在法院的公诉,为维护国家利益、公民的权利和自由而向法院提起诉讼;就国家机关、地方自治机关和公职人员的违法行为向法院提出异议。

49. 何为多党制？俄罗斯目前主要党派有哪些？

多党制是指一个国家中由不确定的两个或两个以上的政党并立而互相争夺政权的政党制度。多党制的特点是存在多元的利益、思想和宗教，政治上比较活跃，在议会拥有议席，在法律上和制度上政党可以单独或联合参加竞选，并在占议会多数席位情况下单独或联合执政。

1995年在俄罗斯司法部登记注册的全国性政党组织有50多个，地区性政党组织有200多个。普京上台后，俄罗斯制定和通过了政党法(2001年)，到2004年6月25日在俄罗斯司法部登记的全国性政党组织有40多个。2012年登记注册的新的政党共有46个，到了2013年6月23日正式登记注册的政党达到71个，除此之外，还注册了103个试图组建政党的组织委员会。其中较有影响的是：

1) 统一俄罗斯党 (Единая Россия)

2001年4月由"团结"党和"祖国"运动联合成统一政党。12月18日在俄司法部登记注册，在杜马中成为第一大党。该党属于中派政党，明确支持普京总统的方针，强调强大的总统政权是政治稳定的保障和法制建设的牢固基石，主张实施行政改革，提高公民对国家的信任度；深化经济和司法等领域改革，实现国民生产总值翻一番的宏伟目标。提高国防能力，形成社会保障的有效机制；组成职业化军队；完善护法机构的工作；支持旨在提升俄国际地位与作用的对外政策。该党的领导人为鲍里斯·格雷兹洛夫(Борис Грызлов),1950年生于符拉迪沃斯托克(海参崴)。2008年普京担任该党主席;2011年梅德维杰夫任该党领导人。据统计(2010年),该党目前的党员人数为200多万人。

2) 俄罗斯联邦共产党(Коммунистическая партия РФ)

该党1991年6月组建。1991年"8·19"事件后被禁止活动。1993年2月重建并恢复活动。同年3月在俄司法部重新登记注册。在杜马中为第二大党。该党属于左翼政党,同时也是"爱国主义反对派"。继承了苏共和俄罗斯共产党的事业。在"发展马克思—列宁主义理论的基础上,以集体主义、自由和巩固多民族联邦国家的原则建立公正社会"。坚持社会主义方向,实现人民政权、公正、平等、爱国主义、公民对社会和社会对公民的责任感、社会主义将在未来更新的宪法中出现,最终实现共产主义;同时赞成市场经济和多党制,反对土地私有化。俄共领导人为根纳基·久加诺夫(Геннадий Зюганов),1944年6月26日生于奥廖尔州一个乡村教师家庭。

3) 俄罗斯自由民主党(Политическая Партия ЛДПР)

该党成立于1989年12月13日,1992年4月前名为苏联自由民主党,1998年5月7日重新登记。在杜马中占据第三大党位置。该党自称是中派民主反对党,但实际上该党属于极端民族主义的右翼政党。其首要任务是"复兴强大的民主和繁荣的俄罗斯国家"。主张将总统任期延至8年,实行一院制议会和单一制国家,各选区权力平等,减少代表人数;国家应对经济命脉部门实行垄断。在对外政策方面主张在自愿的基础上重建俄罗斯国家,与原苏联加盟共和国结盟。该党的领导人为弗拉基米尔·日里诺夫斯基(Владимир Жириновский),1946年4月25日生于哈萨克斯坦阿拉木图市。1964—1970年,在莫斯科罗蒙罗索夫国立大学东方语言学院(后改称亚非国家学院)学习土耳其语和文学专业。1965—1967年,在马克思—列宁主义大学国际关系系学习。1972—1977年,毕业于莫斯科罗蒙罗索夫大学法律系。

4) 公正俄罗斯党(Справедливая Россия)

该党由俄罗斯生活党(Партия Жизни)、社国党(Партия "Родина")和退休者党(Партия Пенсионеров)于2006年合并而成。2007年又有俄联邦人民党(Народная партия РФ)和俄罗斯社会主义统一党(Социалистическая единая партия России)加入。2008年社会正义党(Партия социальной справедливости)又加入该党。公正俄罗斯党坚持社会民主和现代化社会主义的理念,在政党中作为执政党的反对党,但实际上在许多方面拥护普、梅的执政方针,比较关注俄罗斯的社会问题,在第六届国家杜马选举中获得64个席位。其主要领导人是米罗诺夫(Сергей Миронов)和列维契夫(Николай Левичев)。

5) "亚博卢"民主党(Российская объединенная демократическая партия 《Яблоко》)

该党作为竞选联盟成立于1995年。2001年12月22日,"亚博卢"联盟改组为"亚博卢"俄罗斯民主党。在后来的议会选举中因所得选票未超过5%而被挤出杜马。该党主张在自由、平等、公正、法律至上和宪法民主原则基础上建设公民社会和法制国家。多年来,"亚博卢"成为当局在各种问题上的主要反对派之一。该党的领导人格里戈里·亚夫林斯基(Григорий Явлинский)1952年4月10日生于乌克兰利沃夫一名军官家庭,1973年毕业于莫斯科普列汉诺夫国民经济学院。

50. 梅德韦杰夫及其治国构想是什么？

德米特里·阿纳托利耶维奇·梅德韦杰夫（Дмитрий Анатольевич Медведев, 1965— ）2008—2012 年任俄罗斯联邦总统，2012 年与普京交换角色，任俄罗斯联邦政府总理。梅德韦杰夫 1965 年 9 月 14 日生于圣彼得堡（列宁格勒）一个书香门第之家。1987 年在国立列宁格勒州立大学获得法律学位。1990 年毕业于列宁格勒大学研究生院，法学副博士、副教授。2005 年 11 月，被任命为俄罗斯联邦政府第一副总理。2008 年 5 月 7 日至 2012 年 5 月 7 日，任俄罗斯第三任总统。2012 年 5 月 9 日起任俄罗斯联邦政府总理。

梅德韦杰夫在总统就职演说中表示，俄罗斯的战略是把俄罗斯建成一个世界强国。他说："我们将争取在生活的各个领域推广创新，建立最先进的生产单位，实现工业和农业现代化，为私人投资提供强大动力。"他认为，在较长时期内俄需要保持强大的总统制，用他的话说，这个强大的总统制至少要维持到 2020 年。在政治领域，他在坚持实现俄"公民社会"理想基础上，强调司法制度和公务行政制度改革的必要性。他要使俄司法制度真正达到法律面前人人平等的水平。为此，他不仅计划提高法律的质量，包括对一系列已经实施的法律进行修正，还致力于执法机构执法的严肃性；不仅旨在使国内形成尊重法律、依法行事的制度环境，还旨在使所制定和颁布的法律公正和有效。其次，他要继续实施公务行政制度改革，以进一步克服行政机构的官僚主义状况，极大降低行政机构门槛，使行政部门与民众的联系渠道通畅。他强调，腐败是俄罗斯的主要问题之一，应当严厉打击，以克服和减少官员腐败现象。其解决办法就是"蜜糖加大棒"：一方面提高官员的工资福利待遇;另一方面加大对贪污腐败的惩处力度。梅德韦杰夫在就职两周后就下令成立直属总统的反腐败委员会,并制定了反腐败计划。他要求国家公职人员及其家庭成员、国有公司和基金的领导人申报收入和财产,否则将被罢免。2011年3月,梅德韦杰夫要求政府官员退出大型国企和国有银行的董事会。

在2009年国情咨文中,梅德韦杰夫建议修改宪法。这是俄罗斯宪法颁布15年来的首次修改。修改后的宪法将总统任期从4年提高到6年。除修改宪法外,梅德韦杰夫总统任内还恢复了曾于2004年取消的州长直选制度。还将有着象征性意味的"民警"一词改为"警察"。新的法律规定了更为严格的内务部系统录用标准,取消了一系列外围职能,对重新通过审核的工作人员则大幅提高工资。担任总统期间,梅德韦杰夫更换了一大批地方行政长官,其中包括多名从20世纪90年代以来一直任职的政坛"常青树"。就连"重量级"人物莫斯科市长卢日科夫(Лужков)也被梅德韦杰夫以"失去总统信任"为由罢免。梅德韦杰夫强调"以人为本"的社会建设目标。他认为,国家建设应当遵循的原则"一是自由和公正,二是人的公民尊严,三是人民的安康和社会责任"。他对行政进行了改革:一是减少国家对社会生活的干预,特别是对经济活动的干预;二是削减国家行政人员,压缩行政系统,减少官僚主义和文牍主义;二是建立权力制衡机制,对官员的违法行为和不作为进行监督。梅德韦杰夫提出,"政府工作的重点之一是改革司法体系,确保其相对于政府和议会的独立性",建设独立司法体系的目的,一是形成权力制衡机制,二是保障公民和经营者的权益。

在经济领域,他在强调维护财产私有制和市场经济制度前提下实施一系列相关任务。他把主要精力用于国内建设,用于改善民生和社会发展。他并没有忽视使俄罗斯作为强国而跻身于世界之林的大国目标,且认为只有国家强大才能实现这一目标。首先,他规划在较短时间内建立创新型经济体系的基础,为此将制定和实施一系列政策,包括为从事创新活动的个人和中小企业实施减税政策,增加对科技领域的政府拨款,加大人才培养力度等。其次,对运输和能源基础设施进行现代化改造,并计划在国内建成信息网络设施,促进信息系统现代化。再次,发展金融投资领域,促进银行系统的发展和壮大,进一步改善投资环境,实现国内外投资的大规模增长,并在短期使卢布成为地区储备货币。此外,他加大了对农业的扶持力度,不但实现国内粮食产量的持续增长,而且提高了农产品在国际市场的竞争力。他有着在近期和中期促进俄罗斯政治、经济和社会全面发展的明确思路和目标,作为总统,他不但有对于国家发展的宏观思考,而且规划了实施的具体步骤、任务和目标,使实施过程更为透明,指标明确。他重视国内油气工业和其他资源产业对于俄罗斯发展的重要作用和地位,但认为资源产业发展是俄罗斯经济发展、积累资金和增强国力的重要阶段,俄罗斯对资源产业只能利用而不是依靠,俄罗斯实现腾飞需要靠建立创新型经济体系,靠建立具有俄罗斯特点的公民社会制度。他要求加快经济改革,实现从能源型经济向创新性经济的转变。具体目标是到2020年俄罗斯经济在总量上进入世界经济前五强,劳动生产率提高4倍;届时,俄罗斯不再仅仅是能源大国,而且将跻身世界科技领先国家的行列。梅德韦杰夫将未来经济工作概括为7个方面:建设适于经营的法律环境,大幅度降低行政壁垒,减税,改进技术基础设施,建设强大的金融体系,奠定创新体系基础,实施新的社会发展政策。

在社会领域,梅德韦杰夫强调尊重人和"人的自由发展"思想,在此基础上他制定一系列政策。首先,继续实施保证和提高俄罗斯民族延续能力的政策,包括降低死亡率、延长国内人口平均寿命和提高出生率等一系列促进人口增长的鼓励政策和措施。另外,加速和扩大国内住房建设速度和规模,并通过实施政府补贴购房的政策使普通百姓具有购房能力,花大力气解决包括卫生、教育、社会救助、就业、文化、住房、人口、家庭和养老等民生问题。

在对外政策方面,梅德韦杰夫支持普京的对外政策,但是,他给人的印象是比普京温和得多。梅德韦杰夫表示,"俄罗斯现行的所有外交政策都符合目前对国际生活准则的理解",他强调,俄罗斯关心独联体地区事务"是自然而然的事",因为"我们与独联体国家有共同的利益"。2008年8月的俄罗斯与格鲁吉亚的战争是梅德韦杰夫任内的主要对外政治事件。他下令出兵南奥塞梯(Южная Осетия)。在5天的行动中,俄军摧毁了格军主要军事设施和舰艇。8月26日,梅德韦杰夫宣布,俄罗斯正式承认南奥塞梯和阿布哈兹(Абхазия)独立。2010年4月,俄美两国元首在布拉格签署新的削减进攻性战略武器条约。该条约成为当代国际安全体系的基石之一。

51. 简述俄罗斯各阶段的外交政策。

1991年苏联解体后,作为独立国家的俄罗斯联邦仍与世界上170多个国家保持着外交关系,是许多国际组织的成员。随着国内政治经济状况以及国际形势的不断变化,俄联邦的对外政策一直在做相应的调整。具体状况可以分为以下4个阶段:

1) 俄罗斯独立初期(1991年底至1992年秋)是向西方"一边倒"的时期。独立后的俄罗斯刚刚进入国际舞台,在对外政策上就出现了两种主要不同的思潮:一派是"大西洋主义者",即"一边倒"的西化派,主张俄罗斯尽快加入西方社会;另一派是"欧亚主义者",反对快速西化,主张俄罗斯在欧洲与亚洲之间扮演一个特殊的地缘政治角色。俄罗斯独立伊始,时任俄罗斯联邦总统叶利钦、第一任总理盖达尔、外交部长科济列夫都是亲西方的代表,首先选择了"一边倒"的外交政策。叶利钦于 1992 年频繁穿梭于各大国之间,与各国签署了一系列条约、声明。俄罗斯得以与西方七国集团建立了"7+1"的特殊关系,渴望与西方各国结盟并加入世界最发达俱乐部;经济上谋求西方的大规模援助。因此,在军事安全事务上向西方作出让步;在一些重大国际问题上,诸如南斯拉夫、伊拉克、利比亚等地区热点问题,保持与西方各国的一致立场,按西方的意图行事;为迎合西方,俄不惜付出与原苏联盟国关系恶化的代价,在对待独联体国家问题上采取强硬态度。

2) 1992 年秋至 1993 年底是调整外交政策、开展"双头鹰"的全方位外交时期。完全依赖西方的"一边倒"外交政策在实行的过程中遭到俄罗斯国内反对派的强烈反对。虽然俄罗斯在很多方面作出很大了让步,但从西方国家得到的所谓援助却非常少,即使西方提供援助,但对俄罗斯来说也只是杯水车薪。俄罗斯领导人为此做了相应的自我反省,从此,俄罗斯由渴望得到援助转变为对西方的无奈和不满。而西方根本没有把俄罗斯作为平起平坐的伙伴,使得俄罗斯的国际地位和国际影响力明显下降,安全环境进一步恶化。这时,俄罗斯不得不对亲西方的严重失衡的外交政策进行调整。

1993 年 4 月 30 日,《俄罗斯联邦外交政策的构想》(草案)经过长时间的讨论和反复修订之后由叶利钦总统批准实施。《构想》的出台标志着俄罗斯全方位外交政策的形成。叶利钦强调俄罗斯外交走向应该像俄罗斯联邦国徽上的双头鹰,既要重视西方,也要关注东方。俄罗斯从此进入以西方为主、东方兼顾的外交阶段。这一阶段俄罗斯亲西方的总的外交原则没有变,但有了较大的调整:俄罗斯开始注意与美国以及其他西方国家保持一定距离,甚至敢于表示不同的立场,同时对北约及西方国家的对俄政策存有戒心;外交走向不仅仅局限在西方大国,而且转向东方,尤其是要发展同东方邻国以及亚洲新工业化国家的联系;重修与独联体各国的外交关系是这一阶段外交政策中的最大变化,重新认识到以前的盟国——东欧各国的重要性。

3) 1994年初确立了以恢复世界大国地位为主要外交目标的"大国外交"时期。1994年2月24日,叶利钦在国情咨文中提出了要恢复俄罗斯昔日强国地位的大国主义思想,确立"恢复大国地位、确保势力范围"的总体外交战略目标,其核心是使俄罗斯在世界上能享有尊重别人并受人尊重的大国地位。为实现这一目标,俄罗斯执行具体的外交政策,即:(1) 在与西方国家的关系上争取平等地位,采取抗争手段,反对西方国家忽视俄罗斯的大国地位和大国作用;(2) 在与独联体的关系上,俄罗斯强调自己在这一地区的"首领"地位,公开提出独联体是其特殊利益地区,明确将独联体作为俄的势力范围,进一步加速实施安全一体化的战略方针;(3) 俄罗斯的目的是成为亚太地区重要国家,加强同该地区各国的联系,参与该地区的经济一体化及安全事务发展总进程,进一步扩大在该地区的影响力,拓宽俄外交活动空间;(4) 在世界其他地区,俄罗斯遵循灵活的均衡原则,其目的是在某些国家和地区积极建立对俄有利的力量均衡。

1996年初普里马科夫(Евгений Максимович Примаков)接

任外长之后奉行了更为实用主义的"多极化外交"政策,认为没有永久的朋友和敌人,只有永久的国家利益;采取多极化、多方位、多样性、多层次,力求原则性和灵活性相结合、斗争和妥协相结合的原则;尽快跳出局限于对美关系的两极思路,争取做多极化世界中强大的一极。俄外交政策上的务实表现、审时度势、走出幻想、经济优先,使俄罗斯在国际关系体系中占据了比较重要的位置,在相互依存的世界里保持了大国地位。在以后的几年中,俄罗斯推行国家利益至上、维护大国地位的外交政策,不遗余力地力保它在中东、巴尔干、波斯湾等地区的存在势力,并参与阿富汗等热点事务,跻身解决朝鲜半岛冲突的谈判进程。

4) 普京执政时期的外交政策。普京执政期间,俄罗斯受益于世界石油价格的上涨,经济有了很大发展,综合国力得到加强,对外政策也逐渐成熟,地缘战略更加明确,对世界的政治和国家格局的影响也不断增强。叶利钦时代是俄罗斯的全面衰退时期,普京上台后,其政权外交面临的最主要的任务就是为国内经济社会发展营造良好的外部环境,防止俄罗斯国际地位进一步衰落。2000年普京对原《俄罗斯联邦对外政策构想》进行了修订。在外交上实行"国家利益至上"的务实外交政策,以国家利益出发,奉行与国家实力相适应的外交政策,突出外交为发展国家经济服务的目的,强调外交为内政服务。在地区层面,俄罗斯的优先方向包括:(1)独联体。俄罗斯将与独联体国家在平等互利的基础上发展经贸、人文和安全合作,继续建设俄白联盟国家、发展欧亚经济共同体和集体安全条约组织。(2)欧洲。俄罗斯致力于建立开放、民主的全欧集体安全与合作体系,增强欧洲委员会和欧安组织的作用,同欧盟建设四大共同空间,同欧洲国家开展务实合作,同北约进行对话与合作。(3)美国。俄罗斯主张,在近期,双方通过对话寻求共识、弥合分歧,在军控、防扩和反恐等领域开展合作。在远期,赋予俄美关系牢固的经济《构想》重申了旧版《构想》,所确定的至今仍然适用的政策原则。俄罗斯重视发展与独联体国家的友好关系以及俄白联盟国家、欧亚经济共同体和集体安全条约组织,致力于同欧洲国家建立民主的全欧集体安全与合作体系,维护俄美合作的基础,扩大同非洲和拉美国家的政治对话与经济合作。(4) 亚太地区。在对中国和印度政策上,俄罗斯重视发展与中国和印度在"中俄印三角"框架下的外交和经济合作,拓展与中国、印度、巴西在"金砖四国"框架下的对话与合作,并赋予上述合作以促进世界新秩序建设的战略含义。

2004 年俄罗斯已进入了复兴期,随着国力的增强、资源优势的凸显,俄罗斯成为一个经济强国。普京实行以追求利益、能力与现实的平衡为基本指导原则的全方位外交。俄罗斯利用"能源武器"谋求地缘战略利益,又通过外交运筹谋求对独联体油气资源和输送管网的控制的能源外交。普京执行的外交战略是"独立自主、务实灵活、东西方相对平衡的多极化外交战略"。独立自主,即不当他国的小伙伴;务实灵活就是从力量与利益的平衡出发,有所为有所不为、有选择地参与,重点维护国家的核心利益和重大利益,必要时退缩一旁、韬光养晦,有机会即大胆出击;实行欧亚主义的外交政策,东西方相对平衡,俄罗斯 3/4 的国土位于亚洲,但政治文化中心在欧洲,所以俄罗斯不能只顾一头,俄罗斯文化也是东西方多种文明交汇而成的。普京外交的核心是多极化,就是以多极世界为目标,进行多方位、多边外交运筹。独联体国家是俄罗斯的"外部生存空间",面对"颜色革命"和北约不停顿的东扩,这个战略空间已经被缩小,普京便加紧做这些国家的工作,其中中亚国家是争夺的重点;对西方的外交侧重点是西欧,因为俄罗斯的经济利益在西欧,欧盟是俄罗斯的主要合作伙伴,东方外交原则上同西方外交并重,中国和印度是俄罗斯亚洲外交的两大支柱。

俄罗斯在普京的领导下,形成了强大的公民社会,在外交上会更加注意维护国际战略平衡。在国际舞台上日趋活跃,对独联体以外事务的参与日趋主动,在维护国家重大利益问题上多了几分强硬,在"民主"、"人权"问题上也越来越敢于同西方叫板。俄罗斯不仅要维护国家利益和外部安全环境,还要在全球和地区问题上承担与其大国地位相称的责任。

52. 何为上海合作组织?

1996年4月26日中国、俄罗斯、哈萨克斯坦、吉尔吉斯斯坦、塔吉克斯坦五国元首在上海举行会晤,成立上海合作组织(简称上合组织,Шанхайская организация сотрудничества,缩写:ШОС)。2001年6月14日—6月15日,上海合作组织国家元首在上海举行第六次会谈,乌兹别克斯坦正式加入上海合作组织。目前,上海合作组织是由中国、俄罗斯、哈萨克斯坦、吉尔吉斯斯坦、塔吉克斯坦和乌兹别克斯坦6个国家组成的一个国际组织,另外有5个观察成员国——蒙古国、伊朗、巴基斯坦、印度和阿富汗。工作语言为汉语和俄语。成员国总面积为3 018.9万平方公里,即欧亚大陆总面积的3/5,人口约16亿,为世界总人口的1/4。这是中国首次在其境内成立国际性组织,及以其城市命名。上海合作组织现有两个常设机构,一是设于北京的秘书处,二是设于乌兹别克斯坦首都塔什干的反恐中心。上海合作组织不是封闭的军事政治集团,该组织防务安全始终遵循公开、开放和透明的原则,奉行不结盟、不对抗、不针对任何其他国家和组织的原则,倡导互信、互利、平等、协作的新安全观。上海合作组织以"互信、互利、平等、协商、尊重多种文明、谋求共同发展"为基本内容的"上海精神"作为相互关系的原则。上海合作组织的宗旨是加强各成员国之间的相互信任与睦邻友好;鼓励各成员国在政治、经贸、科技、文化、教育、能源、交通、环保及其他领域的有效合作;共同致力于维护和保障地区的和平、安全与稳定;建立民主、公正、合理的国际政治经济新秩序。上海合作组织每年举行一次成员国国家元首正式会晤,轮流在各成员国举行定期的政府首脑会晤。同时,也在各成员国举行联合反恐演习和其他军事演习。

53. 简述中俄关系的发展历程。

中俄关系实际上是中苏关系的继续和发展。俄罗斯独立以后,由于中俄两国领导人和政府在两国关系上都采取冷静、郑重和从国家利益出发的原则,中俄关系没有停滞和倒退,且在政治、经济、文化技术和军事合作等方面都取得了顺利和健康的发展,两国关系呈现良好发展势头。中俄两国平等信任、睦邻友好关系形成和发展是由历史教训、国家利益、时代要求和人民愿望等主导因素决定的。在经历了两国关系的大喜大悲、大起大落之后,作为苏联继承国的俄罗斯和中国在苏联解体后都成熟起来了,双方从现实出发,在普遍使用的国际关系准则基础上建立起"君子之交"。从1992年相互视为友好国家,经1994年确立为建设性伙伴关系,到1996年提升为战略协作伙伴关系。两国在平等、友好、相互尊重、互不干涉内政的基础上建立了睦邻友好关系,并促使这种关系不断向新的水平发展。

构建新型中俄关系的稳定和提升期。1991年12月苏联解体,俄罗斯成为独立国家。中俄关系不仅继承了中苏关系,而且顺利实现中苏关系到中俄关系的平稳过渡,使两国关系走上了健康稳步发展的轨道。在较短时间内,两国关系连续迈上睦邻友好、建设性伙伴关系和战略协作伙伴关系三个台阶,使中俄关系成为世界稳定的重要因素。两国间确立了发展国家关系的五大机制:一是新型国家关系机制,即睦邻友好、互利合作、不对抗、不结盟、共同繁荣。二是高级领导人对话机制。自1992年建立起两国国家元首和政府首脑间对话机制后,两国首脑频繁会晤,政府首脑也已实现定期互访。此外,两国政府部门、一些地方政府间也建立了相应的合作机制。三是睦邻友好的安全机制。1993年中俄签署两国国防部合作协议,声明互不首先使用核武器,互不把战略核武器瞄准对方;1996年上海合作组织的建立加强了两国的合作;1996和1997年中俄先后签署边境地区加强军事领域信任协定和边境裁军协定。多次举行两国的军事演习。四是经济科技合作机制。1992年8月建立了中俄经济和科技合作混合委员会工作机制,规定两国副总理担任混合委员会主席,每年在双方首都轮流举行一次会晤,以促进中俄经贸合作的发展。五是国际问题磋商机制。1994年1月两国签署《中俄两国外交部磋商议定书》,决定在重大国际问题上经常进行磋商,协调立场,加强合作。

中俄关系稳定发展和提升期。普京执政后,继承了叶利钦时期的中俄关系,并且将其提高到一个新的高度。2001年签署《睦邻友好合作条约》,以及2004年两国元首北京会晤最终解决边界问题,两国关系始终沿着持续、稳定、日臻成熟的轨道不断向前发展,进入了历史上双边交往的最好时期。普京上台后,2006—

2007两国举办"国家年",使得双方战略伙伴关系进一步提升。由于双方是战略伙伴关系,这使得两国关系置于更现实的基础之上,两国相互心理要求和预期更为适度,两国关系的稳定也具有更大的弹性空间。两国在国际事务中的共同点增多,特别在联合国的安理会上发挥着重要作用。中俄领导人的互访机制运行良好。中国新一届领导人习近平上台后,首先访问的国家是俄罗斯。而俄罗斯则给予了习近平最高级别的接待,首次允许外国领导人参观俄罗斯的总参谋部,观看俄罗斯战略作战指挥部。2013年的中俄海上演习中国出动了最多的军舰赴俄罗斯符拉基沃斯托克参加海上军事演习,俄罗斯则出动了最为先进的瓦良格舰及潜水艇参加演习,使得两国在军事上的协作和互信有了进一步的提高。

  两国经贸合作发展迅速。贸易额的迅速增长也是这几年中俄两国关系发展的一个重要特征。在苏联解体后的头几年中,俄罗斯的外贸总额大幅度下降。而这几年俄罗斯同中国的贸易额却大幅度上升,达到1 000多亿美元,超过了历史上中苏贸易额的最高年水平。中国成了俄罗斯的第二大贸易伙伴,仅次于德国,俄罗斯则成为中国的第七大贸易伙伴。以易货贸易为主要形式的两国边境贸易蓬勃发展,一方面对俄罗斯人民克服当时面临的日用轻工业品和食品的短缺起了有益的作用。但另一方面已不适应新形势的要求,参与边贸经营人员广泛复杂和商品质量缺乏保证等原因,给迅速发展的边贸中也带来了一些问题。中俄领导人和总理在定期会晤时针对出现的问题共商了对策,双方同意采取措施推动两国有实力、有信誉的大公司开展合作,采用符合国际贸易规范的方式,积极扩大和发展双方的经贸合作。2012年两国的输油管道的开通,两国贸易上卢布与人民币的相互通用结算等使得中俄贸易上了一个新的台阶;2013年两国在能源上又签署了2 700多亿美元的合同;两国还在平等互利、考虑各自承担的国际义务和不针对任何第三国或国家集团的基础上发展了双方军队之间的交往和军事技术合作。在购买军事设施方面中国更多的是依靠俄罗斯,军事装备多来自俄罗斯。

在文化教育和科学技术等领域,各个城市和地区以及各种社会团体、高等院校的交往方面也有很大发展。两国在国际上的相互支持和在国际问题上的合作也不断得到发展。俄罗斯郑重声明中华人民共和国政府是代表全中国的唯一合法政府,台湾是中国领土不可分割的一部分,始终承认西藏是中国不可分割的组成部分。中国支持俄罗斯联邦为维护国家统一所采取的措施和行动。在欧洲安全问题上,中国对俄罗斯反对北约东扩的立场表示理解和支持;在亚太合作问题上,中国支持俄罗斯申请加入亚太经济合作组织。以上事实都说明,这几年中俄关系的发展势头是良好的,两国关系在变得越来越成熟。在双方共同努力下,今天的中俄战略协作伙伴关系达到前所未有的高水平,双边贸易额逐年攀升,一批大型合作项目陆续启动,能源、交通、教育、文化、科技等领域合作成果丰硕。中俄战略协作关系是友好平等、非意识形态化和互利共赢的关系,是21世纪国与国关系的典范。

当然,中俄关系中仍存在一些阻碍两国发展的问题。尽管最近两年中俄经贸合作取得较大进展,但与中俄两国政治关系相比,经贸合作仍显滞后。两国民间和媒体互信基础较为薄弱,俄罗斯一些媒体受西方收买,有意炒作所谓"中国威胁论",毒化中俄友好气氛。目前,中俄两国领导人已认识到两国关系中存在的问题,正在共同努力切实解决,以清除其对两国关系的消极影响。我们相信,两国签署的《中俄睦邻友好合作条约》,将为中俄关系全面合作和发展奠定更加牢固的基础,中俄关系将迎来进一步向纵深发展的新时期。

54. 俄罗斯的经济体制的基本特点是什么?

俄罗斯作为前苏联的继承国,其经济体制自斯大林时期以来至苏联解体,一直实行的是高度集中统一的指令性计划经济。俄罗斯自1992年起开始向市场经济过渡,至今已走过20余年历程,在经过曲折、艰辛的探索并付出了巨大代价后,终于使经济走出低谷,初步建立起新的市场经济框架。

俄罗斯独立以来实行经济体制改革,从1991年12月起,开始作为独立国家加速推行向市场经济过渡的各项改革。1992年1月2日起,俄罗斯以全面放开物价为起端,开始在全国范围内正式推行以"货币主义"理论为基础的"激进经济改革",以达到快速建立市场经济体系之目的,人们习惯称其为"休克疗法"。"休克疗法"包含了两个基本方向:1)抑制通货膨胀,稳定经济;2)改革所有制形式,进行私有化。"休克疗法"的设计执行者们计划分两步走,第一阶段用1—2年时间采取激进的抑制货膨胀手段,力争使市场稳定和财政平衡;第二阶段的时间要更长些,大约10—15年实现经济基础的彻底改变,并使其得到发展。俄罗斯的经济过渡阶段是指从指令性行政命令的计划经济过渡到市场经济。初期的"休克疗法"是过渡阶段的一部分。"休克疗法"主要包括经济自由化、紧缩银根和推行私有化三个方面的内容,这项改革大致持续了2年。该项改革不仅未能使俄罗斯的经济形势得到"迅速好转",反而带来了一系列严重后果,如:1)主要经济指标大幅度下降、经济结构比例更加失调、国家财政赤字年年攀升等。"休克疗法"的失败,迫使俄政府不得不对过渡初期的改革政策做出某种"修正"。随后,切尔诺梅尔金(Виктор Степанович Черномырдин)政府调整了经济政策,即停止"证券私有化"改为"现金私有化";2)财政上的"硬性紧缩"改为"软性紧缩";3)变大规模的私有化为有选择的"非国有化",在国家预算中设立"发展预算";4)将工业部门分为"保证发展"、"扶持发展"和"适度发展"等三类。普里马科夫政府的经济政策首先是改变经济转轨模式,实行"社会市场经济"等经济改革措施。虽然并没有从根本上改变俄国的经济体制,但作为一个良好的开端,为世纪之交后的俄罗斯的经济发展奠定了基础。

普京当选总统标志着俄罗斯一个新时代的开始,也标志着俄罗斯经济走出低谷而进入了全面复苏的时期。普京提出俄罗斯的经济改革必须"走自己的路"的思想,认为"只有将市场经济和民主原则与俄罗斯的现实有机结合起来,才会有光明的未来";建立"有秩序的市场经济"的思想,认为该市场经济不是强调国家对经济的干预和调控,而是强调国家如何确保市场秩序,为市场经济的有效运行创造条件;提出"混合所有制模式"的思想,认为解决私有化进程中的问题,不在于重新国有化,而是保留一定的国有经济,并设法提高私有化企业和国有企业的生产效率;提出"降低税率、扩大税基"的思想,认为俄罗斯财政的主要问题是企业的赋税过重和国家的预算赤字,解决的办法就是降低税率,扩大税基;提出对外经济关系中"自力更生为主、外援为辅"的思想,认为依靠外援发展经济是"弱国的选择",自力更生才是"强国的选择"等。

综上所述,我们认为,俄罗斯目前的经济应该是以私有制经济为基础的"混合所有制"的国家资本主义经济。

55. 新世纪俄罗斯经济的现状及其面临的困难有哪些方面？

1）新世纪俄罗斯经济的现状

俄罗斯的经济自 1999 年走出低谷后，从 2000 年开始，国内生产总值一直保持着增长态势。2000 年增长 9%，2001 年增长 5%，2002 年增长 4.3%，2003 年增长 7.3%，2004 年增长 6.8%，2005 年增长 6.4%，2006 年增长 6.7%，2007 年增长 7.6%。苏联解体后遭受重创的工业生产在新世纪出现了连年的恢复，燃料、金属产量增加。机器制造和金属加工工业回升，轻工业和食品工业持续恢复。宏观经济稳定，从 2000 年开始，国家预算一直盈余。居民的生活水平也有很大的提高，居民的实际货币收入大幅增加，人均经济总量超过 1 万多美元。人口出生率也不断提高，居民对彩电、冰箱、微波炉、电脑、汽车、手机等高档商品的消费量增加。据近期资料显示，俄罗斯共计 1.4 亿多人口，但拥有手机 1.2 亿部，莫斯科的私人小汽车就有 500 多万辆。由于俄罗斯近几年的经济形势发展良好，2002 年 6 月，美国和欧盟分别承认了俄罗斯作为市场经济国家的地位。2012 年俄罗斯的国民经济总收入占到世界第五位，占世界经济比重的 4.1%。

2）新世纪俄罗斯经济面临的困难

（1）俄罗斯经济结构不合理，经济增长质量不高。由于苏联时期的经济模式，俄罗斯产业结构畸形发展，能源和原材料生产的比重不断增加，机器制造和金属加工的比重持续下降；军事工业发达，比重过大，轻工业和民用工业落后；信息技术产业比较落后，在国内生产总值中占到的比例偏少；生物科技产品的生产发展缓慢。目前，俄罗斯政府收入的 30% 和外汇收入的 45% 都来自石油、天然气及其产品的出口,这更加重了俄罗斯经济结构的不合理。俄罗斯这种以石油、天然气等原材料生产和出口为主的经济结构,易受国际市场行情波动的影响,使俄罗斯的经济发展缺乏稳定性。长期下去,不仅耗损自然资源,而且也使经济发展缺少稳固的基础,从而减弱其经济的竞争力。

(2) 投资结构不合理,投资数量不足,经济增长缺乏动力。在俄罗斯,燃料能源工业吸收的投资最多。但是,能源原材料出口的收入并没有被用来投资国内的企业,而是主要用来补偿外债和解决其部门内部的发展问题,因此对这些部门的投资不仅没有对经济增长产生积极的影响,反而加重了经济结构的畸形发展。机器制造、金属加工、电子信息技术等高科技产业吸收的投资很少,难以满足其更新技术设备和提高产出能力的需要,使这些产业的发展受到制约。在这种投资数量严重不足的情况下,根本无法保证产业调整所需的资金,使经济增长失去动力。

(3) 银行体系脆弱,威胁经济发展。俄罗斯现有的商业银行体系由大量中小银行组成。据统计,1996 年俄罗斯共有银行2 600 家,1998 年金融危机的爆发,使许多银行倒闭,但是到 2001 年 7 月,仍有注册银行 1 312 家。这些银行主要是资本力量薄弱的小银行,数量众多,但是总资本规模却很小,到 2003 年底,银行资本占 GDP 的比重仅为 42.1%(欧盟国家为 280%)。银行体系脆弱,便容易发生动荡。

(4) 贫富差距加大,引起社会不安。进入新世纪,苏联解体后俄罗斯转轨初期形成的贫富差距仍在不断加大。近年来,居民的收入虽不断增加,但最富的 10% 人群与最穷的 10% 人群的收入差距仍在加大。据报道,莫斯科的"十亿富翁"已超过了纽约。贫富差距加大,易引发社会动荡,使经济发展失去稳定的国内环境。

（5）车臣恐怖活动还在继续威胁着俄罗斯的经济发展和社会政治环境的稳定。

56. 何为俄罗斯"大经济区"？其特点表现在哪些方面？

俄罗斯经济区（экономический район）的划分是以地理区域的劳动分工为基础的。由于各地区的自然环境、历史传统和社会经济条件有很大不同，在长期的劳动生产过程中渐渐形成了具有本地区特色的劳动产品和生产体系。经济区就是在这种区域性专业化生产的基础上产生的，其最重要的目的是以最少的耗费获得最高的社会生产率。此外，还与区域的经济发展水平、自然资源和劳动力资源以及民族文化特点等因素有关，并与全国国民经济的远景发展规划相结合。

俄罗斯现有 11 个经济区。考虑到俄罗斯自然地理环境、经济发展和人口分布特点等因素，可把 11 个经济区分为 2 个大区——西部大经济区和东部大经济区（即俄罗斯欧洲部分和亚洲部分）。

1）西部大经济区（Западный макрорегион）

西部大经济区即俄罗斯的欧洲部分，面积占全国的 25%，人口却占近 77.7%，其中城市人口 75%。俄罗斯 85% 以上的工农业产品和科研力量都集中在该地区，有 827 个城市（其中百万以上人口的大城市 12 个），1 420 多个镇。该经济大区共分为 8 个基本经济区。

（1）中央经济区（Центральный экономический район）包括莫斯科市和12个州，即布良斯克州、弗拉基米尔州、伊万诺沃州、卡卢加州、科斯特罗马州、莫斯科州、奥廖尔州、梁赞州、斯摩棱斯克州、特维尔州、图拉州和雅罗斯拉夫尔州。经济中心是莫斯科。该经济区位于俄罗斯平原中部，气候属温和大陆型气候，森林覆盖面积达40%左右。该区为俄罗斯最重要的工业区，机器制造、金属加工、化学和石化以及轻工业都很发达，食品工业、煤炭开采、电力、木材加工和建材工业也有相当的规模。其中占主导地位的是机器制造业，包括机床、发动机、仪器、电机、电子、无线电元件和汽车制造等。

（2）中央—黑土经济区（Центрально-Черноземный экономический район） 是俄罗斯最小的经济区。它由5个州组成：别尔哥罗德州、沃罗涅日州、库尔斯克州、利佩茨克州和坦波夫州。经济中心是沃罗涅日。该经济区位于俄中部高地的南部，毗连奥克斯-顿河低地的东部，属温和大陆型气候。工业的主要部门有：铁矿开采、黑色冶金、机器制造、金属加工、化学和食品工业。其中铁矿、生铁、钢、轨材、化工设备、水泥、冰箱、电视机和白糖、植物油、动物油的产量，在全国占有较大比重。

（3）北方经济区（Северный экономический район） 由2个共和国——卡累利阿共和国、科米共和国，1个自治区和3个州——阿尔汉格尔斯克州、沃洛格达州、摩尔曼斯克州和涅涅茨自治区组成。经济中心是摩尔曼斯克（Мурманск）。该区北临巴伦支海、白海和喀拉海，西北部为科拉半岛高地，东端与北乌拉尔和极地乌拉尔山脉相连，东北部是丘陵。属温和大陆型气候，冬季多雪，夏季气温高并潮湿。北部和东北部的大部位于北极圈内，为多年冻土带。区内河流、湖泊和沼泽众多，如著名的拉多加湖、奥涅加湖和伯朝拉河、北德维纳河等。该区森林资源极为丰富,森林覆盖面积达40%以上,木材蓄积量约占俄欧洲部分的1/2,采伐量占全国的1/4。最主要的矿产资源有科拉半岛的磷灰石、铁、铜、镍和稀土矿,以及伯朝拉地区的煤炭和科米共和国境内的石油、天然气等。

（4）西北经济区（Северо-Западный экономический район）包括圣彼得堡市和3个州——普斯科夫州、诺夫哥罗德州、列宁格勒州。经济中心是圣彼得堡。该区的北部濒临波罗的海的芬兰湾,地势较低。西南部为瓦尔代高地。属于温和大陆型气候转成的海洋型气候,冬暖夏凉。区内沼泽、河流、湖泊众多,森林覆盖面积达45%。矿产主要有泥炭、油页岩、铝土、磷灰石以及石灰石、耐火黏土等建筑材料。该区是俄罗斯发达的工业区之一,拥有规模宏大的由多个部门组成的工业综合体,其中尤以机器制造、化学、木材加工和纸浆造纸业最为著名。

（5）伏尔加-维亚特卡经济区（Волго-Вятский экономический район） 包括3个共和国——马里埃尔共和国、莫尔多瓦共和国、楚瓦什共和国和2个州——基洛夫州和下诺夫哥罗德州。经济中心是下诺夫哥罗德。该经济区位于东欧平原东部,属大陆型气候。区域大部位于森林带内,南部为森林草原带,森林资源丰富,森林覆盖面积达45%。主要资源有磷炭石、泥炭、石膏、石灰石、石英沙、岩盐等。工业中机器制造和金属加工、化学、石化、森林、纸浆造纸和木材加工业等,已形成专业化。机器制造业以生产汽车、船舶、飞机、机床、仪器、无线电元器件、电子器械和化工设备为主,其中运输机械（汽车、船舶、飞机）制造业在全俄占有显著地位。

（6）伏尔加河沿岸经济区（Поволжский экономический

район）包括2个共和国——卡尔梅克、鞑靼斯坦共和国和6个州——阿斯特拉罕州、伏尔加格勒州、奔萨州、萨马拉州、萨拉托夫州、乌里扬诺夫州。经济中心是伏尔加格勒和萨马拉。该经济区位于伏尔加河-卡马河中下游，属大陆型气候。矿产资源丰富，有石油、天然气、页岩、硫磺、食盐等。在全俄11个经济区中，工业发展规模和水平居中央和乌拉尔经济区之后的第三位，农业居第二位。工业按部门分别有机器制造业、石油开采业、石油加工业、化学和石化工业、电力工业和建材工业。机器制造和金属加工业十分发达，规模也最大，该部门的就业人数和产量在区内占居首位。其中核心部门是汽车制造业，其产值约占全部机器制造业总产值的1/4。农业以生产小麦、油料作物和畜牧业为主。

（7）北高加索经济区（Северо-Кавказкий экономический район）包括7个共和国——阿迪格共和国、达吉斯坦共和国、卡巴尔达-巴尔卡尔共和国、车臣共和国、卡拉恰伊夫-切尔克斯共和国、北奥塞梯共和国、印古什共和国，2个边疆区——克拉斯诺达尔边疆区、斯塔夫罗波尔边疆区和1个州——罗斯托夫州。经济中心是顿河畔罗斯托夫。该区自然条件复杂，有平原、山前地带和山地。占区域面积4/5的平原和山前地带属温和大陆型气候，夏热冬暖，春秋风大尘多。区内河流较多，有库班河、捷列克河和库马河等。大部分区域位于草原带内，里海沿岸地区为半荒漠带。资源种类多，有煤、石油、天然气、钨、钼、多金属、铜、食盐和建筑材料等。工业以机器制造比较有名，主要生产农业机械、运输机械、电力机械以及石油、矿山机械等，顿河畔罗斯托夫和塔甘罗戈建有全国最大的谷物联合收割机、电力机车和锅炉生产基地，产量约占全国的80%。食品工业门类齐全，国内闻名，并酿造葡萄酒、白酒和香槟酒。山前地带蕴藏有丰富的天然气和石油,是俄罗斯重要产区之一,并向欧洲部分其他地区供油输气。独特的自然地理环境,使该区成为国内外闻名的疗养区,拥有著名疗养圣地索契、阿纳巴和矿水城等,旅游业相当发达。

(8) 乌拉尔经济区(Уральский экономический район) 由2个共和国——巴什科尔托斯坦共和国、乌德穆尔特共和国和5个州——库尔干州、奥伦堡州、彼尔姆州、斯维尔德洛夫斯克州、车里亚宾斯克州组成。最大城市和经济中心是叶卡捷琳堡(Екатеринбург)。人口超过百万的城市还有车里亚雅斯克、彼尔姆(Пермь)和乌法(Уфа)。该区位于俄罗斯欧亚部分的交界地带,属大陆型气候。区内河流较多,大多为伏尔加河和鄂毕河支流。南部干旱缺水。自然资源十分丰富,尤以矿产资源种类多、储量大而著称,有铜、铁、镍、镁、铬、铝土、钾盐锟、石棉、石墨、食盐等。石油和天然气的储量也较丰富。森林覆盖面积达40%。工业生产专业化的部门有冶金、机器制造、化学和森林以及石油和天然气等,其中冶金工业是该区历史最悠久的部门。

2) 东部大经济区(Восточный макрорегион)

即俄罗斯的亚洲部分,幅员辽阔,资源丰富,其面积比世界上任何一个国家的都大,达1 280万平方公里,占全国总面积的75%。人口3 240万,约占总人的22.3%,其中城市人口占74%。共有226个市,610多个镇。俄罗斯3/4以上的燃料动力资源都集中在该地区。随着俄罗斯与亚太地区各国经贸往来的不断增加,该地区的战略地位和在国民经济发展中作用显得日益重要。该经济大区共分为3个基本区:

(1) 西西伯利亚经济区(Западно-Сибирский экономический район) 包括1个共和国——阿尔泰共和国,1个边疆区——阿尔泰边疆区,5个州——克麦罗沃州、新西伯利亚州、鄂木斯克州、托木斯克州、秋明州和2个自治区——汉特曼西斯克民族自治区、亚马尔—涅涅茨民族自治区。最大的城市和经济中心是新西伯利亚(Новосибирск)。该经济区90%位于西西伯利亚平原。属大陆型气候,冬长夏短。河流基本上属于鄂毕河、额尔奇斯河水系。多沼泽和湖泊。自然资源极为丰富,有石油、天然气、煤、黑色和有色冶金矿石、各种化学原料、泥炭和森林等,森林面积超过9 000万公顷。形成区域生产专业化的工业部门有燃料动力工业、冶金工业、森林和木材加工业、机器制造工业和化学工业等。燃料动力工业中的石油和天然气主要产于秋明州,石油产量占俄罗斯第一位。库兹涅茨克煤田是全国最大的煤田之一,年产量超过1亿吨。电力工业相当发达,几乎所有的工业中心都建有发电站。黑色冶金工业主要集中在克麦罗沃州。该区为俄罗斯最重要的谷物生产和畜牧业区之一,种植春小麦、黑麦、大麦、燕麦等谷物以及向日葵、亚麻、甜菜、烟草等经济作物,畜牧业以饲养乳用牛、肉用牛和猪为主。

(2) 东西伯利亚经济区(Восточно-Сибирский экономический район) 由3个共和国——布里亚特共和国、图瓦共和国、哈卡斯共和国,2个边疆区——克拉斯诺亚尔斯克边疆区、后贝加尔区和1个州——伊尔库茨克州组成。经济和科研中心是克拉斯诺亚尔斯克和伊尔库茨克。该经济区1/4的疆域位于北极圈内,3/4为山区。北临北冰洋,南部与中国和蒙古接壤。属极端大陆型气候。自然资源十分丰富,煤炭储量占独联体国家的1/2,贝加尔湖约占世界淡水储量的1/5,森林储量达280亿立方米,还蕴藏有丰富的镍、铜、钴、金、锡、钨、钼、铁及云母、石墨、铝土、食盐等矿产资源。工业发展较晚,以燃料动力、机器制造、冶金和化学森林工业为主,并已形成区域生产综合体。煤炭储量居全国第一,为国内第二大生产基地。作为俄罗斯最大的森林工业基地,该区的森林采伐量居北方经济区之后而列全俄第二位。60%以上的谷物生产都集中在南部地区,种植小麦、燕麦、黑麦、大麦等。

(3) 远东经济区(Дальневосточный экономический район)是俄罗斯面积最大的经济区。它包括1个共和国——萨哈共和国,2个边疆区——滨海边疆区、哈巴罗夫斯克边疆区和6个州——阿穆尔州、堪察加州、马加丹州、萨哈林州、犹太自治州、楚科奇民族自治州。经济中心是哈巴罗夫斯克和符拉迪沃斯托克(海参崴,Владивосток)。南部与中国和朝鲜接壤,东部和北部两面临海。素有山国之称,平原面积不到1/5。有1/2以上的地区属多年冻土带。该区是俄罗斯唯一有火山的地区,火山数量多达20座,高度多为3 300—3 600米,而高4 750米的克留切夫火山(Ключевская Сопка)曾于1972—1974年喷发。气候多样,北部属极端大陆型气候,南部属季风型气候。自然景观独特,北部为极地荒漠,南部为原始森林。自然资源种类多、储量大,金、金刚石、锡的储量和产量在国内占有很大比重,还有钨、铅、锌、银、锑、汞等矿藏以及石油、天然气等。森林、水力、铁矿、煤炭资源丰富。森林覆盖面积达40%以上。有大小河流1 700多条,其中长度超过1 000公里的有4条,如阿穆尔河和勒拿河的长度都在4 400公里以上,是流经俄罗斯国内最长的两条河流。主要工业部门有冶金、渔业和木材加工业等。冶金工业以有色冶金的开采和冶炼为主,并已形成以萨哈为中心的区域生产综合体。海洋捕渔业和鱼类加工业是本区的一大优势产业,拥有符拉迪沃斯托克-纳霍德卡、彼得罗巴甫洛夫斯克-堪察加两大生产综合体。粮食生产只能满足本区的需要,以种植小麦、大麦、燕麦和稻谷为主。

57. 俄罗斯工业的现状如何？其行业是如何分类的？

1）俄罗斯工业的现状

俄罗斯的工业，尤其是重工业，一直是国民经济中居于主导地位的最重要的部门（重工业产值的比重为始终保持在 GDP 的 1/3 以上）。独立后的俄罗斯经过多年的努力，逐渐走出了经济的低谷。俄罗斯的工业体系门类齐全、规模宏大、实力较为雄厚。

2）俄罗斯工业行业分类

（1）机器制造工业综合体（Машиностроительный комплекс） 机器制造工业是俄罗斯重工业的核心，它的发展速度、生产规模以及就业人数等主要指标在工业中一直占有领先的地位，产值约占 GDP 的 20% 左右。机器制造工业综合体主要包括机器制造和金属加工两个部分，其中又可分为航空、汽车、机床、能源动力设备、化工、仪表、机车车辆、船舶、道路建筑和农业机械等 70 多个不同的行业，产品种类繁多。

（2）燃料动力工业综合体（Топливо-энергетический комплекс） 燃料动力工业主要包括煤炭、石油、天然气等燃料的开采和电力的生产等。20 世纪 90 年代起也和其他工业部门一样，其生产规模有较大萎缩，但近几年来有较大恢复，出口量急剧增加，成为创汇的主要来源之一，产值仍保持在 GDP 的 25% 左右。由于俄罗斯自然资源十分丰富，主要矿产资源的储量均居世界前列，因此燃料动力工业的发展前景被普遍看好。燃料动力工业又可分为如下几类：

① 煤炭工业（Угольная промышленность） 俄罗斯的煤炭储量居世界首位，煤炭品种齐全，但资源分布不大均衡，煤炭产量

列中国、美国、印度和澳大利亚之后，居世界第五位。其中，库兹涅茨克煤田最大，产量超过 1 亿吨。如按照俄罗斯在 2020 年的煤炭开采量可达到 4.3 亿吨计算，专家估计俄罗斯的煤炭资源至少可以开采 800—1 000 年。

② 石油工业（Нефтяная промышленность） 俄罗斯的石油储量十分丰富，总储量位于世界前列（已探明的石油储量超过 138 亿吨）。俄罗斯官方统计数字显示，目前日平均石油产量达到 850 万桶以上，已远远超过了沙特阿拉伯日均 776 万桶的产量，成为世界上石油产量最大的国家。主要产油基地有：西西伯利亚油区（Западно-Сибирская провинция）、伏尔加-乌拉尔油田（Волго-Уральская провинция）、巴伦支－伯朝拉油田（Баренцево-Печорская провинция）以及萨哈林油田（Сахалинская провинция）等。石油工业是俄罗斯出口创汇最重要的部门，每年生产的石油超过 50% 都用于出口。

③ 天然气工业（Газовая промышленность） 按 2004 年已探明的世界天然气储量计算，俄罗斯的天然气储量约占世界（180 万亿）的 37% 以上，达 48 万亿立方米。目前已探明的产地有 700 多个，但分布极不均衡，约 80% 集中在西西伯利亚地区，其余约 20% 分布在伏尔加河流域和沿里海地区。它是俄罗斯继石油之后的主要出口创汇部门。

④ 电力工业（Энергетическая промышленность） 俄罗斯的电力工业产值占 GDP 的 8.1%（2003 年），由火力发电（ТЭС）、水力发电（ГЭС）和核能发电（АЭС）三大部分组成，以火力发电为主，但水力发电和核能发电所占比重在不断增加。火力电站多集中在莫斯科、圣彼得堡、乌拉尔地区及西伯利亚的库兹巴斯、新西伯利亚、克拉斯诺亚尔斯克、赤塔工业枢纽等地。俄罗斯作为

世界上水资源最丰富的国家之一,其水力发电的优势十分明显。水力电站大多集中在亚洲地区,如叶尼塞河上的克拉斯诺亚尔斯克水电站(Красноярская ГЭС)、萨彦水电站(Саянская ГЭС),以及安加拉河上的布拉茨克水站(Братская ГЭС)等。欧洲地区的水电站主要分布在伏尔加河流域,远东地区是未来水电站建设的重点地区。在核电站建设方面,自1954年开始建造第一座核电站以来,至今俄罗斯正在运行的大型核电站有10多座,核动力机组40余个。它们大多集中在欧洲地区。此外,圣彼得堡附近、伏尔加河流域、乌拉尔及科拉半岛等地也都建有核电站。

(3) 冶金工业综合体(Металлургический комплекс) 冶金工业综合体分为黑色冶金工业(钢铁工业)和有色冶金工业两大部分,产值约占 GDP 的 18.8% 左右。

① 黑色冶金工业(Чёрная металлургия) 俄罗斯的黑色冶金工业十分发达,是世界上最重要的钢铁生产国之一。它拥有发展黑色冶金工业所需的丰富资源——铁矿石、炼焦煤、锰矿石、石灰石、助熔剂和耐火黏土等。中央(Центральная МБ)、乌拉尔(Уральская МБ)和西伯利亚(Сибирская МБ)是其钢铁工业的三大基地,钢铁总产量位居中国、美国、日本之后,列世界第四位。

② 有色冶金工业(Цветная металлургия) 有色冶金包括重有色金属、轻有色金属、稀有金属和贵金属等4类。俄罗斯的有色金属资源较为丰富,品种也比较齐全。产值约占 GDP 的 10.5% 左右。与黑色冶金工业不同的是,俄罗斯的有色冶金工业比较分散,几乎所有北方、乌拉尔、西伯利亚、远东的山区都有有色冶金矿藏。其中,乌拉尔、外乌拉尔及远东地区的储量最为丰富。俄罗斯具有世界意义的著名有色冶金企业有:俄罗斯铝业公司(Русский алюминий, Русал)是国内最大、世界排名第三的

铝业公司。诺利尔斯克镍业公司(Норникель)不仅是国内最大的生产镍的大型企业(其镍产量占世界的20%),同时还是生产铜的最大的企业之一,其铜合金的产量占世界的50%。冶金工业的环境污染问题比较严重,且有逐步恶化的趋势。

(4) 国防航天工业综合体(Оборонно-космический комплекс)　国防航天工业是俄罗斯传统的强势工业部门,是国家整个工业体系中不可或缺的重要组成部分。该综合体分为国防工业和航空航天工业两大部分(详见第58个问答题)。

(5) 建筑材料工业综合体(Стройматериальный комплекс)　俄罗斯的建设材料工业包括沙石、泥灰岩、石膏等天然原料的开采以及水泥、石灰、钢筋混凝土构件、预制板、砖、建筑陶瓷、玻璃等的生产。俄罗斯拥有发展建材工业取之不尽的原料基地。独立的俄罗斯初期,基本建设投资和建设项目的减少以及受用户支付能力的限制等,建材工业开始萎缩。1999年起建材工业生产开始全面复苏,产量逐年提高。建材工业也和冶金工业一样,是个高污染行业,因此俄罗斯也同样面临由此引起的生态问题。

(6) 食品和轻工业综合体(Пищевой и Легкопромышленный комплекс)　食品工业和轻工业是俄罗斯生产日用消费品(потребительные товары)的主要部门,产值占GDP的17%左右。

① 食品工业(Пищевая промышленность)　在整个消费品生产结构中,食品工业的产值最大。它下属20多个生产部门,如肉食加工、面包制作、奶制品生产、鱼类和油脂品加工等。大型肉类联合企业主要分布在伏尔加河沿岸(Приволжский ФО)、中央(Центральный ФО)和西伯利亚(Сибирский ФО)3个联邦区

内。植物油和食糖生产主要集中在北高加索(Северо-Кавказский ФО)和中央联邦区;糖果点心的生产集中在中央和伏尔加河沿岸联邦区;捕鱼区以太平洋及其海域为主,海产品的加工大多集中在各海港城市,其中50%以上产自远东地区,北方港口摩尔曼斯克、加里宁格勒和远东港口符拉迪沃斯托克(即海参崴)则是俄罗斯的3大鱼类加工中心。面包制作和奶制品生产,大多由农村中的农工综合体企业或合作社承担。

② 轻工业(Лёгкая промышленность) 俄罗斯的轻工业包括纺织、缝纫、制鞋等30多个部门。由于苏联时期着重发展重工业,轻工业不被重视,且许多轻工产品,如电视机、毛毯、汽车、首饰等都被视作"生活奢侈品"(предметы роскоши),因此重工业"重"、轻工业"轻"的现象始终没有得到有效解决。如今的情况有所改观,轻工企业各地都有,以中央和伏尔加河沿岸2个联邦区内最多。纺织企业主要集中在莫斯科、圣彼得堡以及北高加索和西北部地区,产品以化纤原料为主。几乎每个大城市都有缝纫和制鞋企业。

58. 俄罗斯的国防和航空航天工业的发展现状如何?

苏联解体后,俄罗斯继承了其70%以上的国防工业企业,并将其分俄罗斯国防工业和航空航天工业两大部分。

1) 国防工业综合体(Оборонно-промышленный комплекс)

国防工业在苏联时称为"军事工业综合体",是冷战时期世界上最庞大的工业体系。今天的俄罗斯国防工业综合体是一个多功能的工业领域,既能够设计生产各种现代化武器装备及其专门的技术设备,同时也能设计生产各种技术含量高的民用产品。它的组成基础是一些战略性的企业和战略性的股份公司。这些企业和公司的名单是 2004 年 8 月 4 日俄联邦总统第 1009 命令所确认的(2007 年 11 月 19 日又有一些改变),有 1 000 多个单位,其中包括:

(1) 联邦中生产具有战略意义,保障国防和国家安全,保护俄联邦公民道德、身体、权利和法定利益产品的企业。

(2) 由国家控股和参与管理,开放式的能够保障国家战略利益、国防和国家安全,保护俄联邦公民道德、身体、权利和法定利益的股份公司。

俄罗斯国防工业体系比较完善,可分为九大行业: ① 航空工业;② 导弹—航天工业;③ 武器弹药和特种化学工业;④ 兵器工业;⑤ 无线电工业;⑥ 通讯工业;⑦ 电子工业;⑧ 造船工业;⑨ 特殊用途工业等(跨行业机构和企业)。它们分属于俄罗斯不同的行业管理局,其中航空工业和航天工业属于俄罗斯航空航天局;兵器工业属于俄罗斯常规武器局;弹药与特种化学工业属于俄罗斯弹药局;造船工业属于俄罗斯造船局;无线电工业、通信工业、电子工业属于俄罗斯系统管理局;特殊用途工业属于俄罗斯科技部。

今天,俄罗斯的国防工业得到比较充足的拨款。在 2020 年以前,俄政府将给俄罗斯军队和俄罗斯国防工业综合体的现代化拨款大约 20 万亿卢布,折合约 7 000 亿美元。目前,俄罗斯国防工业综合体的许多企业都已进入逐步上升的发展轨道,这主要得益于武器装备出口的不断扩大。他们在寻求长期发展,既要面向国际市场,也要面向国内市场,以降低对出口的依赖,为国防工业综合体实现生产经营多元化而努力。

2）航空航天工业（Авиационно-космическая промышленность）

1999年5月俄罗斯航天局改组为航空航天局。2004年3月，普京第二次当选总统后，把原航空航天局的职能分为航天和航空两部分，成立联邦航天局和联邦工业局。俄罗斯航空航天工业是飞机、火箭、宇宙飞行器和飞船及其动力和随机设备（电气和电子仪器）的设计、生产和试验的企业的总括。航空航天工业是俄罗斯传统的强势工业部门，是俄罗斯国家整个工业体系中不可或缺的重要组成部分。航空航天技术是现代科学技术的结晶，它以基础科学和技术科学为基础，汇集了20世纪以来的许多科学工程技术。拥有世界上最为先进的航天航空水平的俄罗斯，在航天航空事业上的贡献以及成就在世界上是独一无二的。俄罗斯航空航天工业公司下辖企业405多家，负责飞机、导弹、卫星、飞船等的研制与生产。企业主要集中在中、西部地区，西伯利亚和远东地区也有其科研院所和飞机制造厂。它们大多是苏联时期从事设计和生产各种航天器的国营航天企业。苏联解体后，俄罗斯的航空航天工业遭受了不少危机，但从2000年起该领域开始不断恢复。不少企业开始与国外企业合作出口自己的产品。2000年中期国家开始划拨大量经费支持航天事业，使得航空航天的发展走上快车道。

俄罗斯联邦航天局是俄罗斯航天活动的联邦执行机构，归属俄联邦政府领导。它的功能是保障国家航天活动中和航天领域的国际合作中政策的执行、协调、领导以及合作纲领与合同的落实，并且组织武装和战略火箭等航天工业的生产。其中也包括对在哈萨克境内的"拜依加努尔"（Байконур）航天发射场的发射组织管理工作。另外，领导对在俄罗斯领域内新建的"东方"（Восточный）火箭发射场的建设和使用。

俄罗斯航空航天工业最大的公司是С·П·科罗廖夫"俄罗

斯'能源'火箭航天公司"。它是"联盟号"和"进步号"等类航天飞行器的主要承包单位和设计者,同时也是建造国际航天站的俄方参与者。"联盟号"运载火箭的设计和生产者是俄联邦国家"进步"火箭-航天科研生产中心(ЦСКБ-Прогресс)。俄罗斯较新的火箭型号是"联盟-ФГ"(Союз-ФГ)。联邦国家企业"国家赫鲁尼契夫航天科研生产中心"设计制造的运载火箭"质子-M"和火箭助推器"微风-M"不仅在俄罗斯航天器上应用,也被国外广泛用在航天器上。2013年他们又开始使用该中心研制的新的"安卡拉"(Ангара)运载火箭。

俄罗斯航空航天工业一直以来都是世界航空工业中一支重要力量。苏联鼎盛时期建立起强大的航空工业体系,能够研制、试验、生产几乎所有类型的现代航空装备。1996年组建专门开发和生产军用飞机的"苏霍伊"军事航空工业综合体,下辖有伊尔库茨克飞机制造联合公司(Иркутское авиапроизводственное объединение,ИАПО)、阿穆尔河畔共青城飞机制造联合公司、新西伯利亚飞机制造联合公司等多家大型企业。生产的军用飞机主要有"米格"直升机和歼击机、"苏型"攻击歼击机、"图型"轰炸机和"安型"运输机等,其中"苏-27"、"苏-30"和"苏-34"型机出口量大,成为创汇大户;航天器科研和生产部门参与国际空间站设备的研制任务,其技术在国际上处于领先地位。2006年普京签署总统令,批准联合航空制造集团正式成立,它整合了苏霍伊、米格、图波列夫以及伊留申等飞机设计制造集团,生产军用、民用飞机、航空设备、材料等几乎所有航空产品。

2007年10月,俄国家杜马讨论通过了成立国有企业俄罗斯工艺集团(Ростехнологии)的议案,同年11月,时任总统普京签署了成立该企业的决议。俄罗斯工艺集团的下属企业有426家,这些企业当中80%都是与防务有关的公司,包括坦克、导弹、电子设备等多家企业,还有一些民用工业企业。现在属于防务工业综合委员会的四分之一的企业都在其中,并且参与"国家采购计划"的三分之二的企业也都在其旗下,俄罗斯最大的直升机公司和几乎全部的发动机公司也在内。

经过多年的重大整合改革,俄罗斯的航空航天工业又回到有序发展的正规道路上。新的产品不断涌现,对外合作也有丰硕成果。俄罗斯成功发射洲际导弹,"白杨-M"(Тополь-M)、"PC-24亚尔斯"导弹(Ярс)、"伊斯坎德尔"导弹(Искандер)等在国际上有重大影响。他们最新研制的导弹可一弹发射10-15个弹头,据俄副总理透露,可击穿美国的反导系统。在飞机制造方面,俄罗斯的第五代战斗机T-50于2010年1月首飞,民用飞机的项目图-204和安-148也按第一阶段计划完成,被寄予厚望的苏霍伊"超级喷气100"已经开始交付。新一代的MC-21中型客机也开始设计。在国家大力支持下,重生的俄罗斯航空航天工业正在力图重新回到世界航空航天制造业的第一集团,再塑航空航天工业的辉煌。

以上情况可以窥见该行业发展的状况:(1)俄罗斯的国防和航空航天工业已经走出困境,国家对其支持力度逐年上升;(2)俄罗斯的科技基础良好,发展空间巨大,只要国家政策正确,定能取得成绩;(3)俄罗斯国防工业逐步在从武器贸易的单纯的"买卖"模式向战略合作过渡。特别在航空航天方面的国际合作取得了令人注目的成绩;(4)航空航天除了国家的战略任务外,也向市场经济迈进,如搭载富翁上太空;(5)俄罗斯的武器出口垄断趋势加强。俄罗斯国防出口公司是俄罗斯武器装备出口的国家级经纪人。该公司几乎成为俄罗斯武器出口方面的垄断者,即在2004年俄罗斯55亿美元的新订单中,该公司占到了50亿美元;(6)一些具有创新能力的中小国防企业成功地打入国际市场,取得不凡的效果。俄罗斯在尖端武器的研制方面与欧盟和美国的竞争仍然存在;(7)俄罗斯国防企业不论在技术上、经济上还是在政治上都面临外国竞争者,特别是美国的巨大压力;(8)俄罗斯国防和航空航天工业也存在不少的问题,特别是航空航天工业在2011年和2013年出现多次火箭和卫星发射重大失误,这些都有待于进一步完善管理,提高科技水平。

59. 俄罗斯的农业主要分为哪两大部门？它们的基本情况如何？

俄罗斯既是个工业大国,也是个农业大国。俄罗斯的可耕地面积占世界的10%。其中五分之四的可耕地位于中央伏尔加河沿岸、北高加索、乌拉尔和西西伯利亚等地。据俄罗斯国家统计委员会公布的数字,俄罗斯农业人口约占总人口的近30%,农用土地(сельскохозяйственные угодья)面积达1.49亿公顷,其中播种面积(посевная площадь)6 910万公顷,人均占有耕地比苏联时期有较大减少,只有0.47公顷。俄罗斯的农业主要分为种植业和畜牧业两大部门。

1) 种植业(Растениеводство)

俄罗斯主要的农业种植物有谷类作物、甜菜、向日葵、土豆、亚麻等。2008年俄罗斯收获了1亿800万吨谷物,成为2009年以来最好的收成。2009年俄罗斯出口小麦16亿多吨,换取美元2.7亿美元。俄罗斯是继美国、中国之后的第三大粮食生产国。

据2010年初联合国粮农组织资料,俄罗斯是世界第三大谷物出口国(位于美国、欧盟之后)和第四大小麦出口国(位于美国、欧盟和加拿大之后)。也有国外报道,2010年俄罗斯的小麦出口接近于欧盟。2011年俄罗斯农业获得丰收,成为世界第三大粮食出口国。这一指标显示了俄罗斯农业战略的新成果。

俄罗斯的种植业大体可分为6类:粮食作物(зерновое хозяйство)——小麦、黑麦、大麦、玉米等;土豆种植业(картофелеводство);蔬菜种植业(овощеводство);油料作物(масличные культуры)——甜菜、向日葵等;经济作物(технические культуры)——亚麻、棉花等;饲料作物(кормовые культуры)——草、饲料用玉米等。各种植物在播种面积中所占的比重分别为:粮食作物53%,饲料作物34%,经济作物7.6%,土豆和蔬菜种植面积4.2%。种植业的地理分布情况大致与自然带的分布相一致:针叶林带主要种植黑麦(рожь)、大麦(ячмень)和亚麻(лен);阔叶林和和混合林带种植小麦(пшеница)、燕麦(овёс)、荞麦(гречиха)、土豆(картофель)、蔬菜(овощи)以及果类作物(плодовые культуры);草原带适合种植所有的5类作物,南方地区还适合葡萄种植(виноградарство)和稻谷种植(рисоводство)。近年来,俄罗斯的种植业存在不断萎缩的状态,种植面积有所减少,导致产量有所下降。

2) 畜牧业(Животноводство)

畜牧业在农业生产中是与种植业并重的一个部门,包括养畜(скотоводство)——牛和羊、养猪(свиноводство)、养马(коневодство)、养鹿(оленеводство)和家禽(птицеводство)等,产值超过种植业。养畜业是畜牧业中规模最大的部门,其中养牛业又占主要部分,俄罗斯80%以上的奶和60%的肉都是由该部门提供的。另外,俄罗斯的家禽养殖业比较发达。根据联合国组织的统计,俄罗斯家禽肉的产量2010年达到280多万吨,占到世界鸡肉产量的第七位。这样,俄罗斯基本可以保障居民的鸡肉供应,并减少10%的鸡肉进口。畜牧业的分布情况和种植业有密切的联系,因为后者要为前者提供必要的饲料。在俄罗斯的广大地区,尤其是欧洲地区的中西部和西伯利亚的森林及森林草原地带,到处都可见饲养的大批乳牛和肉用牛。养猪业是继养牛业之后的第二大部门,在整个肉产品中,猪肉的产量约占1/3,产区主要集中在种植谷物和土豆的黑土带及各大城市郊区。养羊业以饲养粗羊毛和半粗羊毛为主,分布在各地,尤以欧洲地区、远东和草原、半荒漠及山区最为集中;细羊毛的饲养发展较快,大多分布在欧洲地区和西伯利亚。养鹿业在西伯利亚和远东的极北地区较为普遍,驯鹿成为俄罗斯北部及东北部地区主要的役畜及肉、乳、毛皮的重要来源。养禽业主要集中在谷物产区和各大城市附近,几乎各地区都建有机械化养禽场(птицефабрика)。此外,北高加索和乌拉尔南部地区的养马业也较发达。近年来,俄罗斯畜牧业的生产同样存在下降趋势,使得俄罗斯必须从国外进口肉食来满足本国市场的需求。

60. 简述俄罗斯的交通现状。

俄罗斯属于交通较为发达的国家,拥有发达的交通网络。俄罗斯有12万多公里的铁路、100多万公里的公路、23万多公里的运输主渠道和10万多公里的河运航道。辽阔的国土和严峻的气候使得俄罗斯必须拥有完备的地面交通,即铁路和管道运输,它们是交通运输的主力军。河道运输在俄罗斯交通运输业上占的比例很小,主要原因是气候因素。公路交通大部分局限于中短距离,如城际、城市、矿区、林区等。

据2010年的统计资料显示,该年运输量达到4.75万亿吨公路,其中铁路运输占42%,管道运输占50%,公路汽车运输占4.1%,海运占到2.1%,河运占到1.1%,航空运输只占到0.1%。

地铁在现代社会已经成为城市交通最为方便的运输方式。自从1863年英国伦敦开通了10多公里的地铁开始,地铁已经成为世界各大城市的首要交通工具。俄罗斯的第一条地铁开通运营于1935年(北京是1969年)。俄罗斯莫斯科的地铁在世界的地铁中人流量位居第二(仅次于美国纽约),里程有近350公里,有4.7公里的单轨高架轨道、车站有188个,另外有6个单轨高架轨道车站。俄罗斯目前有8座城市通有地铁——莫斯科、圣彼得堡、伏尔加格勒、下诺夫哥罗德、新西伯利亚、萨马拉、叶卡捷琳堡和喀山。正在建设和将要建设地铁的有10多个城市(俄罗斯百万人口以上的城市只有13个)。2014年要举行冬季奥运会的索契的轻轨即将开通运营。俄罗斯的城市交通运营时间较长,像莫斯科的所有公共交通工具都是早上5点发第一班车,晚上凌晨1点发最后一班车,并且班次密度较大。

俄罗斯不少人家庭都有别墅,因此私人汽车非常普遍。莫斯科的私人汽车拥有量达到500多万辆。莫斯科属于比较拥堵的城市,其他城市由于人口稀少,拥堵现象不多。

61. 俄罗斯的交通运输业包括哪些主要部门? 俄罗斯有哪几条铁路通向中国?

交通运输业(Транспорт)包括铁路、公路、水路、管道和航空等5种主要运输方式,它们纵横交错、彼此相连,形成俄罗斯统一的交通运输网络。就整体水平而言,其交通运输业的发展水平低于美国和欧盟(Евросоюз)各国。

1) 铁路运输(Железнодорожный транспорт)

铁路是交通运输的主要手段和传统的交通工具。俄罗斯的铁路历史起源于1830年,1837年建成第一条圣彼得堡到皇村的铁路。目前俄罗斯的铁路总长度约占世界铁路总里程的7%,为15万公里以上,但其中近1/2是专用铁路,公共铁路总长度为8.6万公里,不及美国(19.47万公里),目前为世界第二位。通车里程中,约有3.6万多公里为双轨或多轨,4.3万多公里是电气化铁路,占世界第二位(中国从2012年起为第一位,为4.8万公里):北起摩尔曼斯克至高加索、从圣彼得堡到达吉斯坦共和国首府马哈奇卡拉(Махачкала)、从莫斯科至远东的符拉迪沃斯托克等干线全部实现了电气化。其余1/2的铁路均使用内燃机车。铁路网的平均密度大约为8/1 000公里,但分布很不均衡,欧洲部分的中、南、西部地区铁路网稠密,东部地区铁路稀少。莫斯科是铁路运输的中心,有火车站9个,按不同方向发车,共由11条线路呈辐射状分别通向中、西部的圣彼得堡、斯摩梭斯克、下诺夫哥罗德以及东部的叶卡捷琳堡、车里亚宾斯克和奥伦堡等地。连接中、西部和乌拉尔、西伯利亚地区的铁路却比较少,目前只有叶卡捷琳堡—秋明—鄂木斯克(Екатеринбург-Тюмень-Омск)一条干线。

俄罗斯与欧亚大多数国家有铁路运输业务,与30多个国家进行旅客直达运输,开辟有70余条国际直达线路。目前通往中国的铁路就有3条,即经过哈萨克斯坦抵达新疆的被誉为新的"欧亚大陆桥"的铁路;经蒙古至二连浩特的铁路,以及由后贝加尔连接满洲里的铁路。俄罗斯铁路的货物、旅客运输量次于中国、日本之后而居世界第三位。2000年共运送货物10.47亿吨,旅客10.42亿人次。

2008年俄罗斯联邦通过了2030年前铁路运输发展战略,以使俄罗斯的铁路更加现代化,铁路运输更加规范化。这一战略分为二个阶段:2008—2015年为第一阶段;2016—2030年为第二阶段。第一阶段要修建5.1万公里铁路,第二阶段修建10.8—15.5万公里铁路。其中包括加速与欧盟、独联体国家以及中国的铁路建设,也包括在国内更新改造原有老铁路线路,建设高速铁路、通往各大机场的快速铁路、城际间的快速铁路等。

2)公路运输(Автомобильный транспорт)

公路运输是俄罗斯统一运输系统中的重要环节。俄罗斯的公路总长度超过100万公里,但其中11%为土路,只有70%以上为硬质柏油沥青路,占到世界第七位。但是依然有大约40%的居民点没有通公路(指硬质公路),这也与俄罗斯人少地广有很大关系。按照人口对公里的比例来看,俄罗斯每1 000人只有大约5.3公里的公路,高于乌克兰和哈萨克(3.3公里/1 000人和5.0公里/1 000人),但低于美国(13公里/1 000人)和法国(15.1公里/1 000人)。与铁路一样,公路交通枢纽大多集中在中西部地区,东部地区硬质公路稀少。莫斯科是全国公路交通的中心,有10余条高等级公路干线分别通往乌克兰、白俄罗斯以及国内各主要城市。苏联解体后,俄罗斯的公路运输业经历了持续衰退的过程。从2000年到2008年俄罗斯的公路运输步入发展阶段,人员运输比之前增加17%,货运运输增加了41%。

3)水路运输(Водный транспорт)

水路运输包括海运(Морской транспорт)、河运(Речной

транспорт)两大部门。

(1) 海运：作为世界海洋大国的俄罗斯，海洋运输对其国民经济发展和对外贸易都起着举足轻重的作用。俄罗斯与三大海洋相邻，有3.7653万公里的海岸线。苏联的解体，使其丧失了欧洲地区部分通往国外的海运港口。现有大小港口44个，主要分布在太平洋、波罗的海、北海、黑海等沿岸，如波罗的海的圣彼得堡、加里宁格勒，北海的摩尔曼斯克、白海、阿尔汉格尔斯克，黑海的新罗西斯克(Новороссийск)，远东海域的纳霍特卡(Находка)、符拉迪沃斯托克、瓦尼诺(Ванино)、东方港等。这些港口承担着俄罗斯对外贸易80%的货物运输任务。

(2) 河运：俄罗斯的内陆水系发达，河流总长度超过101.6万公里，内河运输的比重占到总运输量的3.9%。

俄罗斯最主要的河运是伏尔加-卡马河(Волго-Камский судоходный канал)水路，其运力占到内河运输的40%。拥有欧洲第一大河——伏尔加河，通航里程达1.7万公里。欧洲部分还有北地维纳河及其流域，苏霍纳河、奥涅加河、涅瓦河等。其中除上述天然河流外，俄罗斯还拥有4条大运河：长227公里的"白海—波罗的海运河"(Бело-Балтийский судоходный канал)、长128公里的"莫斯科运河"(Канал Москвы)、长101公里的"伏尔加—顿河运河"(Волго-Донский судоходный канал)和长368公里的"伏尔加—波罗的海水路"(Волго-Балтийский водный путь)。以上运河使首都莫斯科成为名副其实的"五海之港"——可以直通黑海、亚速海、里海、波罗的海和白海。

西伯利亚有鄂比河，运量居全国第二位，全程4338公里河段均可通航，还有叶尼塞河、勒拿河等。这些河流主要承担着往边远地区运输木材、食品和工业产品的任务。由于铁路不发达，西伯利亚河流的作用就显得更加重要。这些河流将西西伯利亚和东西伯利亚的南部地区与极地相连接。鄂比河和额尔齐斯河还承担着运送秋明油田石油的任务。鄂比河的航运长度为3 600公里，叶尼塞河为3 300公里，勒拿河为4 000公里，然而，它们的通航期只有4—5个月。远东地区的河运干线是阿穆尔河。

4）管道运输（Трубопроводный транспорт）

俄罗斯管道运输起始于20世纪50年代。管道运输是一种专业化运输，仅局限于对石油及其产品和天然气的输送。俄罗斯的管道均为大口径管道（1 220和1 420厘米）。俄罗斯共有21万多公里长的输油、输气管线，其中输气管线15.2万公里、输油管线6.1万公里，其生产的99%的石油、55%的石油产品和100%的天然气及相当部分的石油产品都是靠这些管道运输的。

输油管网主要有："友谊"输油管道属于中央—欧洲管线（Центрально-европейская трубопроводная система），北部向波兰、德国输油，南部向捷克、斯洛伐克、匈牙利、克罗地亚（Хорватия）和南斯拉夫（Югославия）等西欧和东欧国家输油；波罗的海管线（Балтийская трубопроводная система）主要输向原波罗的海3个加盟共和国；里海—黑海—地中海管线（Каспийско-черноморско-средиземноморская трубопроводная система）是主要将阿塞拜疆、哈萨克斯坦、土库曼斯坦的石油经过俄罗斯输向欧洲其他国家以及连通俄罗斯到中国东北大庆的输油管道；还有从阿里米季耶夫斯科经过下诺夫哥罗德—梁赞到莫斯科、从萨马拉到奥德萨等多条输油管道。

输气管线也在全国形成纵横交错的网络，建立起统一的天然气供应系统。有从萨拉托夫到莫斯科的输气管道(840公里),克拉斯诺达尔到圣彼得堡的输气管道;有从俄罗斯西部通往西欧和东欧国家的输气管,长达4 451公里,还有从俄罗斯奥伦堡通过乌克兰到达西欧和东欧的管道。此外,还有几条输气管线正在修建或者已经建成:"蓝色气流(天然气)"管线(Голубой поток)全长1 213公里,从斯塔夫罗波尔边疆区到克拉斯诺达尔边疆区,设计年输送天然气160亿立方米;"亚马尔—西方管线"(Ямал—Запад)全长5 350公里,从亚马尔半岛到欧洲国家,设计年输送天然气650亿立方米;以及"俄罗斯—中国管线"(Россия-Китай)、从西伯利亚到海参崴等输气管道。

除了输气、输油管道以外,俄罗斯还建有大型的食物运输管道。目前有3条已经建成的管道:乌法—布列斯特;乌法—奥姆斯特—新西伯利亚;下卡姆斯科到敖德萨。

管道运输方便、快捷、安全和经济,是颇有发展前景的运输工具。

5) 航空运输(Воздушный транспорт)

航空运输是运输业上价格较高的运输方式,而且也受运输物体一定的限制,因此航空运输大部分用在旅客的运输上。特别是在俄罗斯北部地区,由于地域广柔,直升飞机在这一地区起着非常重要的作用,由其运输货物、生产项目的工作人员以及进行医疗救助等等。

航空运输的中心是莫斯科、圣彼得堡、北高加索的各个疗养地、叶卡捷琳堡、新西伯利亚、伊尔库兹克、哈巴罗夫斯克以及符拉迪沃斯托克。莫斯科是俄罗斯航空的中心枢纽,有5个民用机场,与世界各国都有通航。莫斯科的航空运输力量占到全国的80%(2011年统计)。从1991年到2012年俄罗斯的机场数从

1 450 减到 315 个,下降幅度也是比较大的。运输的货物量从 1980 年的 240 万吨下降到 2010 年的 110 万吨。旅客运输量从 1980 年的 660 万人下降到 2010 年的 590 万人。

中国航空有多家公司与俄罗斯通航,包括中国国际航空公司、南方航空公司、东方航空公司、海南航空公司等,可以直接抵达莫斯科、圣彼得堡、伊尔库兹克、叶卡捷琳堡、哈巴罗夫斯克、符拉迪沃斯托克等城市。

62. 俄罗斯有几大通讯公司?

俄罗斯领导通讯行业的是俄罗斯大众传媒与通讯部(Минкомсвязь России)。通讯业(Связь)在俄罗斯得到迅速发展和普及。目前的通讯业包括有线通讯、无线通讯、网络通讯等几大类。有线通讯又包括电话、电报、电视、数据传递、传真;无线通讯则有手机通讯、无线电广播、电视广播等;网络通讯主要指因特网(Интернет)和局域网的电子通讯。

在俄罗斯,办理通讯业务的机构为电报局(Телеграф)。全国建有统一的自动通讯网(EACC),其中包括全国自动化交换台电话网(OAKTC)、全国电报通信网(OГCTC)和全国电视节目分配网以及全国数据通信网等。但总的来看,俄罗斯通讯业的现代化水平远不及西方发达国家和一些发展中国家。从 1992 年开始,俄罗斯对通讯市场开始进行私有化改造,采取的方式是将原国有企业股份制化,其结果是 83% 的通讯业务被 4 家股份公司所垄断,它们是通讯投资集团公司(Инвестиционная компания связи, Связьинвест)、电信系统公司(Система телеком)、阿尔法通讯集团公司(Альфа-групп)、电信投资公司(Телекоминвест)。

其中由"俄罗斯电信"(Ростелеком)控股的"通讯投资集团公司"垄断了国内长途电话70%的市场。

在无线通讯方面,俄罗斯当地无线运营公司主要有三个:MTC(1992年成立);麦家风(Мегафон,1994年成立)和通讯通(Вымпелком,Билайн)(1992年成立)。这三大公司占有俄罗斯移动市场的80%以上的客户,因此被称为俄罗斯移动市场的"三巨头"。另外,还有一些地方性的小公司,如:乌拉尔通讯公司(Уралсвязьинформ)建于2002年,是由乌拉尔地区的几个小的通讯公司组合而成,主要服务区域为乌拉尔地区,大约有600万客户;斯马尔特斯公司(СМАРТС)建于1996年,主要服务区域为伏尔加流域中部地区的15个区域,大约有350万客户;贝加尔电讯公司(Байкалвестком)成立于1995年,主要服务伊尔库斯克区250万客户;乌兰乌德手机网(Улан-Удэнская сотовая сеть)主要服务布里亚特区大约60万客户;中央电讯公司(ЦентрТелеком)服务于俄罗斯中央区域的大约10万客户;远方通讯公司(Дальсвязь GSM)主要服务于勘察加地区和马加丹地区的8万客户等区域性的公司。

俄罗斯移动电信系统公司(MTS)在全球大型移动通讯运营商中居第八位(2009年)。根据 AC&M Consulting 公司2012年报道,俄罗斯到了该年第三季度拥有手机卡的数量达到2.2982亿人,这样俄罗斯每100人平均拥有160.9个手机卡。莫斯科拥有手机电信卡的达到3655万人。俄罗斯最大的 MTC 公司占到全国手机通讯份额的31%,麦家风公司占到27%;通讯通公司占到24%。

中国的华为公司、中兴公司以及中国移动等公司均和俄罗斯的通讯公司有合作。

63. 俄罗斯商业和服务业状况如何？

商业和服务业是俄罗斯国民经济中的一个独立部门，它主要指由个人消费所引起的商品流通以及与居民日常生活联系密切的社会服务的项目、形式等，即我们平常称作的"第三产业"。俄罗斯的商业和服务业与苏联时期最大的不同是全天候的服务，苏联时期饭店晚上吃饭大多要预定，没有预定一般吃不上饭，商店星期天不营业。现在几乎所有商业系统星期天都不休息，饭店的数量也成倍增长，而且外国的餐饮业也非常普遍，中国餐馆在莫斯科就有近 200 家。

1）商业（Торговля，Бизнес）

商业作为俄罗斯国民经济的重要部门之一，近几年来发展较快。俄罗斯的商业按所有制性质可分为 3 种：国有商业（Государственная торговля）、合作社商业（Кооперативная торговля）和个体商业（Частная торговля）。商业的形式又分为批发和零售（сектор оптовой и сектор розничной торговли）。商业发展的水平与人民群众的生活舒适程度、人口数量和密度、大众的富裕程度以及商业服务业点的基础建设和服务水平有很大关系。当然与其大众的消费水平以及国家经济稳定状况等主要指标也有极大的关系。目前占主导地位的是个体商业，占整个商业企业的 96%。合作社商业主要指通过股份制商业企业或消费合作社经营的商业，是继个体商业之后居第二位的商业形式，但数量已经非常有限。从就业人数看，2007 年从事零售商业的从业人数超过 700 万，商品流通增加了 6 倍，从 1999 年到 2007 年俄罗斯零售业的劳动生产力增加了两倍多，即从 15% 增长到 31%。2010 年俄罗斯零售业总量占世界第八位、欧洲第四位，次于法国、德国和英国。2011年俄罗斯零售业增长9.5%,加上俄罗斯人口在欧洲为大国,其国内消费会在2013—2014占据欧洲第一。俄罗斯的商业批发远远不及零售业,2013年批发流通只增加3%,但占到国民经济总值的10%。从城乡在商业交易额中所占的比重看,城市占92%(其中莫斯科就占近30%),农村只占8%;按个别商品交易的价格比重看,肉及其制品交易额占9.8%,酒类商品交易额占9.3%,缝纫制品额交易占8.9%,小轿车交易额占6%,其他依次为皮鞋4.9%、粮食3.8%、针织品3.7%、药品3.1%、糖果点心2.8%、鱼及其制品2.7%等。以上商品的消费约占整个居民商品消费的55%。到2008年俄罗斯的批发业同比2000年每年以10%的水平在增长,零售业也增长7%。商品销售额2008年达到32.146万亿卢布,使其在国家总收入中占到21%左右。

2) 服务业(Услуга,Сервис)

还在苏联时代,俄罗斯人就重视服务业的发展,服务业的网点比较广泛,方便群众。俄罗斯服务业涵盖的项目非常广泛,既有传统项目,如饭店,为居民日常生活服务的医疗、公共交通、制衣、洗衣、修鞋、家电维修、家具制作、照相等,也有现代项目,如文化娱乐、保健、旅游、体育、传媒、金融服务、社会保障、法律咨询等。

传统服务项目(Традиционные услуги)

总的来看,近年来俄罗斯传统项目的服务呈现出以下几个特点:

(1) 发展速度快。突出表现为城市和农村地区的生活服务企业的数量比1991年前有较大增加,服务网点增多,网点建设比较规范,老百姓能够享受更多的方便。有资料显示,从1997年起,服务额(объём услуг)年均增长6%—7%;

(2) 新增项目多。如由过去的洗衣、理发、医疗新增了化学干洗、美容美发和保健等项目,且后者的发展速度明显快于前者;

(3) 私有化程度高。据统计,1994 年时该服务行业的私有化成分只有 72%,国有成分仍占到 28% 的份额。但目前几乎 100% 实现了私有化或个体化;

(4) 有偿服务范围大。1990 年前,国家对居民生活的许多项目实行无偿或补贴服务,现在基本上全部实行有偿服务,国家只对少数几个项目(如医疗保健、公共交通等)或某个特定阶层(如老战士、养老金获得者等)实施补贴服务;

(5) 服务质量有待改善。与西方发达国家相比,俄罗斯居民生活服务业的服务水平仍然有待提高,服务效率也较为低下,服务业低人一等的传统观念短时内还难以从根本上消除。

现代服务项目(Современные услуги)

现代服务包括的项目很多,限于篇幅,只介绍其中有代表性的咨询业一项。

咨询业(Консалтинг)对俄罗斯来说基本上是一种新兴的行业,它主要包括 4 个分支部门:管理咨询(управленческий консалтинг)、法律和税务咨询(правовой и налоговый консалтинг)、财务咨询(финансовый консалтинг)和医疗服务和设计咨询(консалтинг в сфере медицинского обслуживания и проектно-конструкторских работ)等。应该说,现阶段的俄罗斯咨询业比起西方还不够发达,基本业务主要由国际性的专业大公司经营,如 IBM 世界咨询服务公司(IBM Global Services)、安德森咨询公司(Andersen Consulting)等。当然,也有一些本国的公司在经营综合性咨询业务,如俄罗斯技术鉴定咨询公司(Росэкспертиза)、俄罗斯审计咨询公司(Русаудит)、БКГ 管理咨询公司（БКГ Менеджемент Консалтинг）、国家评估咨询公司（Национальное агентство оценки и консалтинга）等，约占俄罗斯市场总份额的 20%—25%。另外还有一些地域性的小公司，占市场总份额的 5%—10%。尽管俄罗斯的咨询业还处于起步阶段，但年发展速度却很快。有资料统计，1991—2000 年咨询收入平均每年以 10 倍的速度增长，10 年间增加了 100 倍。2000 年咨询业纯收入达 36.6 亿卢布，其中财务审核、税务咨询、会计核算咨询等分别占 28.2%、28.1% 和 27.2%，其他咨询占 16.5%。莫斯科是现代咨询业中心，俄罗斯年咨询总收入的 80% 是由该市的咨询公司及外国咨询代表机构完成的。

64. 俄罗斯旅游业情况如何？简介中俄旅游发展状况及其前景。

还在苏联时期俄罗斯人就喜欢旅游，这与他们的节假日以及休假制度有很大关系，俄罗斯的公民都享有一个月的带薪休假。苏联时期他们就可以去东欧社会主义国家出国旅游。根据世界旅游组织的资料，俄罗斯是世界旅游大国之一。目前，全球性的旅游热在当今的俄罗斯也表现得十分突出，因此旅游业是整个国民经济体系中效益最好的部门之一，也是一个快速发展的行业。旅游业包括的门类众多，有学生游、老年人游、豪华游、汽车游、火车游、购物游、休闲游、运动休闲游、文化游、生态游等。

近年来俄罗斯的旅游发展速度较快，旅游业带动了国民经济的发展，成为新的增长点。据统计，到 2011 年底全国共有各类旅行社（Туристическая фирма）10266 多家，其中大的旅游公司有：

特斯旅游公司(Тез тур),其 2004 的营业额达到 1.63 亿美元;莫斯科特列维尔旅游公司(Мостревел);佩佳斯旅游公司(Пегас-тур)是一家土耳其公司;资本旅游公司(Капитал Тур)、娜达丽旅游公司(Натали Тур)、俄罗斯棒球旅游公司(Ланта Тур)、浮冰群旅游公司(Пак Групп)、UTE 公司、梅加泼利斯旅游公司(Мегаполис)、涅瓦旅游公司(Нева);模范服务旅行社(Академсервис)、国际旅行社(Интурист)、塔利图尔旅行社(Тари Тур)等。成立于 1990 年的模范服务旅行社是目前俄罗斯国内最有名的旅行社之一,它在前苏联 15 个加盟共和国的 110 多个城市都自己的宾馆及分支服务机构;国际旅行社是国内最老的旅行社之一,迄今已有 70 多年的历史,有众多的俱乐部会员,并设"贵宾服务中心"(VIP-центр),在国际上享有较高声誉。

由于俄罗斯地域广大,各个季节均有特色,旅游地也在不断开发和增加。目前比较著名的旅游地是俄罗斯境内的由科教文组织认定的 25 个世界遗产地。俄罗斯地大物博,各地均有自己特色的旅游线路、特色项目。就大的旅游路线来讲主要有莫斯科、圣彼得堡、高加索矿泉城、高加索西部的国内著名的旅游地之一克拉斯钠亚波利亚纳(Красная Поляна),贝加尔湖、索契、哈卡斯共和国(Республика Хакасия)、萨彦戈尔斯克(Саяногорск)、克拉斯诺达尔边疆区、斯达夫罗泼尔地区、加里宁格勒地区的疗养地,高加索、西伯利亚的滑雪旅游休闲地,俄罗斯极地国家公园的冰上游,西伯利亚铁路大动脉的火车游,勘察加岛和沿海地区的火山游等。俄罗斯政府还发布了《2011 年—2018 年俄罗斯出入境旅游业发展纲要》,要在风景最美丽和旅游人数多的地区建设"旅游经济特区"(туристические особые экономические зоны)。

另外,最近几年俄罗斯的旅游接待水平也在不断提升并与国际接轨。俄罗斯的饭店数量从 2009 年的 7 410 增加到 2011 年的 8 406 个；旅游基地从 2009 年的 141 个增加到 2011 年的 158 个；国家自然保护区也从 2009 年的 101 个增加到 102 个；另外，俄罗斯的各类博物馆有 2 631 个，各类专业剧院剧团有 618 个以及各类众多的疗养院和体育场所。

国外旅客去俄罗斯旅游的人数不断增长，成为俄罗斯经济中不可多得的新的增长点。根据俄罗斯统计局的资料显示，从 1995 年到 2011 来俄罗斯的外国旅客增加了 27%。2011 年游客增加最多的是德国游客，其次是中国游客，第三位是美国游客。中国游客是赴俄游客中增长速度最快的，2011 年增长幅度为 48%，使得赴俄游访的外国人数达到 2 400 多万人，比 2010 年增长 11%。到 2012 年底赴俄的外国人数增加到 2 800 万人。而来自东欧原社会主义国家如斯洛文尼亚（Словения）、匈牙利（Венгрия）、保加利亚（Болгария）、斯洛伐克（Словакия）和捷克（Чехия）等国的游客也占有相当的比重，并首次出现快速增长的态势(2000 年比 1999 年分别增加 4 倍左右）；从外国游客赴俄罗斯旅游的目的看，公务旅行（деловая поездка）的外国游客占 37%。

俄罗斯人的出国旅游也已经由苏联时期的东欧旅游变成了世界旅游。俄罗斯的富人一般喜欢去欧洲，特别是法国、意大利、瑞士、德国、英国等地，较为富裕的人去希腊、土耳其等欧洲国家。另外俄罗斯的大部分民众喜欢去黑海、亚速海、克里米亚和喀尔巴阡山去休闲旅游，去非洲埃及也是俄罗斯不少人的喜爱。自从中国 1985 年为苏联切尔诺贝利核电站受伤人员提供在中国三亚疗养后，中国三亚也成为俄罗斯人，特别是俄罗斯东部地区老百姓喜爱的旅游疗养地。每年俄罗斯赴三亚旅游的人数在 50

多万。

俄罗斯境内游的人数超过出境游,2010年为3 200万人。资料显示,2011年上半年,俄罗斯的境内游人数比上年增加了10%。然而国内观看圣彼得堡"白昼"的人数有所下降。

中国与俄罗斯于2005年7月签署了互免旅客签证的法律文件。2011年,中俄旅游互访人数近335万人,俄罗斯已成为中国第三大客源国,而中国也是俄罗斯第二大客源国,此外,中俄双方商定2012年在中国举办"俄罗斯旅游年",2013年在俄罗斯举办"中国旅游年"。中国旅游研究院在研究报告中指出,互办"旅游年"是中俄两国合作的新亮点,大力推进中俄旅游合作不仅可以带动两国产业结构的转换与升级,而且可以实现两国经济的快速发展。未来两国旅游发展的前景非常广阔。

俄罗斯目前的旅游接待能力在每年4 000万人次,现在还没有达到预定目标。俄罗斯的旅游业还有进一步提升的空间,只要不断改进服务质量、尽快与国际接轨,就能吸引更多的游客。

65. 俄罗斯有哪些历史名城?"莫斯科金环"包括哪些城市?

根据2002年俄罗斯联邦关于历史古城保护和发展纲要中列举的一个有478个古城的名单,莫斯科州在联邦主体中就有包括莫斯科在内的22座历史古城,占领先地位。另外,整个圣彼得堡作为联合国科教文组织世界遗产的城市也是一座历史名城(建于1703年)。俄罗斯依据下列标准将城市分为:100万居民以上的城市属于大型城市,占到名单中的2.5%;15万到100万居民的为大城市,占到17.3%;5万到15万的为中等城市,占17.7%;不到5万居民的城市为小城市,占到51.7%;小城镇和村庄没有具体居民数,占到10.8%。2010年,俄联邦文化部对2002年的古城名单进行了较大的削减,幅度达到10倍多,最后只剩下41个城市:亚速(Азов)、阿尔扎玛斯(Арзамас)、阿斯特拉汗(Астрахань)、别洛泽尔斯克(Белозерск)、大乌斯久克(Великий Устюг)、上图里耶(Верхотурье)、弗拉基米尔(Владимир)、沃利斯克(Вольск)、维堡(Выборг)、加利奇(Галич)、戈罗霍韦茨(Гороховец)、杰尔滨特(Дербент)、叶拉布加(Елабуга)、叶列茨(Елец)、叶尼塞斯克(Енисейск)、扎赖斯克(Зарайск)、伊尔库兹克(Иркутск)、卡尔戈泼尔(Каргополь)、卡西莫夫(Касимов)、基涅什马(Кинешма)、科洛姆钠(Коломна)、科斯特罗马(Кострома)、克拉彼夫纳(Крапивна)、恰克图(Кяхта)、奥斯塔什科夫(Осташков)、普廖什(Плёс)、罗斯托夫(Ростов)、圣彼得堡(Санкт-Петербург)、斯摩棱斯克(Смоленск)、索利维切戈茨克(Сольвычегодск)、旧切尔卡斯克(Старочеркасск)、苏兹达尔(Суздаль)、塔甘罗格(Таганрог)、托木斯克(Томск)、拖尔若克(Торжок)、托罗佩茨(Торопец)、拖季马(Тотьма)、图塔耶夫(Тутаев)、奇斯拖泼尔(Чистополь)、舒雅(Шуя)和雅罗斯拉夫尔(Ярославль)。

俄罗斯"金环"指的是一组以莫斯科为中心、围绕莫斯科周围的具有历史和文化纪念意义的古城,是俄罗斯传统的旅游线路。它们分别归属5个不同的州:莫斯科州、弗拉基米尔州、伊万诺沃州、科斯特罗马州和雅罗斯拉夫尔州。一年四季可以去俄罗斯"金环"旅游参观。目前,有大和小"金环"之说,大"金环"只是各个旅游公司在传统的"金环"上加的几个小城市,例如只有4

万人左右(2005年)的雅罗斯拉夫尔州的乌戈里奇等。俄罗斯公认的"金环"包括8座城市：

1) 谢尔吉耶夫—泼萨特(Сергиев-Посад)，位于莫斯科州，距离莫斯科71公里，建于1337年，苏联时期称为扎戈尔斯克(Загорск)，人口11.4万(2005年)，城中有金光闪闪的东正教教堂建筑群，是俄罗斯较早的东正教堂。其次该城以生产制造木雕和俄罗斯套娃而闻名于世。

2) 佩列斯拉夫尔—扎列斯基(Переславль-Залесский)属于雅罗斯拉夫尔州，居民4.29万人(2005年)，由莫斯科的缔造者"长臂尤里"于1152年建立，是当年彼得大帝操练舰队的地方，有众多的博物馆。

3) 大罗斯托夫(Ростов Великий)，属于雅罗斯拉夫尔州，距离雅罗斯拉夫尔53公里，距离莫斯科202公里，人口3.36万(2005年)，建于862年，是古代罗斯东北地区的重镇。之所以称之为"大"，是要和顿河的罗斯托夫相区别。罗斯托夫是宗教圣地，至今保存有1883年建立的古代教堂圣像博物馆，有保存完好的罗斯托夫克里姆林宫，1995年被列入俄罗斯文化遗产。

4) 雅罗斯拉夫尔(Ярославль)，雅罗斯拉夫尔州中心，人口60.37万(2006年)，建于大约1010年。该城以17世纪建造的众多教堂而闻名于世，有俄罗斯最为古老的剧院(沃尔科夫剧院，1750年)，在教堂的图书馆里，1790年发现了俄罗斯最早的文学作品《伊戈尔远征记》(Слово о полку Игореве)。

5) 科斯特罗马(Кострома)是科斯特罗马州的中心，伏尔加河岸的一个码头，人口27.59万(2005年)，位于莫斯科东北，距离莫斯科330公里，建于1152年。该市以古老教堂建筑闻名，被称为罗曼诺夫王朝的故乡，叶卡捷琳娜二世曾经到过此地，并授予该市市徽。

6）伊万诺沃（Иваново）位于俄罗斯中央，是伊万诺沃州的行政中心，人口 41.82 万，建于 1871 年。该市是俄罗斯古老的纺织城（称为"姑娘城"），1905 年在该城建立了第一个俄罗斯工人代表苏维埃（称为"第一座苏维埃城"），因此以这两个名称而闻名于世。

7）苏兹达尔（Суздаль）属于弗拉基米尔州，人口 1.12 万人，建于 1778 年，从 1024 年就有历史记载，距离弗拉基米尔市 26 公里。该城以教堂而闻名，至今还保留有 11—16 世纪的教堂，1967 年成为"博物馆市"，1978 年被联合国科教文组织授予"世界遗产城市"。

8）弗拉基米尔（Владимир）是弗拉基米尔州政府所在地，人口 34.07 万人（2006 年），距离莫斯科东北 190 公里。该市以众多教堂而闻名于世。

66. 资源潜力有哪些类型？俄罗斯的资源潜力情况如何？

资源潜力（ресурсные потенциалы）是经济发展必备的基本要素之一，其内涵是自然资源、人力资源、财力资源、技术设备资源以及制度潜能、创新潜能等的总和。

国民经济的发展需要有资源潜力的挖掘和融入世界经济一体化的进程。俄罗斯在自然资源方面具备较为明显的优势，但人力资源比较匮乏，财力资源还不够丰富，制度资源还有待进一步完善和提升，这些都制约和阻碍着其成为世界性的经济大国。在对外经济联系方面,俄罗斯融入世界经济的步伐正在加快,对外贸易额呈现逐年提高的态势。尤其是与中国多领域、多层次的经贸往来和科技合作显现巨大的发展潜力,将成为推动其经济发展的新的动力源泉。以下就其资源潜力的类型分别作简要论述:

1) 自然资源(Природные ресурсы)

按照俄罗斯国土面积(1 707.5万平方公里)占世界陆地总面积的11.5%计算,俄罗斯在世界自然资源中所拥有的份额应在10%—13%之间。而其各种已探明的矿产(полезные ископаемые)资源储量所占的具体比重却不相同,依次为:磷灰石(апатиты)64.5%,天然气(природный газ)35.4%,铁(железо)32%,镍(никель)31%,煤(каменный уголь)30%,褐煤(бурый уголь)29%,锡(олово)27%,钴(кобальт)21%,锌(цинк)16%,铀(уран)14%,石油(нефть)13%,铅(свинец)12%,铜(медь)11%,金(золото),铂(платина)和金刚石(алмаз)5%—30%,再生水资源(возобновляемые водные ресурсы)11%,森林(лесной массив)9%(或非热带林65%),耕地(сельскохозяйственное угодье)4.6%。以上可以看出,俄罗斯大部分矿产资源在世界所占的比重比其国土面积所占的份额要大得多。据世界银行估计,俄罗斯的矿产储量为10万亿(10 триллионов)美元,而巴西(Бразилия)为3.3万亿美元,中国只有0.7万亿美元。而俄罗斯专家对本国自然资源的预测则比世界银行的估计要高得多,仅天然气和石油储量就分别达到9.2万亿和4.5亿美元,已探明的资源储量占到世界资源总量的21%,在世界各国综合国力评估中排名第一。有专家认为,如果世界自然资源用"6分制"(шестибалльная шкала)来进行评估的话,那么俄罗斯可以得5分。

2）人力资源（Человеческий капитал）

人力资源指从事生产劳动人员的数量和质量（职业技能培训的程度）。就数量而言，据统计，2000年俄罗斯共有各类正规的从业人员7 150万（不包括退休后从事阶段性工作的人员），其中男性3 720万、女性3 430万，居中国（5.95亿）、印度（3.15亿）、美国（1.29）亿、印尼（7 900万）之后，列世界第5位，但远远超过日本（6 600万）、巴西（6 200万）和德国（4 000万）。在人力资源的质量上，由于俄罗斯在教育、科技等方面有传统的优势，因此每3名从业人员中就有1人受过高等或中等专业教育。不足的是，在职业技能培训方面却因外语掌握程度不高和计算机技能欠佳等原因而落后于许多国家。此外，独立后的近10余年间，连续的经济衰退已迫使数万名熟练技工和专业人员赴国外谋生或定居，造成高素质人力资源比重的下降。

3）财力资源（Финансовый капитал）

财力资源通常是按照获取国内银行贷款的利率（即体现国内货币价格的提供资金率）来计算的。如以此推算，2001年12月日本为0.02%，美国为1.8%，欧元区国家（страны зоны евро）为3.4%，印度是6.3%，波兰是12.7%，巴西是19%，而俄罗斯则是25%。2000年，所有俄罗斯银行的总资产只有570亿美元，仅占世界银行总资产的0.15%。在世界证券市场上，俄罗斯的份额也只占0.2%（即25万亿中的500亿）。资金严重短缺，已成为制约俄罗斯经济发展及经济走向的重要变量之一。近几年来，随着国内经济的全面复苏和出口石油、天然气价格的持续走高等，俄罗斯的财力资源有较大增强，不仅提前偿还了国际货币基金组织和巴黎俱乐部各债权国100多亿美元的债务，其外汇储备至2005年底已达到1 700多亿美元，居日本、中国、中国台湾、韩国之后而列世界第五位。

4) 技术设备资源(Технологический капитал)

技术设备资源的优劣直接关系到劳动生产率的高低。早在勃列日涅夫执政时期,俄罗斯就拥有数百个科研所和数十万科研人员,但科学发展的总体水平依然落后于欧美主要发达国家。戈尔巴乔夫上台后,试图从西方获得先进的技术设备,以使工农业生产现代化,但并没有取得明显成效。叶利钦总统执政时,对技术设备更新的投资大为减少,1991、1992 和 1993 年分别比上年减少 15%、40% 和 12%。在具体的工业部门,如机器制造业和冶金加工业的技术设备投资减少 50%,农业机械的投资额更是锐减,达 75% 以上。尽管外国对俄罗斯经济的投资呈逐年递增的趋势,但有专家估计,其要在 2010 年实现 GDP(俄语缩写为ВВП)翻一翻的宏伟目标,至少需要 1.1 万美元的外国投资。2000 年,俄罗斯在 4.8 万亿美元全球直接投资中所占的比重只有 0.1%(约 44 亿美元),其中 1/3 被用于食品工业、商业和饮食业,用于机器制造业的只占 4%—6%。技术的落后,导致生产产品的高成本。有资料显示,俄罗斯每生产价值 100 美元商品其所消耗的原料是发达国家的 1 倍,而能源和电力的消耗则高达 4 倍多。

5) 制度、创新潜能(Институциональный и инновационный потенциалы)

如果说自然、人力、财力和技术设备资源是衡量一个国家资源潜力的"硬件"的话,那么制度、创新潜能就是其"软件"建设。制度潜能就是制度建设的程度。如上文所说,俄罗斯财力资源外流严重的情况,首先就与该国实行的相关制度有直接的联系;再如市场经济体制建设方面,《2002—2003 全球竞争力报告》公布的数据表明，与其他转型经济国家相比，在"政治决策的透明度"、"官僚腐败的水平"以及"税务系统的效率"等方面，俄罗斯远远落后于罗马尼亚、保加利亚、波兰和捷克等东欧国家。经济活动中管理混乱、有法不依、营私舞弊等现象十分普遍，已成为严重的社会问题。据世界银行统计，在俄罗斯，中央银行所发放的1/2的贷款、联邦总统颁布的1/3的法令以及法院做出的1/4的判决等，都可以用金钱买到，足以说明俄罗斯在制度建设方面的严重滞后性。

创新潜能主要指一个国家的创造和发明的数量和质量。有资料统计，1993年俄罗斯申报的各类发明和专利共4.4万项，1999年上升到19.1万项，证明其在该领域具有相当的实力。此外，俄罗斯在一系列高技术领域（如航天技术、合成材料、动力工程、医疗、制药等方面）仍居于世界领先的水平。

除上所述，资源潜力中的"软件"还应该包括"信息潜能"（информационный потенциал），即互联网、大众传媒等建设情况；"基础设施潜能"（инфраструктурный потенциал），应涵盖交通运输及邮电通讯的建设程度等。最后，可以用这样几句话来概括俄罗斯的资源潜力情况：巨大的自然资源储量，优势显著的人力资源和创新潜能，中等水平的技术设备资源，短缺的财力资源和制度潜能。

67. 俄罗斯的经济实力与苏联相比发生了哪些变化？

曾一度，在世界各经济发达国家中，苏联被认为是经济发展建设速度较快的少数几个国家之一。从 GDP 的增长速度看，20世纪50年代平均增长10%，60年代为6%—7%，70年代上半期为6.4%，都超过了除日本以外的所有发达的资本主义国家。苏联官方资料统计，1955—1975年的20年间，其经济实力大体上翻了两番：1964年的国民收入和工业产值分别相当于美国的59%和62%，到1975年与美国国民经济收入的比值已上升到67%和80%，占世界GDP的14%。从20世纪80年代中期起，苏联经济增长速度开始减慢，经济实力呈下降趋势。尽管如此，据官方统计，1988年国民收入仍为美国的64%，工业产值为79%，人均国民收入为57%。在1989年公布的27种主要工业和农业产品中，有17种产品的数量超过美国，如石油、天然气、生铁、钢、水泥、化肥、拖拉机、纺织品、牛奶、砂糖等。因此苏联给人以世界第二经济大国的强烈印象。

俄罗斯的经济实力及其在世界上所处的地位并没有因为国家独立而得到加强或保持，相反却大为削弱。如1992—1996年的5年间，其经济衰退所造成的损失已大大超过5年伟大卫国战争的损失：1940—1945年苏联的GDP下降不到25%，国民收入下降17%，工业产值下降8%，农业产值下降40%。而1992—1996年，GDP下降42.8%，工农业产值分别下降68.5%和38.8%；据统计，1992年俄罗斯GDP仅占世界总量的3.4%，为美国的13%（已低于1913年的水平），日本的30.6%，德国的52.3%，中国的47.2%。在世界排名榜上已降到欧洲的第5位和世界的第9位。

进入21世纪后，俄罗斯国内政局比较稳定，经济出现了增长现象。GDP总产量2002年增加了10%，2004年至2008年均以6%左右的速度增长。贫困线以下的居民数从2000年的29%降低到 2007 年的 13%。从 1999 年到 2008 年,工业领域内的加工行业增长了 77%,2007 年俄罗斯的黄金储备量升到历史最高,达到 3 030.9 亿美金,占到世界第三位(除中国、日本外)。2008 年的世界经济危机也影响到俄罗斯的经济发展,俄罗斯的一些部门也出现了危机现象,2009 年 5 月俄罗斯 GDP 比往年同期下降了 11%,2010 年第一季度 GDP 增长了 2.9%,工业产值增加了 5.8%,使得俄罗斯在八国集团中占据了第二位(日本第一),2010 年—2012 年俄罗斯 GDP 总量占世界第六位。俄罗斯的经济总量在世界经济中占 4.1%。2011 年的资料显示,在俄罗斯 GDP 中,各行业的比重分别为:农业、林业和捕鱼业占 3.6%,采矿业占 9.1%,加工工业占 13.6%,能源、天然气和水占 3.2%,建筑业占 5.5%,商业占 16.2%,运输和通讯占 7.5%,教育和医疗卫生占 5.7%,财政和服务业占 14%,国家管理和军事安全占 5.0%,食品税收占 25.1%。按照俄罗斯人的话来说,今天俄罗斯人民的生活水平并不比苏联 80 年代差。

68. 俄罗斯对外贸易的政策和措施表现在哪些方面？俄罗斯对外贸易的发展状况如何？

1）对外贸易体制与制度（Система и строй внешней торговли）

俄罗斯独立后在经济领域实行"休克疗法",宣布废除国家对外贸活动的垄断制,实行对外贸易的自由化。1992 年 1 月 25 日,也就是宣布全面放开物价后不到 1 个月,叶利钦总统就颁布命令宣布:放开对外经济活动,所有境内企业,不论其隶属哪个部门和采取何种所有制形式,都有权从事对外经济活动;取消国家过去对企业参与对外经济活动的各种禁令和限制,缩小许可证和配额管理进出口业务的范围等。随后,俄罗斯政府根据上述总统令和有关私有化的法律、法规,制定并实施了一系列对外贸易自由化的政策和措施:

第一,废除外贸的国家垄断制,彻底下放外贸经营权。规定:凡在俄罗斯境内注册的企业均可从事对外贸易活动;原国有外贸企业必须进行私有化改造,组建一批独立核算、自主经营和自负盈亏的外贸公司。

第二,开放市场,取消进出口商品限制。1992年起,除燃料和原料商品外,取消一切商品的进口限制,包括关税制、配额制和许可证制等。1996年起又取消了燃料和原料的出口。在进口方面,1992年6月前曾一度实行对进口商品完全放开的政策,后为了保护国内工业的发展和增加国家的预算收入,才规定对14类商品开征15%的临时关税,并于次年2月起增收增值税和消费税。

第三,实行经常项目的卢布兑换制。出于外贸自由化并防止国家外汇储备的枯竭的需要,规定外贸企业出口商品的外汇收入除将50%出售给国家外,其余的可以自由出售;而进口商品所得的卢布则可以自由兑换成各种外币。

第四,加快实现与世界经济的一体化进程。为此,俄罗斯于1992年起,先后被国际货币基金组织(Международный валютный фонд)、世界银行、亚太经合组织(Азиатско-Тихоокеанское экономическое сотрудничество,APEC)等接纳为正式成员,并与欧洲共同体(Европейское сообщество)、巴黎俱乐部(Парижский клуб)、伦敦俱乐部(Лондонский клуб)等建立了联系。普京总统上台后,积极创造加速一体化进程的条件,提出"与外资共建俄罗斯新经济"的口号,赢得了国际社会的赞誉。2002年被承认为市场经济国家。2011年12月17日俄罗斯正为加入世界贸易组织(WTO,俄语为 Всемирная торговая организация)。

2) 对外贸易发展状况（Положение внешней торговли）

俄罗斯与世界150多个国家和地区有贸易往来。自实行对外贸易自由化以来的10余年间,其对外贸易额总体上保持着持续增长的态势,如从1992年的966亿美元上升到2001年的1 570亿美元,2004年又增加到2 571亿美元,比2003年增长34.6%。从地区结构看,已由苏联时期与"经互会"(Совет экономической взаимопомощи,СЭВ)成员国的贸易为主发展为与西方发达国家和主要发展中国家及独联体国家的贸易为主。从近几年俄罗斯对外贸易的基本走势看,主要有以下几个方面的特点:

第一,贸易顺差额大。1992—2001年平均贸易顺差都在100亿美元以上,而2004年的贸易顺差高达1 059亿美元以上,这为俄罗斯经济的发展提供了必要的资金保障。

第二,与独联体以外国家的贸易发展迅速。1994年以来,俄罗斯与独联体以外国家的贸易急剧增加,占外贸总额的80%左右,而与独联体国家的贸易却相对滞后,只占其外贸总额的20%。如2004年,其与远邻国家贸易额为2 100亿美元,增长33.5%,而与独联体国家贸易额只有471亿美元。

第三,外贸的总规模偏小。如2004年其外贸总额仅为2 571亿美元(而中国则超过1万亿美元),这显然于俄罗斯这样的世界性大国的地位极不相称。

第四,外贸结构不合理。俄罗斯的外贸出口是以原料和燃料等资源性和初级产品为主,其中石油、天然气和木材又占绝对优势的比重,而进口基本又以食品和消费品为主。应该说,这与当今世界贸易中以高技术、高附加值产品为主的发展趋势是不相符的。

第五,国民经济对外贸的依赖性程度高。近几年来俄罗斯外贸总额的快速增长,主要靠出口原料和燃料国际行情连续上涨的拉动,而一旦国际市场的原料和燃料价格出现大的波动,势必会对其整个国民经济产生重大影响。

为解决上述问题,俄罗斯政府制定了"优先发展国际区域合作"、"鼓励出口"、"保护国内市场"等一系列的政策和措施,以确保其对外贸易迅速、持续和健康发展。2008年俄罗斯的对外贸易增加了33.2%,达到7 350亿美元,外贸主要是能源,包括石油、石油制品、天然气、煤、冶金和化工制品、机械和设备、武器和粮食。2013年3月俄罗斯石油公司签署了对中国长期供应原油协议,计划在25年内对华供应约3.65亿吨原油,总金额约达2 700亿美元。

俄罗斯的主要贸易对象国为德国、荷兰、中国、印度、土耳其、美国、英国和芬兰。2010年3月"金砖四国"农业部长签署了合作协议,要加强各国之间农产品的贸易、建立农业信息基地等外贸活动。2010年6月,俄罗斯与白俄罗斯、哈萨克斯坦的海关联盟开始启动。据有关方面评估,三国海关联盟的建立将会对各个国家的经济发展起到一定的促进作用,到2015年会为各国的GDP带来大约15%的增长率。

69. 俄罗斯政府在引进外资方面采取了哪些措施?成效如何?

引进外资(Привлечение иностранного капитала)这是推动

本国经济发展和进步的重要手段,也是当今世界各国普遍的做法,因为资本、技术和管理是当代经济增长的三大要素。对于急于发展经济、实现经济转轨进而成为世界经济大国的俄罗斯来说,引进外资具有更加重要的意义。因此,俄罗斯自独立以来就一直实行积极的引进外资政策,并专门成立了引进外资的政府机构——"外国投资促进中心",并在近几年相继出台了一系列吸引外资的政策和措施。如:

第一,颁布和修改《外国投资法》。早在1991年7月4日,俄罗斯政府就颁布了《外国投资法》,首次以法律形式对外国向俄罗斯投资的程序、范围、形式等做出明确规定。该法于是年9月1日正式生效。此后,俄罗斯政府还新颁布了一系列与投资法相配套的法令法规,并于1995年提出《外国投资法》修正案,1999年7月9日又在修正案的基础上颁布新的《外国投资法》,从而使吸引外国投资的政策法规更加趋于完善。

第二,对外国投资者实行种种优惠。除投资法规定的在引进外资过程中给投资者提供种种优惠外,还对其实行税收方面的优惠。如1994年5月23日俄罗斯总统签署的《关于税收政策的若干问题》命令就规定,凡1994年1月1日后注册、投资额在法定资产中所占比重不低于30%、且投资数额不少于1 000万美元并从事生产活动的企业,均可享受下列利润税优惠:前3年内全部免缴利润税,第4年只缴应纳税款的1/4,第5年缴纳1/2。如果该企业未满5年即终止生产经营活动,则应退还所享受的全部利润优惠。1999年通过的新投资法还规定,外商在俄罗斯享有国民待遇,可以进行任何投资活动;外商在依法纳税后,有权自由支配其利润、股息、利息等,也可将收入汇出境外。

第三,调整和拓宽投资领域。通过政策引导,将外国资金投资领域由早期的机器制造业、燃料工业、商业和饮食业、建材工业、木材加工和纸浆造纸业等逐步扩大到民用航空、运输、农工综合体以及金融、教育、文化等部门。

第四，允许外国资本参与本国企业的私有化进程。规定外国投资者可以参加俄罗斯国有企业和地方企业私有化时开展的拍卖、征选和投标活动，也有权购买有价证券、土地、自然资源、房屋和其他不动产，并享有法律提供的种种优惠等。

俄罗斯外资的投资额逐年上升，吸引外资的成效较为显著：首先，上述政策的相继出台和实施，对俄罗斯吸引外资工作起到了一定的推动作用。据统计，1991—1993年经济转轨初期，俄罗斯每年引进外资的数量不到10亿美元，从1994年首次超过10亿美元起，就呈现急剧上升的态势：1995年升至29.83亿美元，1997年达到122.73亿美元，2003年又升至297亿美元，2004年高达405.09亿美元。从2004年外国投资情况看，直接投资为94.2亿美元，占投资总额的23.3%，同比增长38.9%；其他投资约307.56亿美元，占投资总额的75.9%，同比增长36.6%。据2010年底的资料显示，外资在俄罗斯的投资总金额为3 000.1亿美元，比2009年增长了12%。2011年底外资在俄罗斯的投资总量占据世界第16位。从2009年起，波音公司向俄罗斯投资大约270亿美元用于合作生产钛以及设计生产民用航空器材。可以看出，俄罗斯的外来投资在逐年增长。俄罗斯统计局的报告称，2011年俄罗斯共吸引投资1 900.6亿美元。外国投资的主要流动方向为：批发和零售贸易业，加工生产业，矿产开采开发业，不动产交易、租赁和服务业，交通和通讯业，建筑业，农业和林业。从投资的地区分布看，主要集中在经济发达的西部地区，资源丰富的中部，然而，近几年来西伯利亚和远东地区也有上升的趋势。

主要投资国有卢森堡、英国、塞浦路斯、荷兰、法国、美国、德国、日本等,中国在 2010 年对俄罗斯的投资也达到 100 多亿美元。

但是,俄罗斯引进的外资还是十分有限的,与其世界性大国的地位并不相称。尽管近几年来国外投资额有较大增长,但直接投资额并不高。这与俄罗斯的外资政策和投资环境有很大关系。虽然俄罗斯具有十分丰富的自然资源,是世界经济发展潜在的大市场,但外国投资者依然对其存有种种顾虑,如政局不稳、政策多变、金融秩序混乱以及贪污腐化严重、黑社会势力猖獗等。另外,投资结构的不合理,也使国家的外债负担急剧增加,外国投资者的风险增大。

70. 中俄两国的贸易关系发展状况及前景如何?

中俄关系的历史源远流长,曲折复杂。曾经由原来的"兄弟友谊"变成武装冲突,如今两国又成为了战略合作伙伴。两国领导人几乎每年都进行会晤、会谈,为两国的相互发展建立了良好的基础。

中俄经贸关系是在原中苏经贸关系的基础上建立并发展起来的。回顾历史,中苏两国的经贸往来曾潮涨潮落,在 20 世纪经历了 50 年代的大合作、60 年代的大萎缩、70 年代的大恢复和 80 年代的大进步等几个不同的阶段。俄罗斯独立后,中俄两国都认识到加强相互合作尤其是经贸合作的重要性,都愿意在平等互利的基础上继续发展和扩大双边经贸往来,以推动两国经济的发展和繁荣。于是,中俄经贸关系又在两国间面向 21 世纪的新型战略协作伙伴关系的基础上得到进一步发展,双边贸易额连续几年持稳步上升。

苏联解体后不久,中俄就很快签署了两国政府经贸合作协定,从而为发展两国经贸关系奠定了法律基础,双边贸易开始迅速发展起来。1992年12月,俄罗斯总统叶利钦首次访问中国,双方签署了20多个合作文件,使两国贸易进入了一个新的发展阶段。当年,中俄贸易额突破中苏时期最高贸易额纪录,达到58.62亿美元,其中俄罗斯出口35.26亿美元,进口23.36亿美元。1993年,两国贸易额再上新台阶,创纪录地达到76.8亿美元,同比增加24%,其中俄罗斯出口49.9亿美元,进口26.9亿美元,使中国继德国之后成为当年俄罗斯的第二大贸易国,俄罗斯也成为中国的第七大贸易伙伴。1994年,由于俄罗斯调整对中国的边贸政策以及双方企业和商品的信誉度降低、国际贸易竞争加剧等原因,中俄进出口贸易受到一定影响,贸易额比1993年下降34.9%,但仍超过1991年的水平。1995年,两国贸易额开始回升,上升至54.6亿美元,同比增长7.6%。尽管增幅不算很大,但却是在双边易货贸易额下降30%的条件下实现的,说明两国贸易在以可兑换货币结算方面取得可喜进步。1996年中俄贸易额又有较大增长,达到60多亿美元。2001年首次突破百亿美元大关,为106.7亿美元。接着,2002—2004年又分别升至119亿美元、157亿美元和214亿美元。如果说中俄双边贸易额达到100亿美元用了整整10年时间的话,那么突破第二个百亿却只用了短短3年的时间,这足以显示两国经贸关系的发展速度和密切程度。同时,中俄双方高层也都清楚地认识到,虽然贸易额增长迅速,但与中俄双方的各自实力以及中俄战略协作伙伴关系的要求仍不相称。因此,中俄两国元首于2004年10月正式签署了

《中俄睦邻友好合作条约》的实施纲要,其中确定了2010年两国贸易额要达到600亿—800亿美元以及2020年中国对俄投资要达到1 200亿美元的宏伟目标。然而,这一目标早在2011年就已经突破。中俄双方有关部门资料显示,2011年中俄贸易额达到835亿美元,2012年中俄贸易额再创历史新纪录,达到881.6亿美元,较上一年增长11.2%。据估计,2013年中俄贸易额有望增长10%左右,接近1 000亿美元。通过投资和经济技术领域内实施大的项目,中俄经贸关系发展将逐步步入从规模扩大到质量提升的阶段,实现两国经贸关系的可持续发展,中俄经贸合作将展现出更广阔的合作前景。

以上可以看出,尽管中俄贸易额在各自的进出口贸易总额中所占的比重不大(如2003年只占中国对外贸易总额的2%),但增长速度快。目前,中俄两国的贸易发展主要呈现出以下特点:

第一,贸易形式呈现多样化格局。既有政府间的贸易,也有各地方间的贸易;既有现汇贸易,又有易货贸易;既有补偿贸易,也有对销贸易、租赁贸易,还有边境贸易、边民互市和旅游购物等。贸易的层次和渠道都比原中苏贸易有较大发展。

第二,进出口商品结构出现优化趋向。1994年前,中俄双方的进出口商品比较单一,结构也不甚合理,如俄罗斯出口大多为原材料和机械产品,进口绝大多数是普通日用品和食品。近几年来,两国都相应调整了进出口结构,不但商品的品种较前有很大增加,质量也有明显提高,尤其是高科技产品、半制成品的比例已占有相当大的比重。

第三,由于中国国力的加强、人民币在国际市场的稳定表现,中俄贸易实行人民币和卢布的直接结算,使中俄贸易更加方便快捷。

第四,中国的进口多于出口。中俄贸易的基本格局是中国从俄罗斯的进口额远远多于出口额。随着俄罗斯2005年决定每年向中国提供1 000万吨以上石油协议的实施，以及俄罗斯安加尔斯克(Ангарск)至远东港口钠霍特卡的输油管线"安大线"输油管道工程的启动建成，再加上中国向俄罗斯进口武器装备，使得中国对俄罗斯的贸易逆差还将进一步扩大。2013年3月俄罗斯石油公司签署了对华长期供应原油协议，计划在25年内对华供应约3.65亿吨原油，总金额约达2 700亿美元。

进入新世纪以来，中俄经贸关系已进入新的发展阶段，其重要的标志是两国间的经济技术合作在原有基础上得到长足进步和拓展。中俄两国在相互确立的新型战略合作伙伴关系的国家模式的基础上，在政治、经济、军事、科技和文化教育等领域正在进行广泛而富有成效的全面合作，已经牢固地建立起高层领导人之间的对话机制、政府间工作的磋商机制、经贸领域的合作机制和保障和睦相处的安全机制，为两国经贸关系的进一步持续和高速发展奠定了坚实基础。未来的中俄经贸关系合作潜力巨大，发展领域广阔，前景颇为光明。

71. 何为俄罗斯的科技发展之路？当今俄罗斯的科技现状及政府的应对措施如何？

1）俄罗斯的科技之路

俄国科学技术的发展比西方各国要晚。18世纪初，彼得一世的改革促进了生产力的发展，自然科学也随之发展起来。1724年彼得一世签署了设立科学院的命令。他死后不到一年，俄国科学院正式建立。科学院设数学、物理学和社会科学三大部，附设中学和大学。

彼得一世时期翻译出版了许多科技书籍。地理和地质科学工作者开始勘查顿巴斯的煤，绘制了最早的地图，编写出了海洋和西伯利亚地表记述。18 世纪 40 年代俄国有了首批科学家。罗蒙诺索夫(М. В. Ломоносов, 1711—1765)是俄国第一位科学院院士，俄罗斯自然科学的奠基人。18—19 世纪，俄国涌现出一大批科学家和社会活动家，十月革命前，俄国科研机构共约 300 个，科研人员 1.2 万人。

十月革命后，苏维埃俄国重视科研工作，建立了科学技术管理局，主管科研工作，1918—1921 年有 50 多个研究所。1925 年确定俄国科学院为苏联的最高科研机关，并更名为苏联科学院(Академия Наук СССР)。同年，为奖励把科研成果用于实践的科学家，设立了专门的列宁奖金(премия им. Ленина)。伟大的卫国战争爆发后，苏联将莫斯科和列宁格勒等大城市的科研机构安全转移到东部。战后，为了恢复和发展国民经济、加强国防，苏联加强了科研机构的建设，促进科研事业的发展，于 1955 年重新组建了国家新技术委员会(Государственный комитет по новой технике)。到 1960 年，苏联科研机构已达 4 166 个，全国科研人员 35.4 万人。自 20 世纪 50 年代下半期以来，随着世界科技革命的深入发展，苏联共产党和政府重视并多次强调科技进步的重要性。苏共二十三大提出了加强科技进步的问题，后苏共二十四大再次强调了这个问题。戈尔巴乔夫执政后，鉴于苏联科研成果的应用落后于西方国家的现实，于 1985 年 6 月，苏共中央专门举行了加速科技进步的会议。1986 年苏共二十七大上又强调了这个问题，并在财政资金和物质资源等方面采取了实际的措施，以利于科技事业的发展，到 80 年代末期，苏联的科研机构，科研人员和科技发明都令世界瞩目。

2）当代俄罗斯的科技现状

苏联曾是一个世界政治、军事超级大国,同时也是一个世界科技强国。俄罗斯作为苏联的继承国,保留了苏联的所有科研机构和人员,在当今世界上仍是世界科技大国。在国际上俄罗斯科学家享有很高的威望。俄罗斯与发展中国家的差别不是拥有核武器、石油和原材料,而是有着非常高的教育水平,有着众多高水平的科研人员和机构。未来俄罗斯的经济实力在很大程度上取决于基础科学研究状况和高技能的科技研究队伍。

俄罗斯的基础研究在世界历史中占有重要地位,到 2000 年,在自然科学领域,俄罗斯有 12 人获得 9 项诺贝尔奖,处于世界第 9 位。

俄罗斯主要从事基础科学研究的部门有:俄罗斯科学院,俄罗斯医学科学院,俄罗斯农业科学院,高等学校和部委所属研究所。科学院系统的科研经费占所有科研单位国家预算经费的 40%,从 1991 年开始,俄罗斯基础科学基金会的资助成为基础研发经费的补充来源,基金会的资助占国家预算民用研究拨款的 6%,而且资助范围较宽,研究成果代表了俄罗斯的科技研究水平。

俄罗斯在基础研究方面从苏联继承了"世界第一流的科学"。但由于独立后,俄罗斯科技界经历了经费奇缺、物质匮乏、人才大量流失的数年动荡,这些负面因素影响了俄罗斯基础研究水平,使之落后于美国,但仍位居世界先进国家之列。

俄罗斯有上万人的基础研究队伍,他们是俄罗斯无法估量的财富。他们尽管困难重重,俄罗斯仍基本保持了其整体科技的完整性,俄罗斯许多基础开发成果处于世界领先水平。尽管独立初期 10 多年俄罗斯基础研究潜力有所下降,但俄罗斯是除美国以外在所有科学领域都进行科学基础研究的国家,甚至对那些不历时多年且耗资庞大的观察就不可能取得成就的研究也不放弃。俄罗斯基础研究面大而宽,研究基础根基雄厚,针对国家经费投入不足的现状,各研究单位都在积极寻求各种融资途径继续着科学研究工作。在十分困难的物质条件下,俄罗斯科学院仍完成了约 5 000 个研究课题。近年来,在基础研究的所有方面,俄罗斯几乎都有世界水平的科研成果,表明俄罗斯在面向 21 世纪的科技角逐中仍是实力较强的一方。以美国为首的西方各国不遗余力地捞取俄罗斯的科技人才和成果的事实就足以证明这点。

3) 政府的应对措施

科学技术在俄罗斯复兴中的作用越来越得到重视。随着俄罗斯政府对经济改革方针进行调整,政府更多地转向发展作为未来经济增长基础的工业、技术和科学实力。普京总统上台后,积极推行新政,国家经济逐步复苏,科技界也逐渐走出困境。在普京领导下,俄政府制定了一系列促进科技发展的政策:

(1) 加强科技宏观管理。2001 年 7 月俄政府成立了联邦工业与科技部,该部保留了原科技部的职能,增加了原经济部和贸易部的部分职能。该部的成立显示了普京大力加强科技与工业、经济的联系,加快建设科技创新体系的决心。2001 年 11 月又成立了直属俄总统的咨询机构——俄罗斯总统科学与高技术委员会。2004 年初,俄罗斯教育部与科技部合并成立了教育与科学部。新任部长富尔先科(Фрусенко)在上任时宣布的施政纲领中强调了彻底改变观念、充分利用资源、组成浩荡创新兵团、迅速将科研成果商品化的重要性和必要性。科研机构的转制与市场经济相结合改变了国家以往大包大揽的局面,并将科研单位的私有化及股份制改造提到了议事日程。

(2) 推进科研体制改革。俄政府认为,必须继续进行国家科研体制的改革,改革范围将涉及科学主管部门、国家有关科学管理机构以及包括俄罗斯科学院在内的研究机构等。

科学院改革有两大目标:一是满足国家经济发展的要求,二是应对现代科学发展的挑战。俄罗斯科学院在对所属科研院所进行资产登记的基础上撤销了45个研究单位的法人地位,对一大批科研院所进行了重组,对一些研究方向相近的研究院所采取了兼并措施。同时,为在研究方向和组织形式方面适应现代科学技术发展的需要,还组建了一些新的研究所。2004年,联邦直属企业也在进行重组,仅在科学院就有77个单位关停并转。科学院机构改革的结果使完全靠国家财政养活的机构减少了10%。这一方面在优先发展的重点基础研究方向上使科技人员相对集中,另一方面也使科学院在资金和材料资源的利用上效率有了大幅度提高。在深化科学院体制改革的进程中,国家注意到增加对科学院的拨款和提高科研人员待遇的重要性。

(3) 制订中长期科技政策。在总结国内外科技发展的经验教训、分析世界及俄罗斯国内的科技发展现状与趋势的基础上,俄政府提出了《俄罗斯联邦国家科技政策中长期基本发展趋势》的政府报告。与此同时,还组织制订了一系列中长期科技发展规划。

(4) 实施科教一体化纲要。为加强和发展俄罗斯的科技及其人员队伍的潜力以适应市场经济发展的需要,俄政府认为,必须使俄罗斯的科技、教育和生产领域的智力资源和物质资源实现一体化。因此,2001年9月俄总理批准实施"2002年至2006年俄罗斯科学与高等教育一体化"联邦专项纲要。

（5）发展科技风险投资基金。俄政府于2000年决定组建风险创新基金会。其主旨是为科技创新企业与机构创造良好的发展条件，保证风险企业的科技创新项目能够吸引到资金。俄政府在2005年基本建成了俄联邦科技风险投资体系。

72. 俄罗斯科技队伍的潜力表现在哪些方面？

随着经济形势的好转和政府采取的一系列措施，俄罗斯的科技队伍已开始稳定，人才流失的速度也有所减缓。值得一提的是，与其他发展中国家不同，俄罗斯科技界流失人员的绝大多数是转入国内收入较高的商业部门和私有化企业中，到国外谋职定居者只是一小部分。据俄科学统计与研究中心估计数字，独立初期俄罗斯科技界移民到国外的人数到1999年只达到1 400人。

1999年初，俄罗斯科学院有448个科研单位，工作人员10.57万人（1990年为13.37万人），平均每年减少约3%。近年来，科研人员从7.85万人减少到6.2万人，同时高水平的科研人员数量在增加，1999年博士学位研究人员8 900人，与1990年相比，增加了2 500人。但青壮年科研人员的人数显著减少，1997年到俄罗斯科学院系统工作的毕业生为1 100人，只有1990年的1/4。到1998年俄罗斯科学院系统40岁以下科研人员的比例从42.3%减少到28.1%，大于60岁的科研人员比例从8.4%增加到19.8%，目前，51%具有博士学位的科研人员的年龄大于65岁，在一些领域，如核物理、信息和生物技术领域，院士的平均年龄在68—69岁，老化现象比较严重。

2000年底，俄罗斯农科院有199个科研单位，职工3万多人，科研人员 1.43 万人，博士学位研究人员 1 300 人，副博士学位研究人员 5 390 人。与 1996 年相比，具有副博士学位研究人员减少了 11.2%，具有博士学位研究人员增加了 18.5%，40 岁以下科研人员占 25.5%，在读研究生为 1 900 人，比 1996 年增加了 62%。

1997 年，获得俄罗斯科学基金会赞助的科研人员的有 41 000 人，大部分项目负责人的年龄在 56—60 岁，大部分 27—32 岁的青年出国或从事非科研工作。俄罗斯科研人员出国工作的主要原因是国内收入微薄，收入与劳动效率相差甚远。专家认为，目前俄罗斯科研人员在素质和数量上已基本与俄罗斯科研环境相匹配，但国家如果不从根本上改变目前的科技状况，20—30 年后，从事基础科学研究的年轻科研人员将会捉襟见肘。

低廉的劳动报酬导致了科研人员社会地位的下降，降低了科研人员从事科学研究的兴趣和科研机构对毕业生的吸引力。最近几年，国家预算给科学院的经费逐年增长，如 1999 年比 1998 年增加了 40%，2000 年比 1999 年增加了 50%，增长幅度大于其他领域。

俄罗斯科研领域内的问题已经得到政府的高度重视。国家在人才培养经费保障、科技人员的物质待遇方面已做出了相应的措施。

73. 俄罗斯各历史时期教育领域发生过哪些重大事件？

俄罗斯的教育发展可分为五个历史时期，各时期发生的主要重大教育事件分别如下：

1）旧俄时期

13世纪中叶,政府与教会开始兴办各类学校,标志着基础教育事业在俄罗斯的创立;1687年波罗茨基开办了俄罗斯历史上第一所高等学府——斯拉夫—希腊—拉丁学院;1724年彼得堡科学院成立;1755年罗蒙诺索夫创立了俄罗斯历史上第一所综合性大学——莫斯科大学;1786年颁布了《国民学校章程》,这是俄罗斯教育领域的第一个法律文件;1811—1843年沙皇开办皇村中学;1863年颁布了农奴制度废除后自由主义的《大学章程》;1864年颁布了《初级国民学校条例》,允许社会组织办学;1911年女子接受高等教育的权利得到了法律承认。

2）苏联早期

十月革命以后,苏维埃政权积极开展扫盲运动,于20世纪20年代实现教育机构的国民化,推行七年制普通教育;30年代初起普及初等义务教育,学制由7年改为10年;1936年全苏高等教育委员会成立,教育秩序开始走上正轨。

3）伟大的卫国战争时期

20世纪40年代苏联教育事业经历了战争的考验,中小学坚持教学,名校内迁,根据战时特殊要求调整教学内容;1943年波将金院士领导创立了俄罗斯联邦教育科学院;高等教育开始恢复。

4）战后苏联时期

1946年成立苏联高等教育部;1957年试行新的招生条例;1958年实行教育改革:教育与生产劳动相结合,缩减人文学科课程,推行八年制义务教育,普通教育学制改为11年;20世纪60年代到70年代中期推行中等义务教育,收效显著;80年代中期到90年代初在戈尔巴乔夫领导下进行了苏联时期最后一次教育改革：推行 11 年制义务教育，部分修改教育大纲，提高教师待遇，高等学校以教育、生产和科研一体化为发展方向，虽然没有达到预期的效果，但为 90 年代俄罗斯联邦的教育改革奠定了基础。

5）俄联邦独立时期

1992 年 7 月俄联邦颁布了其独立后的第一部《教育法》，这是新时期国民教育发展的纲领性法律文件；1993 年颁布了《关于对国立、市立教育机构的教学人员及领导干部进行鉴定的示范条例》，建立起不同于苏联时期的新的国家教育鉴定制度；1996 年成立俄联邦普通与职业教育部（于 2004 年与科技部合并成"联邦教育与科技部"）；2000 年 4 月联邦政府颁布了第一期《俄罗斯教育战略发展纲要》。该纲要五年为一期，为俄罗斯国家教育政策的组织基础；2001 年 2 月联邦政府颁令在其境内部分地区试行国家统一考试（2007 年 1 月通过了有关实行统考的《教育法》修正案），这是高等学校招生制度突破性的改革；2003 年 9 月俄罗斯正式加入"博洛尼亚进程"（Болонский процесс），开始实行两级制高等教育，这是俄罗斯教育体制国际化的重要步骤；2004 年 10 月联邦政府通过了新的《俄罗斯联邦国家教育学说》，为期 25 年，这在世界教育史上是没有先例的。

74. 俄联邦《教育法》的重要性是什么？

俄罗斯联邦《教育法》（Закон об образовании）是俄罗斯教育发展的纲领性法律文件，对国家整个教育领域的各个方面都作了政策性的规定。现行俄罗斯联邦《教育法》共分六章 58 条：第一章（1—7 条）总则；第二章（8—27 条）教育体系；第三章（28—

38条)教育系统的管理;第四章(39—49条)教育系统的经济;第五章(50—56条)公民教育权行使的社会保障;第六章(57—58条)教育领域的国际活动。

1992年俄联邦政府颁布了其独立后的第一部《教育法》,首次提出了新形势下教育政策的新内容:1)重新构建了国民教育体制的组成部分;2)确立了创办教育机构的程序和细则,使非国立教育的实施成为可能;3)扩大了教育机构的管理自主权和经营自主权。1996年政府根据国情对原来的《教育法》作了重大修改,故称新版《教育法》;1996年的补充和修正明确规定普通教育的三个阶段,即初等教育、基础教育、完全中等教育及初等职业教育为免费教育和普及教育,通过考试首次进入中等职业学校和高等学校学习的学生也免费;学校除国立和地方设置外,还包括私立或团体和宗教组织设置;允许国立和地方学校提供收费的补充教育服务。"教育法"修改后,允许私人和社会力量办学,但不得降低质量要求;教育领域仍以公有制为主,禁止教育机构私有化;仍然实施免费教育,从经济上保证公民享有接受教育的权利和机会;保障国家对教育的投资;实行优惠政策,稳定教师队伍。

俄联邦教育法成为推进教育体制改革,促进国家创新经济发展的纲领性文件。此后会根据国情对教育法进行修改。2012年最新版的教育法经过制定草案、全国讨论、补充修改到最后的议会审议历时三年。2012年12月议会通过,2013年7月正式颁布执行。新版"教育法"从扩大国家财政拨款入手,点燃了俄罗斯国民对推进教育改革的热情和期盼。新版"教育法"在结构上更为清晰,内容更加系统化,保证了与现行其他相关法规的衔接和延续性,从国家战略的高度和提高教育整体质量出发,确立了发展教育的基本原则,规定教育是国家优先发展的领域,并致力于保证每个公民的教育权。俄总理承诺在未来 8 年政府将拨款 5 万亿卢布用于教育事业,使得俄罗斯教育强国的美梦进程驶上快车道。

75. 俄罗斯现行何种教育体系？

俄罗斯联邦教育体系是由不同教育环节组成的一个有机的相互关联的整体。不同的类型、不同级别的学校构成不同的教育环节,形成不同的阶段。俄罗斯新的教育体系有:

1) 学前教育(дошкольное образование)
2) 普通教育(общее образование)
   a) 初级普通教育(начальное образование)
   b) 基础普通教育(основное образование)
   c) 中等/完全普通教育(среднее/полное общее образование)
3) 高等职业教育(высшее профессиональное образование)
   a) 初级职业教育(начальное профессиональное образование)
   b) 基础职业教育(среднее профессиональное образование)
   c) 完全高等职业教育(высшее профессиональное образование)
   d) 后高等职业教育(послевузовское профессиональное образование)
   e) 补充教育(дополнительное образование)

以下就各阶段教育作简要介绍:

1) 学前教育

指对 2 个月至 7 岁儿童的教育。学前教育机构设有托儿所(детские ясли)、幼儿园(детские сады)和幼儿保育院(детские ясли-сады)。托儿所招收 2 个月—3 岁的儿童;幼儿园招收 3—7

岁的儿童;保育院招收2个月—7岁的儿童。学前教育机构由国家、市区、村镇以及国家机关、企事业为单位或其他社会团体开办。随着社会的发展,改革的进一步深入,私有制形式的学前教育机构已经有所增加。

2) 普通教育

相当我国的中小学教育。普通教育是俄罗斯联邦教育体系的中间环节,也称中等教育,实行的是强制性的11年制义务教育,即免费教育,如免费提供教科书,接送学生上下学和配餐等。

俄罗斯联邦的普通教育分为3个阶段:(1) 初级普通教育,相当于小学阶段,学制一般为4年;(2) 基础普通教育,相当于中国初中阶段,学制一般为5年;(3) 中等/完全普通教育,相当于高中阶段,学制一般为2—3年。健康儿童的入学年龄为6岁半,不得晚于8岁。

就类型而言,俄联邦的普通教育学校大致可分为以下7种:(1) 全日制普通教育学校;(2) 侧重某些学科的中等教育学校;(3) 一般重点中学(多数从4—5年级开始);(4) 高级重点中学(一般从8年级开始,学校或偏重文科或理科);(5) 夜校;(6) 特殊教育学校(为有心理或生理发展方面缺陷的儿童开设);(7) 补习学校(为具有特殊爱好和专长的学生开设)。

3) 高等职业教育

俄罗斯将初级职业教育和中级专业教育置于高等专业教育之中,是因为这两种教育毕业后,学生同样可以进入大学深造,学生基本已接受了普通教育。

(1) 不完全高等职业教育 学习年限可根据学生的实际水平而定,普通教育9年级毕业的学生一般要学习2—3年,11年级毕业的学生要学习1—2年,有些学校则与技术学校合并,这样需要3—4年。初级职业教育主要以培养服务（услуга）、运输（транспорт）、饮食和商业（питание и торговля）等部门的工作人员、中级专家和管理人员为目的，其教育机构为职业技术学校、技术专科中学。

（2）基础高等职业教育　是在完全普通教育的基础上进行的专业普通科学、职业及专业教育阶段。学习期限按专业的复杂程度不同而定，一般为2—3年。其培养目标是高级熟练工和技术员，教育机构为技术专科学校（техникум）、高等专科学校（колледж）。

（3）高等职业教育的主要任务是培养有高水平专业理论知识和实践技能的专家。高等教育的发展状况往往代表一个国家的国民教育水平。据最近的统计，俄罗斯的高等教育普及率为340人/万人，超过了苏联时期最高的200人/万人比例。

近年来，俄罗斯高等教育改革的一个重要方面是高等教育学制结构和学位制度的改革，也就是实现与世界上多数国家实行的高教体制一体化，变传统的单一高等教学体制结构为现行的"多级高等教育学制结构"，与国际通行做法接轨。该教育学制结构分为三级：第一级，不完全高等教育；第二级，学士学位教育；第三级，硕士学位教育和专家资格教育。

俄罗斯接受高等职业教育的机构是各类高等院校（вузы — высшие учебные заведения）：有综合性大学（университет）、学院（академия）、专业学院（институт）等。

4）后高等职业教育

后高等职业教育阶段是与高等职业教育第三层相连的教育过程，为公民在高等教育基础上提高教育水平、科研和教学技能水平提供平台。具体地说就是副博士研究生和博士研究生教育，学制均为3年(即中国的研究生教育)。学生完成其所有培养环节,成绩合格、答辩通过者可被授予科学副博士学位和科学博士学位。

后高等职业教育后可以在取得有关许可证的高等职业教育机构和科研机构所设的副博士研究班(аспирантура)、临床医学研究科(ординатура)、高等军事院校研究班(адъюнктура)和博士研究班(докторантура)进行。

5) 补充(继续)教育

补充教育是指对各种管理干部、大中小学教师、技术人员进行以培训、进修为主要形式的继续教育,这类教育不同于前两类教育,不发放文凭,只发证明。

76. 中俄教育合作的主要特点是什么?

中俄教育合作历史悠久,合作全面持久,不断发展,成就显著,即使在苏联解体初期以及俄罗斯经济困难的情况下,教育合作也得以延续。其特点可归纳如下:

1) 签署协议多而全

1992年起两国教育主管部门间开始定期签署《中俄教育合作协议》;1995年6月两国政府间签署了《关于相互承认学历、学位证书的协议》;2001年7月两国国家元首签署了《中俄睦邻友好条约》,确立教育为重要合作领域之一;2005年起中俄教育合作分委会开始定期签署《高等教育合作执行计划》;2005年11月两国政府间签署了《关于在俄罗斯联邦学习汉语和在中华人民共和国学习俄语的合作协议》;在2006—2007年两国举办"国家年"的同时,签署了一系列文件,形成了机制化的合作交流活动。

2）规范化、机制化

中俄教育合作由专门的政府机构进行管理。2000年11月,在两国总理定期会晤机制框架内成立了中俄教文卫体合作委员会。2007年7月该委员会正式更名为"中俄人文合作委员会",设教育合作分委会,定期见面会商教育领域的问题;另外在两国"国家年"后形成机制化的系列项目活动。例如:中俄青少年学生夏(冬)令营活动,每年定期举办,分为中央层面活动和地方层面活动,每年中央和地方层面组织举办的双边中小学生夏(冬)令营活动,规模达4 000—5 000人;中俄大学生艺术联欢节,每年轮流在对方国家举办,分为中央层面活动和地方层面活动,每年邀请对方国家1 000名大学生代表到本国参加大学生艺术联欢节活动,与本国大学生进行联欢、联谊、同台演出;中俄青少年学生俄语(汉语)比赛,每年定期举办。中国教育部每年委托有关高校,组织举办中国全国高校俄语专业学生俄语比赛,其中优胜者(45人)可享受国家留学基金资助,公派赴俄学习、进修一年;汉语比赛每年由国家汉办及驻俄罗斯使馆会同俄方有关学校组织举办,优胜者可获得中方提供的来华留学奖学金名额;中俄大学校长论坛,每年定期轮流在对方国家举办;中俄高等教育展,每年定期轮流在对方国家举办等等。

3）多渠道、多层面、多形式

两国高等院校、科研机构间直接建立各种学术交流和科研合作关系;留学有国家公派、单位公派、自费和院校合作互派等多种形式。自2002年起,中俄双方中俄人文合作委员会框架内开始实施中国艺术类留学人员培养项目,中方选派艺术院校、综合院校艺术学院(系)、师范院校艺术学院(系)的音乐、美术和舞蹈专业的青年骨干教师赴俄留学。2001年起,中俄双方探讨成立中俄联合研究生院(学院),联合培养硕士和博士研究生。目前,双方已经建立了北京大学—莫斯科大学联合研究生院、黑龙江大学—远东大学联合研究生学院和山东大学—俄罗斯人民友谊大学联合研究生院等中俄联合研究生院(学院)。

4)发展迅速,成果显著

据统计,1992—2004年中国向俄罗斯共派遣国家公派留学人员1 584名,共接受俄罗斯来华奖学金生1 575名,向俄罗斯共派遣汉语教师40名,共聘请来华俄语教师100余名,不包括各院校自主交流及自费留学生人数。我国从北大、清华、浙大到地方的院校和众多科研机构与俄罗斯有关院校及对口单位建立了直接合作关系;目前已经很难统计在俄罗斯学习的各类留学学生人数。据莫斯科大学的统计,在该校学习的中国学生就有2千多人;每年在我国的俄罗斯来华留学生数量也在继增;目前在俄罗斯共成立了10多所"孔子学院";互办"国家年"为中俄教育合作与交流得到更大发展提供了大好机遇。

77. 俄罗斯有哪些著名高校?

俄罗斯有1 100多所高等学校,其中国立大学600多所。它们分布在100多个城市,其中莫斯科(66所)和圣彼得堡(29所)的大学数量名列前茅。圣彼得堡大学建于1724年,罗蒙诺索夫于1758—1765年担任该校校长。俄罗斯对圣彼得堡大学和莫斯科大学(1755年)哪个建校早的问题上长期争论。苏联时期一直认为莫斯科大学早于圣彼得堡大学,1997年俄罗斯正式公布圣彼得堡大学早于莫斯科大学。这两所高校是俄罗斯教育水平最高、世界影响力最大的高等学府。

为了保障高质量的教学和科研水平,俄罗斯政府于 2006 年开始对一些大学进行了整合重组,组成了 9 所联邦大学(相当于中国最早的 9 所"985 大学"),并给予政策、经费等方面的大力支持。它们分别是:

1)波罗的海康特大学(Балтийский федеральный университет имени Иммануила Канта,БФУ),由俄罗斯康特国立大学改名,成立于 2010 年 12 月 30 日,位于加里宁格勒,属于西北联邦区;

2)远东联邦大学(Дальневосточный федеральный университет),由远东国立大学、远东国立技术大学、远东国立经济大学和乌苏里斯克国立师范学院四所高校在 2010 年 4 月 2 日整合而成,位于弗拉基沃斯托克,属于远东边疆区;

3)喀山联邦大学(Казанский федеральный университет),由喀山列宁国立大学、鞑靼斯坦共和国总统国家和市政国立学院、鞑靼斯坦国立人文师范大学、喀山国立财政经济学院和叶拉布卡国立师范大学等五所高校于 2010 年 4 月 2 日整合组成,位于喀山,属于沿伏尔加联邦区鞑靼斯坦共和国;

4)北方(北极)罗蒙诺索夫联邦大学(Северный (Арктический) федеральный университет имени М. В. Ломоносова),由阿尔汉格尔斯克国立技术大学、泼莫瑞罗蒙诺索夫国立大学、阿尔汉格尔斯克彼得大帝林业技术学院、北德文斯克技术学院以及北德文斯克造船和海洋极地学院等五所高校于 2010 年 6 月 8 日整合组成,位于阿尔汉格尔斯克,属于西北联邦区;

5)东北阿莫索夫联邦大学(Северо-Восточный федеральный университет имени М. К. Аммосова),由雅库特阿莫索夫国立大学、雅库特国立工程技术学院、萨哈国立师范学院三所高校于

2010年4月2日整合组成，位于雅库特，属于远东联邦区萨哈共和国；

6）北高加索联邦大学（Северо-Кавказский федеральный университет），由北高加索斯技术大学、斯塔夫罗泼尔国立大学和皮亚季戈尔斯克国立人文工艺大学等三所高校于2010年2月12日组合而成，位于斯塔夫罗泼尔，属于北高加索联邦区；

7）西伯利亚联邦大学（Сибирский федеральный университет），由克拉斯诺亚尔斯克国立大学、克拉斯诺亚尔斯克建筑学院、克拉斯诺亚尔斯克国立技术大学、国立有色金属和黄金大学和克拉斯诺亚尔斯克国立商业经济学院等五所高校于2006年11月4日合并组成，位于克拉斯诺亚尔斯克，属于西伯利亚区；

8）南联邦大学（Южный федеральный университет），由罗斯托夫国立大学、罗斯托夫国立建筑工艺学院、罗斯托夫国立师范大学和塔甘罗格国立无线电技术大学等四所高校于2006年11月23日整合而成，位于顿河罗斯托夫和塔甘罗格，属于南方联邦区罗斯托夫州；

9）乌拉尔俄罗斯联邦首任总统叶利钦联邦大学（Уральский федеральный университет имени первого Президента России Б. Н. Ельцина），由乌拉尔叶利钦国立大学和乌拉尔高尔基国立大学二所高校于2010年4月2日整合而成，位于叶卡捷琳堡，属于乌拉尔联邦区斯维尔德洛夫州。

由于俄罗斯大学较多，大学的类型不一，很难说哪个大学好，哪个大学不好。但是，相对而言，莫斯科和圣彼得堡的大学要比其他地区的大学有较强的地域优势。此外，还有一些被大众所熟知的院校也很著名，如：莫斯科俄罗斯人民友谊大学、莫斯科鲍曼国立技术大学、莫斯科国立国际关系学院、莫斯科国立航空大学、莫斯科柴可夫斯基音乐学院、莫斯科苏里科夫美术学院、伊尔库茨克国立大学、莫斯科动力学院、莫斯科谢切诺夫医学院、莫斯科国立列宁师范大学、俄罗斯国立体育学院、莫斯科国立电影学院、莫斯科国立管理大学、莫斯科国立矿业大学、莫斯科国立医科大学、莫斯科季米里亚泽夫农业大学、莫斯科语言大学、莫斯科国立建筑大学、莫斯科国立汽车公路大学、莫斯科财经大学、圣彼得堡俄罗斯赫尔岑国立师范大学、圣彼得堡列宾美术学院、圣彼得堡巴甫洛夫国立医科大学、圣彼得堡国立技术大学、圣彼得堡精密机械和光学学院、奔萨国立大学、弗拉基米尔国立大学、伏尔加格勒国立师范大学、坦波夫国立大学、托木斯克国立大学、沃罗涅日国立大学、萨拉托夫国立大学、下诺夫哥罗德国立大学、乌里扬诺夫斯克国立大学等。

78. 俄语文字是如何形成和发展起来的？俄语和汉语在语系上有什么区别？

1）俄语文字的形成

语言学家们把"俄语"(русский язык)的形成分为几个阶段。在距 3 000 年前有一个统一的原始印欧语(праидоевропейский язык)，由它分出最初的波罗的斯拉夫语(прабалтославянский язык)，随后由其分出古斯拉夫语(старославянский язык)，再分出东斯拉夫语(восточнославянский язык)，即古俄语(древнеруский язык)。古俄语是指俄语、乌克兰语和白俄罗斯语的前身，是从 6 世纪到 14 世纪所用的语言。公元 988 年，基辅罗斯受洗，标志着俄罗斯民族文化发展的一个新的里程碑。随着基督教进入古罗斯,古罗斯人已经不再局限于先前的口头交谈,开始用古斯拉夫语(старославянский язык)写作和创作文学作品。公元863年,基里尔(Кирилл)和梅佛迪(Мефодий)兄弟根据保加利亚—马其顿方言(属南斯拉夫语支),以希腊字母为基础创造了"基里尔字母表"(Кириллица)。这个字母表构成了如今斯拉夫各国文字的基础,由此逐渐形成了斯拉夫人最早的书面标准语——古斯拉夫语。大约在公元10世纪前后,基里尔字母从摩拉维亚经保加利亚传到了俄罗斯,其形式与俄语复杂的发声系统颇为吻合,并迅速得以传播。古俄语文字就是这一时期在古斯拉夫语的基础上产生的,成为古代罗斯众多的人民所能理解的统一的文学语言,基里尔字母即俄语字母,一直沿用至今。

2)俄语文字的发展

(1)在18世纪之前,俄语文字的发展是自发性的。最初的古罗斯文学语言主要体现在与基督教礼拜有关的、具有教会内容的书籍中,往往与宗教、历史等著作融为一体,尚未形成一个独立的领域。到了11世纪末,随着基辅公国的分裂,东斯拉夫语也随之开始分化。13—14世纪波兰、立陶宛的封建主抢占了俄罗斯南部和西部,原有地区及其方言独立发展的过程大大加速。这样,便形成了大俄罗斯、乌克兰、白俄罗斯三大部族及其语言。莫斯科公国的兴起使其方言及其周围的部族方言也日趋统一,汇成大俄罗斯的部族语言。莫斯科当时是政治、经济、文化的中心,因此,它的方言在形成统一的俄罗斯部族语言方面发挥了主导的作用。现代俄罗斯民族语言的独立发展就是从这个时期开始的,而标准语的方言基础也是在这个时期奠定的。

(2)从18世纪初期开始,俄语文字的发展基本上是在国家文字改革的背景下进行的。18世纪以前,繁琐难懂的斯拉夫文字是俄罗斯文化、经济生活中的通用文字。18世纪初,彼得一世采用了一种简单易读的普通字母来代替斯拉夫字母。彼得一世的文字改革运动对于俄国文化教育事业的发展产生了极为有利的影响。

(3) 纵观语言改革和发展的历史进程,俄罗斯的第一位科学院院士罗蒙诺索夫(М. Ломоносов, 1711—1765)发挥了巨大的作用。他撰写出版的《修辞学》(1748年)、《俄语语法》(1755年)等著作创建了新的俄语语言体系,对其作了科学的分类,把俄语语言规范化的问题提上了俄语文字改革的议事日程,对当时乃至以后的俄罗斯语言学界影响很大,为现代俄罗斯标准语语言体系的建立奠定了良好的基础。他使文学体裁和语体规范化,并将音节体诗改为更适合俄语特性的音节和重音并重体诗,对统一的俄罗斯民族文化的形成和诗歌的发展起了很大的推动作用。他借鉴欧洲文化的经验和成就,为18世纪的俄罗斯新文学的形成奠定了基础。他将学习欧洲的优秀传统文化与积极运用丰富的民族文化成果紧密地结合在创作之中,创造性地划分出文学作品的三种修辞类型:描写英雄史诗、颂歌和重要散文题材的高级语体,描写悲剧、挽诗、讽刺情节的中级语体和描写喜剧、歌曲和散文书信的低级语体。此外,他极力主张教师在教学中应当用俄语向学生授课,并创办莫斯科大学,培养俄语人才。

(4) 19世纪上半叶,伟大的诗人普希金(А. С. Пушкин, 1799—1837)在继承和发扬前人的优秀成果的基础上,创造性地运用丰富与优美的俄罗斯语言,创作出了《叶甫盖尼·奥涅金》、《自由颂》、《致恰达耶夫》、《致西伯利亚的囚徒》、《波尔塔瓦》、《青铜骑士》、《驿站长》、《上尉的女儿》等享誉世界文坛的优秀经典作品，被誉为现代俄罗斯标准语的真正奠基人，现代俄罗斯语言文学的创始者。他在自己的作品中恰如其分地利用了前代的语言，吸收了大量的口语成分，适当地借用了外来词，摆脱了以往由于作品体裁而受到的束缚——打破了某种题材必须使用某种语体的传统，从而对语体进行了重大的改革。普希金的多方面的创作活动、现实主义方法和纯净优美的语言，为以后的俄罗斯标准语和俄罗斯文学奠定了广阔而坚实的基础。他之后的其他语言大师，如克雷洛夫、果戈理、屠格涅夫、托尔斯泰、契诃夫、高尔基等著名作家也都深受其影响，他们用优美、规范的文学语言创作出了一部部经典名著，大大丰富了俄罗斯文学语言的宝库，为现代俄罗斯标准语的发展作出了极大的贡献，取得了非常显著的效果。他们的名字与规范的现代俄罗斯标准语紧密地联系在一起。

(5) 十月革命之后，苏联时代所发生的巨大的社会文化变革对俄语的发展产生了很大的影响。苏联政府对俄语中存在的古俄语字母进行了改革，取消了俄语名词变格中的双格，取消了原来在俄语词尾上加的符号，如：советъ—совет，使俄语的使用更加简便。为了俄语的规范化，在维诺戈拉多夫院士的领导下1954年出版了权威的《俄语语法》（三卷本），苏联科学院于1970年和1980年分别出版的《俄语语法》等著作代表了当时俄语语言研究的最高成就。现代俄语以两种形式出现：一种是标准的规范语言，它的发音、书写、遣词造句都有历史形成的规范标准；另一种则是由各种方言土语和俗语构成的非标准语言。按照高尔基的形象说法，现代俄语的标准形式是经过无数语言大师精刻细雕出来的。许多出类拔萃的作家、社会活动家和语言学家具有高度的文化素养和深邃的语言知识，他们在俄罗斯标准语的形成和发展过程中付出了创造性的劳动,用自己独特的语言天赋和表达技能,从理论和实践上丰富和完善了俄语语言体系,大大拓宽了俄语语言手段实际运用的范围,为俄罗斯标准语的发展和巩固作出了巨大的贡献。

俄语在语系上属于印欧语系,而汉语属于汉藏语系。

79. 俄罗斯实行何种语言政策?俄罗斯如何对待俄语中的外来词?

1) 俄罗斯的语言政策

俄罗斯的语言政策是依据两个基本法的框架来实行的,即1991年颁布的《俄罗斯联邦各族人民语言法》和2005年颁布的《国家语言法》。法令强调俄语的规范性和纯洁性,除了不允许有同类表达的外来词外,也不允许使用不符合现代俄语标准语规范的词和语句。根据俄联邦宪法第68条规定,在其领土内俄语是国家语言。俄罗斯境内的其他共和国有权确定自己的国家语言并与联邦国家语言的俄语同样可以作为自己共和国的国家语言。俄罗斯联邦教育部主管语言工作,具体工作由该部普通教育大纲和标准局负责。俄罗斯联邦设有直属中央政府的语言工作协调机构——联邦语言委员会,委员会由各部部长、语言专家和大学校长组成,主要负责人由联邦总理任命。另外,联邦语言委员会和各分委员会都设有"俄语作为世界语言办公室",研究俄语作为世界通用语言的推广运用和学术研究。

俄罗斯的法律支持俄语的应用和发展,表现在以下几个方面:保障必须使用国家语言的范围;保护和促进国家语言的发

展;保障公民应用国家语言的权利;对破坏国家语言法规要承担责任。俄罗斯的语言政策主要表现在三个方面:

(1) 俄罗斯联邦内的国家语言政策是团结俄罗斯社会。在这一基本政策下,首要的任务是创造俄语作为俄罗斯联邦国家语言和各民族交际的语言全面充分运用的条件。国家在俄罗斯联邦各主体形成统一的语言政策。国家语言不只是公民权利和自由体现的机制,而且是实行统一管理和国家意志实现的必需成分。国家要求公务员都要掌握俄语,有好的言语修养,并且制定有规范的文本材料。将俄语作为各民族的通用语言并推广少数民族语言。实行俄语规范化。在教育领域编写有对青年人,其他民族和外国人提高俄语的教科书和参考资料,以提高他们的语言修养;大众传媒必须积极宣传国家语言,有专门宣传的《俄语》纲要,大众传媒本身也要遵守俄语标准语的规范;对待移民也进行教育,通过规范的考试来提高他们的俄语水平。

(2) 在对待独联体国家方面,俄罗斯的语言政策是促使独联体国家一体化进程的发展。在独联体支持巩固俄语的地位不只是为了经济政治的发展,而且是为了支持居住在这些国家讲俄语的俄罗斯族居民,俄语在这些国家使用范围的缩小将被看作是对国外俄语同胞的同化和分解,是对俄罗斯在这一地区的文化和政治的限制。因此在对待这些国家上,俄罗斯的语言政策是:统一教育标准;增加大学生交流;合作建立(斯拉夫语)大学;降低这些国家学生考入俄罗斯大学的条件;组织和举行俄语知识大赛;在独联体外交上把俄语作为国家之间的中立语言;俄语作为这些国家人民与俄罗斯人民友谊和相互理解的一个重要工具。

(3) 在其他国家,俄罗斯的语言政策是使俄罗斯进入世界文化、教育、经济和政治的空间,并在世界范围内传播和推广俄语。

俄语是联合国的工作语言,须保证俄语的世界语言地位。目前,世界上大约有5亿人掌握使用俄语,其中有3.5亿在国外。在这一方面,语言政策主要是增加出版俄语教程的数量,提高国外对学习俄语的兴趣,创建对外俄语教师进修中心,提高对外俄语教学的水平;积极派遣俄语教师出国教授俄语;增加各国学生交流活动等。

2)俄罗斯对待俄语中外来词的态度

如何对待外来语的态度是随着时间的推移不断变化的。随着苏联解体,俄罗斯社会步入新的历史时期,与西方世界的交际使得俄语遭到了外来词的威胁。大量的外来词,特别是英语词汇进入俄语,严重干扰了俄语本族词语的正常使用。

俄罗斯独立初期,外来词已经渗透到俄语的方方面面。这种现象引起了许多有识之士和俄罗斯官方的担忧。由此引发的净化俄语问题成为整个俄罗斯社会引人瞩目的热点话题。俄罗斯国家杜马曾经想用立法的办法来扼制外来语,但法规中的许多已经在俄语中常用的词其历史上也是外来词,如"парламент"或者"конституция"等都属于外来词,包括总统这个词也是外来词,因此这一法规也没有通过。这些年来,针对该问题俄罗斯各界人士仁者见仁、智者见智、各抒己见、莫衷一是,掀起了一股净化国语的新浪潮,热烈的全民大讨论至今方兴未艾。争论的焦点之一就是是否在俄语中禁用外来词?在俄罗斯的普通老百姓中,许多上了年纪的人对于外来词的限制普遍表示欢迎,他们一直对外来词嗤之以鼻,宁愿使用"градоначальник"、"убийца"、"До свидания"等由来已久的俄语词语,而拒绝搬用与之相应的"мэр"、"киллер"、"Гудбай"等外来词,希望维护俄语的纯洁性。

然而,许多人对限制的做法持否定态度。许多语言学家表示,外来词的侵入不见得就会削弱本国语言文字的影响力,因为本国文字中的精髓会经得起时间的考验,而一些该淘汰的东西就应该让它自然淘汰。另外,俄语本身有着巨大的力量,能够将那些不适合在俄语中生存的词语自行消除,对可以在俄语中长期生存的外来词,俄语也会将它们俄语化,使它们大多有了俄语的词尾,完全按照俄语来进行变化。俄罗斯教育院士科斯托马洛夫教授认为:"俄语已经经受住了好几次外来语的侵袭。18世纪是法语、19世纪是德语,现在是英语。我相信该保留的一定会被保留下来。"

因此,问题的关键是不能滥用外来词,要使其规范运用。这样外来词可以帮助丰富俄语词汇,加上社会的发展使得俄语词汇中对现今世界的好多事物没有相应的词汇,外来词正好弥补了这个缺陷。有些外来词只是昙花一现,很快就从俄语中消失,而有些外来词则长期留在俄语之中,成了俄语词汇中的一员。

80. 俄罗斯圣像画画家有哪些代表人物?其代表作品有哪些?

罗斯自从接受了基督教之后,便从拜占庭学来了大型绘画的新形式——壁画,同时还接受了圣像画形式。最古老的古罗斯绘画作品保留在基辅的索菲亚大教堂。这些镶嵌画和壁画描绘出公元9世纪中叶古罗斯大公的日常生活(打猎、跳舞、决斗、戏剧表演等)特征,展现了人物的具体面貌。教堂内的壁画、马赛克和肖像画与整个教堂构成了古罗斯建筑艺术的一个统一的综合体。

古罗斯最早的圣像画出现在 11 世纪中叶,即收藏在诺夫戈罗德索菲亚大教堂的圣像画《彼得与保罗》。这幅像壁画一样巨大的圣像画长 236 厘米、宽 147 厘米,描绘了手拿一本书的保罗和手拿一卷羊皮纸、十字架与钥匙的彼得,虽因年长日久失去其昔日的面貌,但人物形象的伟岸、各种色彩的搭配以及对衣服的精细刻画都表现出相当高的绘画水平。俄罗斯最早的著名画家是鲁布廖夫(А. Рублев,约 1360—约 1430),他所创作的《三圣图》(Троица)至今保存在莫斯科特列季亚科夫画廊里。画的内容是宗教,但表现出的不是中世纪天使的体态,而是活灵活现的人。

14 世纪末至 15 世纪初是古罗斯圣像壁画的黄金时代,出现了几位出类拔萃的画家,出生于拜占庭的格列克(Ф. Глек)就是其中颇有代表性的人物。他在 14 世纪 70 年代从拜占庭来到罗斯之前就已经成名,在拜占庭首都君士坦丁堡和其他城市的教堂里创作了许多壁画和圣像画。他的壁画敢于突破传统,注重刻画人的内心世界,笔法自由锐利,色彩运用均衡,画风豪放潇洒,具有一种敏锐的构图感和内在的表现力。

81. 何为俄罗斯古典画派?其代表人物及代表作品是哪些?

古典主义(классицизм)画派是 18 世纪欧洲流行的古典主义思潮在美术界的表现。他们对为贵族服务的奢华菲靡的洛可可艺术不满,从古典希腊、罗马的艺术中寻求新题材。古典是与现代相对应,古典之后出现了印象、抽象等画派。

随着彼得大帝社会改革的全面推行,许多有才华的俄国青年画家相继被派到国外学习绘画。学成归国后,他们成为18世纪俄罗斯绘画的骨干力量。叶卡捷琳娜女皇二世时期,从欧洲引进的古典式的学院绘画在俄国的土地上生根、成长。其在发展过程中不断从俄罗斯传统文化及现实生活中吸取营养,逐渐形成有本土特色的俄罗斯油画。

俄罗斯的古典画派独立形成于18世纪末—19世纪初,其特点是绘画的严谨,布局追求一定的规律,色调程序化,题材来自于圣经、古希腊、古罗马历史以及神话故事等。俄罗斯的古典画派的特点不只是选择古希腊、古罗马的体裁,而且还来自俄罗斯的历史。他们追求的是简朴明了、自然本分和人性化。这一时期俄罗斯绘画常被称为高雅的古典主义。作为流派在俄罗斯的产生还有其政治基础,它产生在巩固专治制度时期,要为该制度的进一步巩固而歌功颂德。

古典画派在俄罗斯的成熟表现为历史绘画和世俗人物华丽的肖像画。世俗人物肖像画是对中古世纪俄罗斯禁欲主义圣像画一种直接的反叛和对立。画家不但较好地掌握了油画技法、色彩配置及人物身材比例,而且开始揭示人物的内心世界,表现人物的思想和感受。这一时期的杰出代表有:阿尔古诺夫(А. Аргунов,1729—1802)的《穿俄罗斯服装的无名女士》(1784)、《赫利普诺夫》(1757)、《舍列缅杰娃公爵夫人》(1760)等;安德罗波夫(А. Антропов,1716—1795)的《苏沃洛夫》(1759)、《彼得三世》等;列维茨基(Д. Левицкий,1735—1822)的《女公爵塔冈诺娃》(1762)、《建造师科科林诺夫》(1769)、《谢泽莫夫》(1770)、《法国著名哲学家狄德罗画像》(1773)、《少年时代的亚历山大一世》(1787)等,他的画像大部分保存在俄罗斯博物馆和莫斯科特列季雅科夫画廊；基普林斯基（О. Кипренский，1782—1836）的肖像画《库利科夫战场上的顿茨科依》（1805）、《小孩切利谢夫》（1808—1809）、《茹科夫画像》（1816）和著名的《普希金画像》（1827）等。基普林斯基的画不仅揭示了人物的新的面貌，而且拓展了绘画的新领域。他的每一幅人物画都有一种独特的绘画结构，他的一些肖像画是鲜明光亮的色彩和灰暗色彩的强烈对比，另外的一些画则是相近色彩的细致的循序渐进的展示。鲍罗维科夫斯基（В. Боровиковский，1757—1826）不仅是圣像画大师，同时也是肖像画大师，他的作品有《彼得大帝》、《散步的叶卡捷琳娜二世》等；罗科托夫（Ф. С. Рокотов，1735—1808）的画作有《彼得大公》（1758）、《保罗一世》（1761）、《马伊科夫肖像》（1765）、《穿紫罗兰裙子的无名女士》等。布留洛夫（К. П. Брюллов，1799—1852）的画是经典的古典主义和浪漫主义结合的典型代表。他的画题裁新颖、造型和明暗配置有舞台效果，复杂的布局、高超精湛的笔法令人陶醉。他的名画《庞贝城的末日》（Последний день Помпеи，1830—1833）展现了在悲惨的矛盾中人的崇高美貌及其不可避免的死亡命运。历史题裁画的大家伊万诺夫（А. А. Иванов 1806—1858）破除了学院派的众多戒规，表现出为思想服务的自我牺牲精神，追寻俄罗斯绘画在之后几十年才出现的现实主义，他的作品有《耶稣再现》及一系列圣经的故事绘画。

82. "巡回展览画派"的产生原因、主要代表人物及代表作品有哪些？

"巡回展览画派"产生于 19 世纪下半叶，是由一批有着进步观点和当代道德思想的先进的艺术家组成的一个团体,俄语全称为"巡回艺术展览协会"(Товарищество передвижных художественных выставок),简称"巡回展览派"(Передвижники)。巡回展览画派产生的主要原因是由于1850年底—1860年初社会发生变化,要求改革废除农奴制意识的高涨,推动人们要求精神解放,个性的解放。在社会经济形式变化期间,农奴制还没有被消除的19世纪60年代产生了思考现代新的社会条件的必要性。19世纪彼得堡艺术学院是当时国家艺术生活的中心,但这是一个十分保守的机构,充满着陈旧的道德模式的教育体系,失去了在教育轨道上的发展,断绝了与俄罗斯先进的艺术文化的联系。此时,在俄罗斯开始形成现实主义艺术的新学派。许多艺术家在其作品中形象地普遍涉及俄罗斯普通人的生活。社会发展的矛盾与俄罗斯知识分子的精神探索,使现实主义艺术的民族学派逐渐形成,其社会色彩是俄罗斯批判现实主义的显著特征,主导政治精神领域中艺术上新的思潮与渐去的旧的古典派的矛盾,使艺术获得新生。1863年11月9日,以克拉姆斯柯伊为首的彼得堡艺术学院一批有才华的毕业生举起了艺术的民族化、人民性和现实主义的旗帜,同只准许画神话和圣经题材的学院派传统公开决裂。他们退出美术学院,单独组织起来,研究现实主义绘画艺术,成立了彼得堡的"自由画家协会",史称"14人暴动"。这一时期俄国最著名的画家都加入行列。巡回展览派画家摒弃俄罗斯学院派画家的唯心主义美学观,以批判现实主义为创作方法和原则,决心把绘画艺术从贵族沙龙里解放出来,主张真实地描绘俄罗斯人民的历史、社会、生活和大自然,揭露沙俄专制制度和农奴制。1871年11月27日,巡回展览画派在彼得堡举行了首批画展,展出47幅作品,包括尼·盖舍的《彼得大帝审问王子阿列克谢》、萨符拉索夫的《白嘴鸦飞来了》等,大获成功。俄国老百姓第一次在公开的展览会上看到了描写自己生活的俄罗斯乡土风情的绘画。后来他们在乌克兰等地先后举办巡回画展,一共举办了 48 次。

巡回展览画派的主要代表人物及其代表作如下:

1) 克拉姆斯科伊(И. Крамской,1837—1887)是巡回展览画派的发起者、领袖。他善于描绘人的内心情感和复杂心境。其名画《在荒野中的基督》(Христос в пустыне)、《月光女郎》(Дама в лунную ночь)、《列夫·托尔斯泰》(Лев Толстой)等都以深沉的目光和真切的面部表情深刻地揭示了人物的心理状态,表现了人对社会的责任感和道德义务感。他于 1881 年创作的《妇女肖像》(Женский портрет)描绘的是一位正在读书的俄罗斯知识女性,表现了妇女的自尊自强以及高贵优雅的气质。他的名画《无名女郎》(Неизвестная)表现了 19 世纪 80 年代俄罗斯知识妇女一种觉醒了的高傲,以及对社会不妥协的态度所以极具时代特点。

2) 彼罗夫(В. Перов,1833—1882)是巡回展览画派著名的多产画家之一。绘画题材广泛多样,作品具有浓郁的生活气息和强烈的爱憎感情。其代表作有《复活节的乡村祈祷游行》(Сельский крестный ход на Пасхе,1861),风俗画《猎人的休息》(Охотники на привале)和《捕鱼》(Рыбалов),肖像画《陀思妥耶夫斯基像》(Портрет Достоевского)及名画《送葬》(Проводы покойника)。

3) 列宾(И. Репин,1844—1930)是最著名的现实主义画家,巡回展览画派的旗帜。列宾的创作忠于现实主义的真实,细腻地刻画人物性格,再现俄罗斯的现实生活,暴露和批判沙皇的专制制度。他的成名作是油画《伏尔加河上的纤夫》(Бурлаки на Волге, 1873),其代表作还有《库尔斯克省的宗教游行》1880—1883)(Крестный ход в Курской губернии)、《扎波罗什人给土耳其王写信》(Запорожцы пишут письмо турецкому султану, 1884)、《伊凡雷帝和他的儿子伊凡》(Иван Грозный и сын его Иван, 1885)等。列宾以革命者生活为题材的名画有《拒绝忏悔》(Отказ от исповеди)、《宣传者被捕》(Арест пропагандиста)、《意外归来》(Не ждали)等。此外,他的油画《芬兰湾风光》(Пейзаж Финского залива, 1910)巧夺天工、画面生动,真实而形象地描绘了大自然风光的优美意境,给人以绝美的艺术享受。

4) 苏里柯夫(В. Суриков, 1848—1916)是著名历史画家,以真实地反映俄国的历史性冲突、展示壮阔的群众场面见长。主要作品有《近卫军临刑前的早晨》(Утро стрелецкой казни, 1879)、《女贵族莫洛佐娃》(Боярыня Морозова, 1895)、《缅希柯夫在别留佐夫镇》(Меншиков в Берёзове)、《斯切潘·拉辛》(Степан Разин, 1870)、《攻雪城》(Взятие Снежного Городка, 1891)和《苏沃洛夫翻越阿尔卑斯山》(Переход Суворова через Альпы, 1898)等,其油画《近卫军临刑前的早晨》以高超的现实主义手法,惟妙惟肖地勾画出近卫军妻子绝望而无助的面部表情和悲痛欲绝的内心世界,表达了画家对革命者无与伦比的同情和道义上的支持。

5) 希施金(И. Шишкин, 1832—1898)是著名的风景画家,被称为"森林的歌手"。其风景画庄严、壮丽、雄伟,很有气魄。主要作品有《砍伐树木》(Рубка леса, 1867)、《黑麦》(Рожь, 1878)、《橡树》(Дуб, 1887)、《在公爵夫人摩尔德维诺娃的森林里》(В лесу графини Мордвиновой, 1891)等。

6）萨符拉索夫（А. Саврасов，1830—1897）是著名的风景画家，代表作为《白嘴鸦飞来了》(Грачи прилетели，1871)。他对后来的俄罗斯风景画家的创作有非常大的影响。俄罗斯大自然的歌手列维坦曾说道，"从萨符拉索夫开始，出现了风景画绘画中抒情性，出现了对自己祖国大地的无限热爱"(1877)。萨符拉索夫的油画《初春》(Ранняя весна，1888)视觉独到、层次分明、笔法简练、色彩明快，把初春的自然美景刻画得入木三分，给人以身临其境之感。

7）马克西莫夫（А. Максимов，1844—1911）是描写农村生活的著名风俗画家。他出生在贫穷的农民家庭，熟悉农民生活环境和人们的心理，深刻洞察农村生活世界，了解社会发生的新变化。他的作品表现了对广大农民的热爱，并具有深刻的时代感。他的油画《生病的丈夫》(Больной муж，1885)把一个贫困潦倒的家庭状况通过细腻的笔法真实地再现出来，给人的心灵以强烈的艺术震撼。

8）波列诺夫（В. Поленов，1844—1927）与列宾为同时代人。19 世纪 70 年代，他以独具一格的风景画创作进入俄罗斯绘画界，是一位非常优秀的外光（自然光）派画家。波连诺夫的绘画注意技巧，画面色彩明快，内容多为表现普通人生活。其代表作《莫斯科小院》(Московский дворник，1878)曾在巡回展览画派的第六次画展上展出。此外还有《约夫和他的朋友们》(Иов и его друзья，1869)、《基督与罪女》(Христос и грешница，1887)、《耶稣》(Христос，1888)等作品。

9）瓦斯涅佐夫（В. Васнецов，1848—1946）巡回展览画派著名画家之一。他一直对俄罗斯民间文学中的童话故事、壮士歌和传说有一种特殊的喜爱，并以此为题材创作出一系列作品。其代表作有:《伊戈尔·斯维雅托斯拉维奇与波洛伏茨人鏖战之后》(1880)(После побоища Игоря Святославича с половцами)、《三勇士》(1898)(Три богатыря)、《阿廖努什卡》(Алёнушка, 1881)。

10) 列维坦(И. Левитан,1860—1900)是 19 世纪俄罗斯最杰出的风景画大师。他的创作代表了巡回展览派风景画家们的艺术探索。任何一位俄罗斯风景画家都没有像列维坦那样深刻、那样有个性地表现人的心灵与大自然生命的联系。主要代表作有《秋日,索科尔尼基》(Осенний День. Сокольники,1879)、《橡树》(Дуб,1880)、《伏尔加河的傍晚》(Вечер на Волге,1888)、《金色的秋天》(1895)、《阿尔卑斯山的雪》(Альпы, Снега,1897)、《暴风雨》(Буря,1898)。

83. 简述俄罗斯先锋派画家的主要代表人物及代表作品。

20 世纪最初十年,俄罗斯在赶超世界艺术先进流派的同时,在形式和风格上出现了先锋派艺术,先锋派艺术产生于俄罗斯社会重大变革前夕。过去,在很长的一个时期内先锋派艺术一直被视为"资产阶级艺术",视为艺术家"创作危机"的表现。其实,这是世纪之初的俄罗斯青年艺术家在艺术的各个领域的一种大胆的革新和反叛。先锋派艺术家们通过在各种艺术形式里进行试验,创作出了一些十分"新"的创作流派,如抽象主义、立体主义、未来主义、原始主义等。大胆和创新是先锋派艺术的一个重要标准。俄罗斯抽象派绘画诞生于 1913 年。此后形成了两个主要的抽象派（абстракционизм）绘画流派——"热抽象"（即通过某种难以辨认的造型组合让人产生一些刺激性的感觉和联想）与"冷抽象"（即"至上主义"，主张把各种色彩的简单的几何图形拼凑在一起，后来发展到把各种立体形体堆砌到平面上）。其奠基人分别是康定斯基（В. В. Кандинский，1866—1944）和马列维奇（К. С. Малевич，1879—1935）。前者的代表作是系列作品《即兴之作》（Имировизация，1909—1917）表达无意识的、突然发作的内部特征的过程，是来自"内部自然"的一种印象。而后者的代表作则为系列作品《黑色方块》（Чёрный квадрат）（1914—1930）。他们的艺术实践与探索和整个西方现代艺术有着很好的呼应和融合。从20世纪30年代开始，活跃在艺术文化阵地的各种先锋派在经过一阵喧嚣之后渐渐地销声匿迹。

84. 赫鲁晓夫花岗石头像由谁设计？其意蕴何在？

竖立在莫斯科新处女公墓内的赫鲁晓夫的墓碑由黑白两色花岗石交叉塑造而成，这是当今世界一件独一无二的艺术精品，构思别致，雕刻精美，赫鲁晓夫那个夹在黑白几何体托座上的头像更是栩栩如生。

这是苏联著名现代派雕塑家涅伊兹韦斯内（Эрнст Иосифович Неизвестный，1925）的雕塑杰作，而他同赫鲁晓夫之间还有一段耐人寻味的故事。赫鲁晓夫生前曾经多次在公开场合批评过他，说他吃的是人民的血汗钱，拉出来的却是臭狗屎。1962在莫斯科美协成立30周年的展览会开幕第一天，赫鲁晓夫率党政要员前去参观,一看到他的现代派作品便破口大骂,"驴尾巴甩的玩艺儿也比这些东西强",还凭空辱骂作者是同性恋者。涅伊兹韦斯内听了无法克制怒火,当场就同赫鲁晓夫顶撞起来,也说了些粗话。事后,赫鲁晓夫的手下人要他写一份检讨,以消除媒体的影响,但他却按自己的想法写了一份意见书,根本不是检讨,当然也不能发表。赫鲁晓夫下台后,邀请文艺界一些曾经被他批评过的人到他家作客以缓和关系。他三次邀请涅伊兹韦斯内,但后者始终没有去。赫鲁晓夫去世后,他的儿子要求涅伊兹韦斯内替他父亲设计墓碑,并说这是父亲生前的遗愿。宽容的艺术家答应了赫鲁晓夫家人的请求,条件是任何人不能干涉他的创作,必须照他的想法做。结果就设计出了这座举世无双的墓碑,反映着赫鲁晓夫鲜明的个人性格和他的历史功过。赫鲁晓夫的头像从黑白几何体的中间探出,紧盯着来往的后人,倾听着后人对自己的评价,确实意味深长。它可以表示新旧两个交替的时代,也可以看作评价赫鲁晓夫的功过是非,更可以表达艺术家对这位政治人物的爱和恨。

85. 什么是莫斯科巴洛克建筑风格?莫斯科的克里姆林宫建筑特点是什么?

1) 莫斯科巴洛克建筑风格

17世纪末,俄罗斯的教堂建筑受民间大贵族和富商的石建筑住宅的影响,渐渐形成了独具一格的莫斯科巴洛克(Борокко)建筑风格(亦称"纳雷什金风格")。这种建筑物的基部是四角建筑,其上部是八边形建筑部分,俗称"四角建筑上的八角楼"。其特征是整体结构的对称明快,尖端挺拔,多层分明,装饰丰富,建筑细节加工精细。如莫斯科郊外的菲利圣母节教堂(1690—1693)和乌波拉村的救主教堂(1694—1697)就是这种建筑风格的最佳范例。莫斯科巴洛克风格的形成标志着俄罗斯中世纪建筑的结束和18世纪俄罗斯建筑的开始。

2)莫斯科的克里姆林宫建筑

1367年在莫斯科建成了长约2 000米石砌的克里姆林宫城墙。1475年,有着金色圆顶、雉堞朱墙的俄国沙皇城堡克里姆林宫在莫斯科河畔巍然矗立。15世纪末,克里姆林宫基本成型,并保持至今。

克里姆林宫位于莫斯科市中心,占地28公顷,濒临莫斯科河,其东墙根下是占地7公顷的红场。莫斯科河沿着克里姆林宫南墙根和红场南部穿城而过。这座宏伟建筑群在历史上发挥过防御功能,曾是莫斯科公国和18世纪以前历代沙皇的皇宫,是宗教和政治活动的中心。随着1703年政治权力向圣彼得堡的转移,克里姆林宫继续保持了宗教中心的地位。十月革命胜利后莫斯科再次成为首都,克里姆林宫重新成为苏联党政领导机关所在地。苏联解体后它一直是俄罗斯总统的办公场所,历来被视为俄罗斯国家权力的象征。

伊凡三世于1480年结束了鞑靼蒙古帝国长达近3个世纪的统治,并实现了俄罗斯的统一。克里姆林宫建筑群是当时这一新的政教结合的反映。在修建克里姆林宫的过程中,罗斯和意大利的建筑师们在建筑主体和教堂广场的修建上共同努力,使意大利文艺复兴时期的建筑风格和罗斯传统的建筑风格完美地结合在一起。早期的克里姆林宫防御城墙为木制,建于12世纪,14世纪末被石墙取代,到15世纪末,砖墙又取代了石墙。克里姆林宫高耸的围墙呈三角形,高达 18.3 米,长达 2.2 公里,中间加固,有 19 座互不相同的塔楼,有的塔楼大门上有帐篷式的尖顶。主入口是面朝红场的斯拉斯基门。高达 81 米的伊凡大帝钟楼是 1600 年建造的,它也是一座瞭望塔,可以俯瞰周围 32 公里的地方。它的脚下有一座"钟王",是世界最大的钟,铸于 18 世纪 30 年代,重量超过 203 吨。附近还有一尊庞然大物——"炮王",其口径为 89 厘米,造于 1586 年,重量达 40.6 吨。用多棱白石砌成的多棱宫建成于 1491 年,宫内俄皇的朝觐大厅规模宏伟、装饰华美。圣母升天大教堂(Успенский собор, 1475—1479)建于 15 世纪 70 年代,是沙皇加冕之处。在主入口附近的伊凡雷帝御座是 1551 年建造的。报孝教堂重建于 16 世纪 60 年代,因为它整个屋顶都镀了金,所以当时被称为"金色拱顶"。圣·米迦勒天使教堂系俄罗斯风格中带有意大利文艺复兴时代影响的建筑,是彼得大帝以前的莫斯科历代帝王的墓地。克里姆林宫的主体宫殿大克里姆林宫竣工于 1849 年,尔后成了最高苏维埃举行会议的地方。17 世纪 50 年代建成的东正教教长宫,现在是 17 世纪俄国文化艺术博物馆。

克里姆林宫内包括了具有独特的建筑艺术和造型艺术的建筑经典。长期以来克里姆林宫对促进俄罗斯建筑艺术的发展产生了决定性的影响,这一点在伦巴第艺术复兴时期表现尤为突出。克里姆林宫通过其空间布局、建筑主体及其附属建筑为沙皇时代的俄罗斯文化提供了独特的见证。其位置和演化体现了克里姆林宫发展的连续性。从 13 世纪以来,克里姆林宫都与俄罗斯历史上所发生的所有重大事件紧密联系在一起。

86. 俄罗斯音乐之父是谁？他的主要音乐作品及其对俄罗斯音乐的贡献有哪些？

格林卡(М. Глинка, 1804—1857)是俄罗斯古典音乐的奠基人，俄罗斯民族乐派的创始人，被誉为"俄罗斯音乐之父"而载入史册。

格林卡自幼酷爱音乐。1817年冬，13岁的格林卡来到首都彼得堡，并于翌年进入贵族子弟寄宿学校学习，其间师从爱尔兰钢琴家菲尔德(1782—1837)学习钢琴，向彼得堡音乐家迈耶尔学习作曲，向意大利歌唱家贝洛尼学习声乐，同时还学习小提琴与和声，音乐才能得到了全面的挖掘与培养。1822年，格林卡从贵族子弟学校毕业后赴高加索疗养，当地富有特色的民间音乐舞蹈对其日后创作歌剧《鲁斯兰与柳德米拉》(Руслан и Людмила)产生了积极的影响。

1824—1828年，格林卡在交通部办公厅任职。这期间他的音乐活动十分频繁，除创作了一些最初的管弦乐作品《行板与回旋曲》、《降B大调交响曲》和《F大调弦乐四重奏》之外，还经常在贵族沙龙里演奏钢琴，甚至举办过独唱音乐会，并博得好评。1830年，格林卡来到意大利，先后结识了多尼采蒂和门德尔松等著名音乐大师，在悉心研究意大利的歌剧结构和美声技巧的基础上创作了《威尼斯之夜》、《胜利者》和《降E大调钢琴弦乐六重奏》等浪漫曲，为以后的创作奠定了坚实的基础。

1834年春，格林卡返回俄国，以"用俄罗斯的方式"创作了一部真正的俄罗斯歌剧《伊万·苏萨宁》(Иван Сусанин)。1836年11月27日，歌剧《伊万·苏萨宁》在彼得堡皇家大剧院首演，俄罗斯农民作为主角破天荒地登上了歌剧舞台,一出充满爱国主义崇高精神的人民英雄历史歌剧的上演获得了空前的成功。它宣告了意大利音乐在俄罗斯的统治地位业已结束,俄罗斯音乐进入一个新时期。格林卡成为被国际乐坛承认的第一位俄罗斯音乐家,俄罗斯民族乐派从此崛起。

格林卡的音乐创作内容丰富,形式多样,充满了对自己的祖国、人民和大自然的无限热爱,具有饱满的爱国主义激情,确立了俄罗斯民族音乐发展的方向,成为衡量俄罗斯音乐思想内容和艺术形式的尺度,对以后的俄罗斯音乐的发展起到了巨大的作用,具有划时代的意义。他善于从本国民族民间音乐中汲取精华,表现独特的民族风格和气派,体现民族的文化传统、民族精神和性格,为俄罗斯民族乐派在创作、表演、教育、理论等方面形成完整的体系奠定了基础。他把俄罗斯、乌克兰、白俄罗斯、芬兰、波兰、格鲁吉亚、西班牙、意大利等国的曲调都融合到自己的作品中,深刻表达了爱国主义思想,歌颂了人民的功绩和美德。

87、"强力五人集团"产生的背景是什么?其主要成员及代表作有哪些?

"强力五人集团"(Композиторы "Могучей кучки")产生于圣彼得堡19世纪60年代末与70年代初,它的出现标志着这一时期音乐的昌盛。当时的背景是笼罩在知识分子思想里的朦胧的理念催发了革命的动荡,农民的起义、造反使得艺术活动家要走进人民中去。为了实现这一动机,巴拉基列夫、穆索尔斯基、鲍罗丁、里姆斯基-柯萨科夫和居伊宣布因意识形态的一致而组成"强力五人集团"。他们的活动得到著名艺术理论家和评论家斯塔索夫（В. Стасов，1824—1906）的支持和肯定。他们以倡导现实主义、促进俄罗斯民族音乐为宗旨，继承格林卡的音乐传统，坚持俄罗斯音乐发展的民族化道路，注意吸取和运用民间曲调，在艺术形式和创作手法上进行革新，力求用音乐真实鲜明地表现人民的生活，主张取材于俄国历史、人民生活、民间传说和文学名著，强调加强音乐创作与俄罗斯民歌的联系。他们的思想和音乐创作在俄罗斯音乐史上产生了很大的影响。

强力五人集团主要成员及代表作如下：

1）巴拉基列夫（М. Балакирев，1836—1910）虽是位专业作曲家，但音乐素养仍主要来自于自学。他是第一位在作品中体现强力集团创作倾向与风格的作曲家，主要作品有两部交响曲，具有标题性构思的《以三首俄罗斯民歌为主题的序曲》，交响诗《塔玛拉》，钢琴幻想曲《伊斯拉美》。

2）穆索尔斯基（М. Мусоргский，1839—1881）是俄罗斯音乐史上很有影响的代表人物之一，多才多艺，硕果累累。代表作品有歌剧《鲍里斯·戈都诺夫》（Борис Годунов）和《霍凡斯基之乱》（Хованщина）。这两部作品均取材于俄国历史，反映了穆索尔斯基的音乐创作深受民主主义思想影响。他认为艺术的目标是表现人民，而不是为其自身，亦即反对"为艺术而艺术"；艺术的作用不仅是再现人的感情，更重要的是最佳地再现人的语言。此外，歌曲创作是穆索尔斯基重要的创作领域之一，达百余首，有对农民的同情、对社会丑恶现象的鞭挞，也有富于诗意的抒情，较优秀的有《老乞丐之歌》、《孤女》（Сиротка）、《跳蚤之歌》（Песня о блохе）等。他创作的管弦乐作品《荒山之夜》（Ночь на Дикой горе)、《莫斯科河上的黎明》(Рассвет на Москве-реке)(歌剧《霍凡斯基之乱》序曲)等同样脍炙人口,是一种基于俄罗斯民族音乐深厚基础之上的经典乐曲。他的作品以性格描写和心理刻画见长,其音乐语言和表现手法都是那一时代俄罗斯音乐中最为独创的,不仅对本国音乐的发展作出了贡献,而且对19世纪末和20世纪初的西方音乐也有较大的影响。

3) 鲍罗丁(А. Бородин,1833—1887)是一位与众不同的作曲家。他本是一位化学家,彼得堡医学科学院的教授,著名的社会活动家。1862年结识了巴拉基列夫后,成为强力集团成员,是格林卡的音乐传统的继承者。他在教授化学的同时,抽出时间从事音乐创作。其代表作为根据俄罗斯古代文学名著《伊戈尔王远征记》写成的歌剧《伊戈尔王》。该剧既有浓郁的史诗性和抒情性,又有一系列色彩绚丽的描绘性场景,音乐旋律广阔,曲调奇异多姿,人物形象生动,场面波澜壮阔,成功地利用了俄罗斯和东方的民间歌曲和舞蹈,是俄罗斯歌剧的优秀作品之一,成为俄罗斯乃至世界各大歌剧院久演不衰的保留节目。鲍罗丁与俄罗斯其他作曲家相比并不高产,但他的作品非常精典,对俄罗斯音乐以后的发展产生了很大的影响。

4) 里姆斯基-柯萨科夫(Н. Римский-Корсаков,1844—1908)是"强力集团"中最年轻的成员,是一位多姿多彩的抒情音乐家。他的作品题材丰富,写过15部歌剧、交响乐、浪漫曲和其他体裁的音乐作品,以优秀的经典之作把19世纪的俄罗斯音乐推向一个新的高峰。代表作有具有民间特色的管弦乐曲《萨特阔》(Садко)和《第二交响曲"安泰"》;歌剧《五月之夜》、《雪姑娘》(Снегурочка)和基于俄罗斯主题的钢琴协奏曲、具有东方绚丽色彩的《舍赫拉查德》(Шехеразада)以及充分发挥乐器色彩和乐队表现力的《西班牙随想曲》（Испанское каприччио）等经典作品。

5）居伊（Ц. Кюи，1835—1918）是"强力五人集团"的最后一位成员，是著名作曲家、音乐评论家，又是军事工程学家，曾任陆军工程兵大将。作有歌剧《威廉·拉特克里夫》（根据海涅同名长诗改编）、《安哲罗》（取材雨果戏剧）和歌曲、钢琴小品等。

88. 俄苏电影对世界电影有何贡献？

1896年彼得堡放映了俄国第一场电影。1908年出现了第一部俄国故事片《伏尔加河下游的自由民》。俄罗斯电影与有着千年历史的绘画、雕塑、建筑、音乐等艺术形式相比，起步要晚一些，但这并不影响它在较短时期内成为最为大众所喜爱的艺术形式。

俄罗斯的电影艺术是苏联电影艺术的继续。爱森斯坦的蒙太奇理论不仅对于苏联电影，而且对于世界电影的创作和理论发展都产生了重大影响。爱森斯坦的无声电影《战舰波将金号》描写的是1905年波将金号战舰上水手们因不堪忍受沙皇军官的欺凌而愤然起义的事件，是一部"以人民群众为主人公的英雄剧"，表现出人民所具有的不可抗拒的伟大力量。影片的场面雄伟恢宏，构图巧妙新颖，演员的动作鲜明有力，蒙太奇的手法运用自如，充分体现了导演高超的艺术表现力和感染力。著名的电影艺术大师卓别林称《波将金战舰》是"世界上最优秀的影片"。这部影片尽管存在着人物性格不够突出、某些镜头过于自然主义等缺陷，但瑕不掩瑜，它无论从思想内容还是艺术表现手法上都是当时最好的，是俄罗斯第一部创新的、真正的电影艺术作品，对俄罗斯乃至世界电影艺术的发展起到了巨大的推动作用，具有划时代的意义。

苏联电影工作者的艺术探索更加活跃，库里肖夫领导国立电影实验工作室，除了在蒙太奇手法上进行实验外，还创立了"电影模特儿"理论。这种理论把演员比做操作中的机器，把导演比做设计工程师。他根据这一理论拍摄了《西方先生在布尔什维克国家的不平凡的冒险》(1924)和《死光》(1925)等影片；另外，科津采夫和塔拉乌别尔格创办了"奇异演员养成所"，力图把类似杂耍的夸张的表演方式带到银幕上来，拍摄了《十月姑娘的奇遇》(1924)和《米施卡反对尤登尼奇》(1925)等影片。

社会主义现实主义的创作方法的提出，以及苏联电影艺术家们在这一方法的指导下所进行的创作实践曾在世界电影史的发展中产生过极大的影响。它不仅对于社会主义国家的电影创作起到了一种推动的作用，而且，对于一些资本主义国家中的进步的电影工作者也同样是一种鼓舞。在电影理论探索方面他们积极探索，在道德题材方面，许多作品真实、深刻地反映了苏联社会中存在的矛盾，反映了个人、家庭、集体之间的冲突，刻画了在今天现实环境中人的心理状态和精神面貌。他们从塑造正面主人公着手，反映苏联社会的发展及其存在的问题，如《莫斯科不相信眼泪》(1980，导演：敏绍夫)、《个人问题访问记》(1979，导演：戈戈别里捷)、《恋人曲》(1974，导演：米哈尔科夫·康查洛夫斯基)。有些影片则从揭露反面现象着手，表现各种落后、腐朽的势力如何阻碍着社会的前进，如《辩护词》(1976，导演：阿布得拉什托夫)、《白轮船》(1975，导演：沙姆希耶夫)等；有些影片通过个人遭遇，提出每个人所面临的人生道路问题，追求个人理想问题，如《奇怪的女人》(1976，导演：莱兹曼)、《红莓》(1974，导演：

舒克申）；有一些影片通过平淡无奇的生活现象表现出人与人之间的关系中存在的"障碍"，从而提出人的生活态度问题，如《白比姆黑耳朵》（1979，导演：罗斯托茨基）、《个人生活》（1980，导演：莱兹曼）等。另外，致力于题材和样式的融合使得不少影片打破了传统的分类界线，使影片产生更大的艺术感染力。例如，1984年制作的《战地浪漫曲》（导演：托多罗夫斯基），既从道德探索的角度探讨了战争给社会生活带来的影响，又通过战争事件展示了人物之间复杂的心理变化。《德黑兰1943年》（1983，导演：阿洛夫和纳乌莫夫）把政治样式和惊险样式结合起来，突出国际政治斗争的内在紧张性。喜剧片《两个人的车站》（1984，导演：梁赞诺夫）中糅合着悲剧的因素。《机组人员》（1981，导演：米塔）对情节展述作了尝试。《宇宙检阅》（1985，导演：阿布德拉什托夫和敏达杰）通过半童话、半寓言的形式对人生价值进行哲理性思考。

89. 当代俄罗斯电影业状况如何？当代著名的俄罗斯影片及著名导演和演员有哪些？

1）当代俄罗斯电影业状况

苏联解体后，俄罗斯社会和经济面临动荡和危机，俄罗斯电影业受到巨大冲击并陷入前所未有的困难时期。苏联实行对外封锁，俄罗斯人很少看到外国电影，而独立的俄罗斯对影片进口不再限制，外国影片充斥俄罗斯市场。经济的不景气和社会的动乱，加上国家无力对俄罗斯电影拨款，使得俄罗斯电影无论从数量还是质量上都难以赢得竞争。同时，俄罗斯大多数影院已私有化,为追求效益,影院只愿放映卖座的进口片,本国影片所占市场份额微不足道。在这种情况下,电影人才流失严重,许多电影厂名存实亡,只能靠出租场地、拍摄电视剧和广告维持生计。

1996年7月17日,俄罗斯国家杜马通过叶利钦总统8月7日签发的俄罗斯联邦《关于支持俄罗斯联邦电影业》的联邦法令,慢慢地改变了电影业的状况。该法令颁布后,从2004年到2012年11月12日又进行7次修改补充。法令指出,俄罗斯联邦的电影业是文化和艺术不可分割的一部分,应该受到保护,在国家的支持下发展。该法令确定了电影业发展和保护的基本方向以及国家支持电影业的程序。特别是在普京总统上台后,俄罗斯的经济、社会、文化出现复苏和上升的势头,面对电影业如此困境,俄政府近年来采取了一系列措施,试图重振电影业,例如:

(1) 俄政府在2001年实施的"俄罗斯文化"五年发展纲要中包括了发展电影业的计划。根据这一计划,到2005年底,俄罗斯每年将拍摄100部影片,国产影片在电影市场中所占份额要达到20%。在资金方面,2002年俄政府对电影业的拨款比2001年增加了一倍,达到5 000万美元,2003年拨款又增加了70%。

(2) 为进一步解决资金不足的问题,普京2001年4月签署了国家电影厂实行股份制的总统令,所有电影厂将改造成股份制企业,条件成熟后再进行私有化。在此情况下国家给予国产电影制片不少于70%的拨款。国家鼓励电影业举办各种国际电影节,所需款项由国家支付。

(3) 普京还签署了成立"俄罗斯电影发行股份公司"的总统令,以解决影片发行不畅的问题。该公司由国家全部控股,主要任务是改造和修建以放映俄罗斯电影为主的现代化电影院网络,扩大俄罗斯电影所占的市场份额。

这些措施使得俄罗斯的电影业开始复苏,产生了明显的效果。俄罗斯电影作品在数量上出现了快速增加的趋势,在质量上有了大幅度提升的良好势头。在国际电影市场上俄罗斯的电影也提高了竞争力,几乎在国际电影节中每次都有获奖影片。但目前仍然问题不少,主要表现为:① 数量与质量的矛盾:国产片的数量虽然有了一定的提高,但是总体质量亟待提升;② 商业化与艺术化的矛盾上升,虽然商业片使票房收入创新高,但这些叫座的枪战片、幻想片、侦探片明显带有好莱坞影片的痕迹,只不过在外貌、语言、情境等方面保留了俄罗斯特征,俄罗斯电影的优秀传统不见了踪影。在国际各大电影节上得奖的不少电影虽在业内人士认为比较好,但在俄罗斯本土却不叫座;③ 国产片与外国片的矛盾仍然突出,虽然近年来俄罗斯电影推出的几部大片从好莱坞大片中夺回了大部分观众,恢复了相当部分的"失地",但是美国的影视业并不因此而罢休,瞄准俄罗斯资金不足的情况,忙于美国的电影公司与俄罗斯合资拍片,以达到"利益均沾"的目的;另外,有的西方电影公司在俄开办自己的发行公司,在发行上与俄电影发行公司一决雌雄;④ 俄罗斯政府对电影业的拨款经常被挪作他用或者资金迟迟不到位。因此,尽管俄罗斯电影业比起刚刚独立已经初见成效,但要进一步发展还任重道远。

2) 俄罗斯著名的导演和演员

非常多,他们大多是从演员成名,然后成为导演,有些演员也是从事话剧、歌剧等的演出,但是也参与电影的拍摄。最为著名的导演和演员或可举出一些:梁赞诺夫(Э. Рязанов,1927—)——苏联和俄罗斯的著名演员、导演、剧作家、制片人和诗人;梅尼绍夫(В. Меньшов,1939—)——著名苏联和俄罗斯演员、导演、剧作家、制片人,俄罗斯艺术功勋活动家,俄罗斯人民演员;戈沃卢赫(С. Говорухин, 1936—)——苏联和俄罗斯著名演员、导演、剧作家,俄罗斯人民演员,乌克兰艺术功勋活动家;贝科夫(Р. Быков, 1929—1998)——苏联和俄罗斯著名演员、人民演员、话剧和电影导演、剧作家;楚赫赖(П. Чухрай, 1946—)——著名苏联和俄罗斯导演、演员、摄影师;索洛维约夫(С. Соловьев, 1944—)——著名苏联和俄罗斯电影导演、剧作家、制片人,俄罗斯人民演员;婕列赫娃(М. Терехова, 1942—)——著名苏联和俄罗斯演员、电影导演,俄罗斯人民演员;舒克申(В. Шукшин, 1929—1974)——著名俄罗斯作家、演员、导演、剧作家;阿斯特拉罕(Д. Астрахан, 1957—)——俄罗斯电影导演、俄罗斯艺术功勋活动家;米哈尔科夫(Н. Михалков, 1945—)——俄罗斯著名导演,以演员成名,作家、剧作家、制片人、诗人,同时是俄罗斯国歌的词作者;还有尼库林(Ю. Никулин, 1921—1997)等一大批演员和导演。

90. 俄罗斯话剧对世界话剧有何贡献?莫斯科有哪些著名的剧院、导演和演员?

1) 俄罗斯话剧界对世界话剧的贡献

俄罗斯戏剧主要是指话剧。俄罗斯历史上最古老的民间戏剧出现在 11 世纪。1898 年斯坦尼斯拉夫斯基(Констатин Сергеевич Станиславский)(1863—1938)和弗·伊·聂米罗维奇–丹钦柯(Владимир Иванович Немирович-Данченко)(1858—1943)合作,创办了莫斯科艺术剧院(现为莫斯科高尔基模范艺术剧院)。他们在契诃夫、高尔基等作家以及许多演员的支持下,使俄国戏剧表演水平大大提高,在俄罗斯的戏剧艺术发展过程中,形成一套完整独特的表演体系,逐渐形成了自己的导演和演员的艺术学派,该表演体系对全世界戏剧艺术亦有深远影响。该艺术学派被称为斯坦尼斯拉夫斯基体系,即表演中的"体验派"。他们认为演技主要不在模仿,不在剧本,而在于演员在心灵上的体验与感觉角色,即进入角色,要有潜角色,演员和观众应该是一体的,应该有互动。斯坦尼斯拉夫斯基是俄国和苏联著名的导演、演员、戏剧教育家和戏剧理论家。他从19世纪80年代开始演员和导演生涯,一生演出过100多个剧目,导演过几十出话剧,在莫斯科艺术剧院的演出,特别是导演契诃夫和高尔基的戏剧显示了其卓越的艺术才能。他主张戏剧要反映人的"精神生活"。他的《演员自我修养》(Работа актёра над собой)一书成为体验派培养导演和训练演员的必备教科书。斯坦尼斯拉夫斯基体系的创作原则对世界戏剧艺术的理论和实践、演员和导演的培养都产生了深远的影响。

另外,在20世纪60—70年代,苏联、俄罗斯的社会主义现实主义是这一时期戏剧的主旋律。把艺术与社会现实相结合,在体裁方面有关于工农业生产题材的戏剧,反映了新经济体制和科技革命时代的新生活、新气象。他们努力探讨人们的行为和冲突的社会意义,阐明个人与社会机制的联系。把道德题材的作品搬上舞台是俄苏戏剧创作中另一个特点,剧中的人物经常处于特殊的、近乎荒诞的情境之中,展示人的丰富的内心世界,或把小市民、庸人、浪子的丑陋和庸俗展现在观众面前。战争题材也是俄罗斯戏剧的长处,特别是伟大卫国战争的题材。此外,剧作家还把许多当代文学名著改编成剧本上演,如《这里的黎明静悄悄》

（А зори здесь тихие）、《岸》（Берег）、《为玛丽娅借钱》（Деньги для Марии）、《最后的期限》（Последний срок）等。

2）莫斯科的著名的剧院

莫斯科有各种剧院160多个。大剧院（Большой театр）是莫斯科最大的歌剧舞剧院，和大剧院在一起的有莫斯科小剧院（Малый театр）和儿童剧院（Детский театр），其他著名的剧院还有高尔基模范艺术剧院（Художественный Академический театр им. М. Горького）、果戈理话剧院（Драматический театр им. Н. В. Гоголя）、普希金话剧院（Драматический театр им. А. С. Пушкина）、契诃夫艺术剧院（Художественный театр им. А. П. Чехова）、莫斯科新话剧院（Московский новый драматический театр）、叶尔莫洛娃剧院（Драматигеекий театр им. М. Н. Ермоловой）、苏维埃剧院（Театр им. Моссовета）、马雅可夫斯基剧院（Театр им. вг. Маяковского）、讽刺剧院（Театр сатиры）、莫斯科现代人剧院（Московский театр "Современник"）、莫斯科少年观众剧院（Московский театр юного зрителя）、中央木偶剧院（Московский театр Кукол）、瓦赫坦戈夫剧院（Театр им Вахтангова）等以话剧演出为主的剧院，还有儿童歌剧院（Детский музыкальный театр）、莫斯科轻音乐剧院（Театр оперетты）、莫斯科马戏剧院（Большой цирк）等其他剧院。

3）莫斯科的著名导演和演员

他们占到全俄罗斯一半以上。俄罗斯政府于1992年起，每年都要颁发俄罗斯联邦人民演员的荣誉称号，获奖名单中莫斯科的导演、演员占很大一部分。这里只能罗列个别著名导演和演员的名单：彼尔曼（Серафима Германовна Бирман，1890—1976），戏剧导演，演员，理论家，俄罗斯人民演员；贝科夫（Ролан

Антонович Быков，1929—1998），戏剧和电影导演，编剧，演员，苏联人民演员；岗察洛夫（Андрей Александрович Гончаров，1918—2001），导演，苏联人民演员；留比莫夫（Юрий Петрович Любимов，1917—   ）戏剧导演，演员，教育家，人民演员；米尼什科夫（Олег Евгеньевич Меньшков，1960—   ）演员，戏剧导演，人民演员；聂米罗维奇—丹钦柯，戏剧导演，苏联人民演员（1936）；彼得罗夫（Николай Васильевич Петров，1890—1964）戏剧导演，俄罗斯人民演员；达巴科夫（Олег Павлович Табаков，1935），演员，戏剧导演，人民演员；巴雷舍夫（Ярослав Павлович Барышев，1942—2013），电影戏剧导演，俄罗斯人民演员；弗罗洛夫（Геннадий Алексеевич Фролов，1937—   ），演员，俄罗斯人民演员；维特罗夫（Александр Николаевич Ветров），莫斯科大剧院芭蕾舞演员，俄罗斯功勋演员，人民演员；乌兰诺娃（Галина Сергеевна Уланова，1909—1998），著名芭蕾舞演员，苏联人民演员；赫米契夫（Борис Петрович Химичев，1933），电影和戏剧演员，俄罗斯人民演员；斯坦尼斯拉夫斯基（1863—1938），著名戏剧导演，演员，教育家，苏联人民演员，莫斯科艺术剧院创始人之一；巴尔索娃（Валерия Владимировна Барсова，1892—1967）演员，教育家，苏联人民演员等一大批年轻导演和演员。

91. 苏联解体后，俄罗斯文化新进程的积极倾向反映在哪些方面？

苏联解体后，俄罗斯文化开始了新的进程，其中的积极倾向主要反映在以下几个方面：几乎被遗忘的诗人和作家的作品，例如,白银时代的文学作品、尘封已久的画作、受到不公正待遇的音乐作品恢复了青春;俄罗斯侨民文化回归祖国怀抱;文化孤立主义无容身之地,70余年来一直被描绘成"精神垃圾"的西方各种文艺流派及其作品在俄国纷纷亮相;国内文艺创作趋于多样化和多元化;大众文化得到普及;宗教文化(主要是东正教文化)得以恢复;文艺组织形式呈现出自由化和民主化的趋势。

92. 俄罗斯有多少人口？俄罗斯正面临着哪些人口问题以及应对措施？

1) 人口状况

据俄罗斯的资料,2013年俄罗斯的总人口为1.43亿,比1992年的1.48亿减少了500多万,由20世纪80年代居世界第五位(仅次于中国、印度、美国和印尼)下降到第九位。俄罗斯地广人稀,平均人口密度为8.36人/平方公里,仅相当于世界人口平均密度(36人/平方公里)的1/4,是欧洲人口密度最稀疏的国家之一。

从人口居住的地区看,78%的人口居住在占领土面积25%的欧洲部分。密度最大的是莫斯科,为4 626人/平方公里,最小的是楚科奇自治区,为0.07人/平方公里。根据2010年统计,俄罗斯城市人口大于乡村人口,比例为73%比27%。俄罗斯只有6个地区的农村人口多于城市人口——阿尔泰共和国、车臣、印古什、卡尔梅克、达吉斯坦(Дагестан)和图瓦。

从人口的男女性别看,男女比为0.8∶1。苏联解体后俄罗斯人口逐年下降,从2009年起人口开始增长,自然增长超过死亡率。据2012年1—2月的统计,出生与死亡的比例相抵。俄罗斯人平均年龄为 39 岁;据 2010 年资料,年龄结构中,0—14 岁占 15.1%;15—64 占 72.0%;65 岁以上占 12.9%。

2) 人口问题

人口负增长、人口老化、男女比例失调等问题目前已成为困扰俄罗斯社会和经济发展的主要问题之一。

(1) 人口负增长主要原因是出生率下降、死亡率上升、人口外流等因素造成的。出生率下降是家庭观念淡化、结婚人数减少、离婚率上升以及生活观念转变等"现代社会病"引起的必然结果。此外,人口外流也是导致俄罗斯人口负增长的主要原因之一。联合国难民署 2003 年公布的资料显示,俄罗斯已成为世界上向国外移民人数最多的国家之一。

(2) 人口老化也是俄罗斯社会发展进程中必须要面对的突出问题之一。据统计,1959 年 60 岁以上的人口约占总人口的 9%,1993 年达到 16.7%。仅 1989—1992 年 60 岁以上的老人就增加了 230 万。据此专家预测,至 2030 年前后,每 1 000 名有劳动能力的人将养活 800 名退休老人。

(3) 男女比例失调问题是第二次世界大战留给俄罗斯社会的后遗症。2001 年男女比达到 6 780 万比 7 700 万,女性比男性多 920 万。男女比例的失调严重影响着俄罗斯社会和经济的健康发展,导致夫妻关系不稳定、离婚率居高不下以及未婚生育、单亲家庭增多。

3) 应对措施

鉴于上述人口状况,数十年来俄罗斯一直采取的应对措施为:实行鼓励生育的人口政策,对生育 3 个及 3 个以上孩子的夫妇予以奖励和物质补贴,对生育和抚养 10 个或 10 个以上孩子的妇女授予"英雄母亲"(мать-героиня)勋章。此外,近年来俄罗斯也采取更加积极的措施来改善人口状况,如采取措施延长居民寿命、吸收外来(主要是独联体国家)移民等,已收到比较明显的成效。

93. 俄罗斯有多少民族？俄罗斯民族问题是如何演化而来的？

1) 民族状况

俄罗斯是世界上民族最多的国家之一。据2010年全俄人口普查最新数据,共有大小民族200多个(20世纪初统计为196个,苏联解体前为130多个)。俄罗斯族是国家的主体民族,占国家人口总数的80.90%。少数民族人口占19%以上。在诸多少数民族中,人口超过50万的民族有15个左右。其中鞑靼人(татары)约占3.87%,乌克兰人(украинцы)约占1.41%,巴什基尔人(башкиры)占1.15%,楚瓦什人(чуваши)约占1.05%,车臣人(чеченцы)占1.04%;其他还有白俄罗斯人(белорусы)、日耳曼人(немцы)、乌德穆尔特人(удмурды)、马里人(марийцы)、哈萨克人(казахи)、阿瓦尔人(авары)、犹太人(евреи)、亚美尼亚人(армяне)、达格斯坦人(дагестанцы)等。人口最少的民族当属居住在俄罗斯北部和远东地区的尤卡吉尔人(югакиры)、涅吉达尔人(негидальцы)和阿留申人(алеуты),都只有几百人,除了人类学家和语言学家外,一般人对他们知之甚少。

2) 民族问题

作为一个多民族和联邦制的国家,俄罗斯的民族问题由来已久。俄罗斯民族本是东斯拉夫人的一支,起源于欧洲腹地的森林地带,在较长的时间里与外部世界隔绝,形成一个单一的民族国家。直到 16 世纪中叶,伊凡四世加冕"沙皇"时,俄罗斯还是一个领土只有 280 万平方公里的小帝国。正是从那时起,俄罗斯族人就在对下属公国的封号中自居为"大俄罗斯人"(великорусы),称乌克兰人为"小俄罗斯人"(малорусы),表现出凌驾于其他少数民族之上的沙文主义倾向。自此后的 300 余年间,俄罗斯 20 多代沙皇不断地向外扩张,先后兼并了外高加索、中亚、西伯利亚和远东等地区,征服了周边 100 多个民族,形成了一个横跨欧亚大陆的大帝国。特别是经过 1817—1864 年长达近半个世纪的高加索战争(Кавказская война),迫使包括车臣人在内的几十个少数民族成为其臣民,从而实现了由欧洲东部的小国变成横跨欧亚大陆的大帝国的美梦。为加强对征服地区各少数民族的统治,历代沙皇都采取高压政策,强行向这些地区大量移民,强制推行俄化教育,强迫他们放弃原来的宗教信仰而改信东正教。这种政策曾激起许多少数民族的抗议和抵制。十月革命后,斯大林把少数民族迁移,使其离乡背井,与大民族和众多小民族混居。高压政策使民族问题有所缓解,但由于并没有在真正意义上实行联邦制及少数民族的自治政策,民族矛盾在戈尔巴乔夫执政的后期达到了空前尖锐的程度,苏联的解体在很大程度上就是该民族矛盾尖锐性的集中体现。

随着苏联的解体,包括俄罗斯族人在内的各民族自我意识和独立意识的空前膨胀,民族主义思潮和带有浓厚民族主义色彩的政党和组织应运而生,几乎所有的少数民族都希望摆脱大俄罗斯沙文主义(Великорусский шовинизм)的统治,以恢复自己的传统文化和语言。结果在不到一年的时间里,除一个自治州仍保持原有体制外,其他的 16 个自治共和国和 4 个自治州全部去掉了"自治"二字,宣布成立带有主权性质的"共和国"。其中独立倾向的热点地区是北高加索,而其中又以车臣共和国为最。早在苏联期间,当时的车臣—印古什共和国就最先发布主权宣言,并于是年 10 月 27 日进行总统选举。杜达耶夫当选为第一任总统后,遂宣布独立,并拒绝参加《联邦条约》的签署和执行联邦政府的命令。为防止车臣的民族分裂行为,俄罗斯政府在政治解决无望的情况下,曾于 1994 年和 1999 年多次对车臣发动大规模军事行动,消灭并瓦解了大部分车臣武装。

车臣问题仅仅是俄罗斯民族问题的一个缩影。目前北高加索等地区的民族问题依然十分尖锐,民族分裂活动和恐怖活动在俄罗斯还时有发生,其境内的主体民族与俄罗斯族人之间的矛盾也出现进一步激化的趋向。如何有效解决民族矛盾,促进俄罗斯社会的稳定、和谐发展,将是俄罗斯政府相当长一个时期内必须面对的棘手难题。

94. 俄罗斯有哪些主要的宗教？俄罗斯是如何对待宗教问题的？

1) 俄罗斯的宗教

俄罗斯是个信奉多宗教的国家,其宪法规定,居民有信奉宗教的自由。各民族信仰的宗教主要有东正教(Православие)、天主教(Католицизм)、新教(Протестанство)、伊斯兰教(Ислам)、犹太教(Иудаизм)、佛教(Буддизм)和萨满教(Шаманство)等,除此之外,还有异教徒(язычники)的存在。东正教是俄罗斯的第一大教,80%以上的信教者都信奉此教。

(1) **东正教** 东正教是与天主教、新教并列的基督教三大派别之一,亦称正教(意为"正统"),是由流行于罗马帝国东部希腊地区的教会发展而来的,故又称希腊正教。俄罗斯东正教会实行牧首制,即由大教区来管辖数个首府主教区。东正教总会设在莫斯科,最高权力和管辖机构是东正教高级僧侣会议和东正教大牧首领导的事务管理局。东正教信奉圣父、圣子、圣灵"三位一体"的上帝,宣扬独一无二的上帝一神论,相信天堂、地狱、末日审判,圣灵只来自圣父,耶稣基督死后复活升天堂永享幸福等。其礼仪和圣事颇有特色,包括公众做礼拜在内的弥撒,仪式古老而隆重,其间十分重视布道,并视之为主教的专职。教徒要奉行"7件圣事"或"7件圣礼":洗礼(Крещение)、敷圣油(Миропомазание)、告解(Исповедь)、圣餐(Причащение)、祝圣(Священство)、婚配(Церковный брак)、终傅(Елеосвящение)。东正教的教堂别具一格,它除具有传统拜占庭教堂建筑风格外,在内部布置和陈设上还特别重视突出圣画像的位置。

(2) **伊斯兰教** 伊斯兰教作为世界最有影响的三大宗教之一,在俄罗斯许多地区广为传播,是目前俄罗斯的第二大教,教徒超过2 000万,主要属于逊尼派(суннисты)。目前,在鞑靼斯坦、乌德穆尔特、楚瓦什、马里埃尔共和国、乌里扬诺夫斯克、彼尔姆、萨马拉、莫斯科和列宁格勒等州以及西伯利亚地区有众多的伊斯兰教信徒和追随者。俄罗斯伊斯兰教划分为两个教区:俄罗斯欧洲部分和西伯利亚的逊尼派伊斯兰教管理局。

(3) **天主教** 天主教是于1054—1204年间与希腊正教分离而成为独立教派的,现为基督教的三大派别之一。梵蒂冈是天主教派的中心,历史上它曾多次企图在罗斯境内建立自己的教会和教堂。17世纪以前,俄罗斯对天主教一直采取绝对禁止的政策,因此天主教徒的数量十分有限。1989年起俄罗斯与罗马天主教会的关系才得以缓解,1993年俄罗斯境内共有29个天主教团体,至目前已发展到73个,教徒超过30万。

(4) 新教　新教作为基督教三大派别之一,产生于16世纪的欧洲,因作为反天主教的一个派别而得名。18世纪下半叶起,来自德国的一些基督浸洗派教徒开始成为俄罗斯国土上的首批新教徒。在他们的影响下,俄罗斯境内也出现了与新教相近的其他宗教派别。目前,俄罗斯的新教徒不多,只有几座教堂,而且大多是近十余年来才新建的。但作为新教派别之一的浸礼教派势力颇大,是俄罗斯的第三大教派。浸礼教派产生于17世纪,从1884年起开始在俄罗斯传播其学说,并成立了俄罗斯浸礼教派联合会。1944年福音教派加入该组织,改称福音浸礼派教会。

(5) 萨满教　萨满教是一种原始宗教。"萨满"一词是通古斯语的音译,意为"巫师"。在俄罗斯境内,信奉萨满教的都是少数民族,主要分布在西伯利亚及其北部地区,如涅涅茨人(ненецы)、曼西人(манси)、汉蒂人(ханты)、埃文人(эвены)、楚科奇人(чукчи)、尤卡吉尔人(юкагиры)以及北阿尔泰人和西布里亚特人等。该教在苏联时期几乎被完全禁止,近10多年来有所恢复,总人数约达80余万。

(6) 犹太教　犹太教是犹太人信奉的宗教,属人类最早的一神教。它孕育于4 000年前美索不达米亚高原南部地区,到公元6世纪末期才随着犹太人长期的世界性大流散而在全世界范围内广为传播。俄罗斯是世界上犹太教徒最多的国家之一,目前境内的犹太教徒约90万,主要集中远东地区及犹太自治州境内。教徒中,大部分属正宗犹太教派,部分属哈西德教派。

（7）**佛教** 佛教在俄罗斯的传播始于公元 16 世纪,首批传教喇嘛来自蒙古和中国的西藏,该教直到伊丽莎白女皇执政(1741—1761)时才得到官方正式承认。现有佛教徒约 100 万人,其中不乏俄罗斯族人,成立有 50 多个佛教团体。全国建有多所佛教学院和学校,并有全国性刊物《俄罗斯佛教》、《佛教新闻》等。

2）俄罗斯对待宗教的态度

1993 年 12 月 12 日颁布的俄联邦《宪法》强调了政教分离的原则。它明确规定,俄罗斯联邦是世俗国家,任何宗教都不能被确定为国教或必须信仰的宗教;宗教与国家分离,在法律面前人人平等;同时还规定,宪法保障公民的宗教信仰自由,包括公民信奉或不信奉宗教的权利、传播宗教并据此进行活动的权利。

1997 年 9 月,国家杜马和联邦委员会又先后通过了《俄罗斯联邦宗教信仰自由和宗教团体法》,不仅重申了 1993 年宪法中规定的条文,而且对其作了详细的诠释和补充。文中指出,俄罗斯联邦承认在俄历史上、在俄罗斯精神及文化的形式和发展过程中东正教所起的作用,同时尊重天主教、伊斯兰教、佛教、犹太教和其他成为俄罗斯人民历史文化财产不可分割的一部分的各派宗教。

95. 俄罗斯人的婚嫁、葬礼有哪些礼仪？俄罗斯人是如何待客和送礼的？

1）婚嫁习俗

俄罗斯人的婚丧嫁娶习俗是在漫长的历史过程中渐渐形成

的,其中有自然环境的因素,但更多的则与其宗教文化信仰有关。现代社会的发展,使其传统的文化受到一定影响,传统的习俗大部分在乡村被保留下来。

俄罗斯人传统的婚俗有一套较为复杂的礼仪,要经过说媒、相亲、订婚和婚礼等几个必不可少的阶段。

(1) 说媒(Сватовство) 俄罗斯人传统婚俗中的婚姻通常是从说媒开始的。说媒一般由专职媒婆去做,也可以是男方的叔、伯或大哥偕同他们的妻子担任,还可以是自己的父亲或教父、教母。按照习惯,说媒要选"黄道吉日",一般选在单日,即1、3、5、7、9号等日子,但不能选"不吉利"的13号。媒人通常受男方的委托到女方家去求亲,并要避开外人,一般在晚上进行。媒人到女家时,先要用手或臂膀轻轻地碰一下门框,然后再敲门。进屋后要先对圣像(икона)画个十字再开口。媒人一般同女方双亲单独面谈,女子本人不能在场。如果女方双亲同意这门亲事,就和媒人一起绕着桌子走3圈,再对圣像画十字,然后双方商谈男女方相亲的日子,习惯上安排在七天之内进行。

(2) 相亲(Смотрины) 传统的相亲一般是男方相女方。相亲这一天,媒人要把小伙子及其父母领到姑娘家,与姑娘及双亲见面。男女双方见面后,小伙子及其父母要到穿堂或门廊上进行商议。此时,姑娘的母亲会端来一杯蜜糖水递给小伙子。如果小伙子一饮而尽,就表明他对姑娘中意,婚事告成;倘若他只用嘴唇碰一下杯子,并把杯子退回去,那就表明他没相中。按照习俗,相中之后双方要寒暄、祷告一番,并围着桌子绕行3圈,然后坐下来喝茶并商定彩礼事宜。彩礼一般包括首饰、衣服、家具、生活用品等,在农村还包括牲口在内。俄式炉子是俄罗斯家庭生活富裕的象征,所以,在男女订亲时,有"看炉子"的习俗。

（3）订婚（Обручение）　传统的俄罗斯人非常看重订婚仪式，认为这是件十分严肃的事情。在城市，男女双方一起到结婚登记处办理订婚手续，从法律上确定双方关系并决定结婚的日期。登记后，在女方家里举行庆祝晚会。女方的餐桌上要放一束含苞欲放的玫瑰（роза），以象征未来生活充满幸福；还要摆上俄式茶炊（самовар），以预示未来生活充满活力。当然，邀请亲朋好友一起来喝订婚酒是少不了的，酒宴上的菜，应由未婚妻亲手制作，以显示自己有能力操持家务。在农村中，通常由女方的双亲在家门口主持庆贺仪式。男方的父母向女方的父母献上"面包和盐"（хлеб-соль），女方的父母用双手接过后，吻一下面包，以示诚心接受和感谢。接着，新娘走上台阶向大家行鞠躬礼，并宣布自己已经订婚。晚上，年轻人会聚在一起，做各种游戏和娱乐活动。按照习俗，姑娘订婚后，一般不再参加家务劳动，而开始缝制嫁妆，等待结婚之日的来临。

（4）嫁妆（Приданое）　俄罗斯不少地区至今仍保留着送嫁妆的习俗。送嫁妆一般由媒人或女方的姨母主持，由5辆敞篷马车组成送嫁妆队伍。第一辆车上安放着圣像和茶炊，一个男孩用托盘端着用彩带装饰的糖和用丝线扎着的一包茶叶；第二辆马车坐着女方的教母，端着镀金的银盐碟或瓷器；第三辆车装着男方送来的彩礼，如衣服、卧具、日用品等；第四辆车上装的是一般的家具和必不可少的毛毯；第五辆车搭乘媒人、女方的姨妈和母亲等人。车队到达男方家时，由男方的母亲或已婚的姐姐出来迎接。相互寒暄后，由媒人和女方的姨妈一起铺设结婚用的新床。按照习俗，她们要在毛毯下面放一个煮熟的彩蛋或一个木头做的彩蛋，以预祝新婚夫妇早日生儿育女。

（5）告别（Прощание）　按照俄罗斯人的习俗，姑娘在出嫁前夕要举行向少女时代告别的仪式。通常的形式是新娘在家里举行告别晚会。此时,新娘请来自己童年时代的女友,跟她们一起唱着民歌,接着是洗澡并与家神告别。洗完澡后,新娘要把头上的彩带分别送给女友,以示与少女时代告别。

(6) 婚礼(Свадьба)　在俄罗斯人的婚俗中,最热闹和最具特色的场面莫过于婚礼了。按照所举行的仪式,婚礼可分为传统和新式两种。俄罗斯人的传统婚礼多在教堂举行,古朴而隆重,有数不清的礼仪贯穿始终。结婚那一天,新娘要与女友们一起去洗澡。女友们一面给新娘梳妆打扮,一面唱起告别歌曲,等候新郎来迎亲。新郎本人则要在伴郎、好友、媒人和婚礼主持人的陪同下前去接新娘。传统的新郎迎亲,夏天乘三匹马的大车(тройка),冬天则乘三匹马的雪橇,车身用彩带、鲜花、花环装饰,从车身到车辕还要系上铃铛。新郎的男友们一路上拉着手风琴、弹着吉他,迎亲车队在欢快的乐曲和铃铛声的伴随下,向新娘家进发。按照习俗,新娘家在预定的迎亲路上要设置一些障碍物,如堆放长杆子等。迎亲车每遇到一处障碍,车上的伴郎就要用葡萄酒或各种小礼物"赎回"这些竿子,以买通行路。到达新娘家门外时,会再次出现赎买道路的场面。新郎进入大门后,还有赎买新郎座位的活动。两位新人坐定后,双方的父母要向新人祝福,随之去教堂进行正式的结婚仪典。在迎亲车队去教堂进行婚礼前,新娘及其家属照例要哭嚎,象征姑娘从此离开娘家。这也是整个婚礼的转折点。因为按照习俗,姑娘只能在离开娘家去教堂举行婚礼时才能哭,此后不能再有悲痛哭泣的声音,而只能有欢笑声。在教堂举行婚典既隆重又讲究,一般要雇佣教堂的唱诗班为新婚夫妇唱赞美歌。当新郎挽着新娘来到教堂经台前时,神甫开始读祷告文、唱教堂赞美歌向新婚夫妇祝福,然后把婚冠戴在他们头上。最后,神甫拉着他们的手,由伴童手举蜡烛在前面引路,绕经台一圈。当新郎新娘互相交换结婚戒指后,婚典即告结束。从教堂出来后,新郎和新娘一同乘车回新郎家。此时,新郎的父母手捧"面包和盐"在家门前迎候从教堂归来的新婚夫妇,并为他们祝福。新人们照例要吻双亲3次以示敬意。然后举行婚宴。传统的婚宴要摆成"п"字形进行,正中坐着新婚夫妇。如果新娘有长兄,就由他首先为新郎新娘祝酒。此时新娘头上披着一块方巾,一般不参加大家的娱乐活动。而宾客们则会在宴席间一次又一次地高喊"苦啊!""苦啊!"(Горько!Горько!)这是来宾要求新郎新娘相互亲吻的专用语。过去对姑娘来说,结婚是痛苦生活的开始,而现在喊"苦啊"是反语相祝,冀望新人婚后生活甜蜜幸福。此时,新郎新娘在宾客们的喊叫声中频频接吻。当婚宴端上各种甜食或蜜糖饼干时,来宾们就起身跳舞。舞会通常在子夜结束,有的甚至通宵达旦。

现代俄罗斯人的婚礼已经发生了很大的变化,不少繁琐的陈规陋俗已被废除,增加了不少新的内容。新婚夫妇在结婚那一天都要买上一大束鲜花,穿上新婚礼服,要乘坐小轿车。在莫斯科和其他城市,每逢节假日都能看到结婚彩车。在一些农村,彩车旁边往往还有摩托车队护送。举行婚礼时,男女傧相同样也要穿礼服。女傧相们身穿颜色艳丽的拖地长裙,紧紧跟在手持鲜花、身穿白色婚纱的新娘后面。莫斯科的现代婚礼还多在"结婚宫"(Дворец бракосочетания)举行,讲究一点的要去教堂。随后新婚夫妇在傧相陪同下,双双来到烈士墓前或胜利广场,向先烈献上他们新婚后的第一束鲜花,一定要去麻雀山(原列宁山)观景台,饱览莫斯科秀丽的景色。按照习惯,结婚当天晚上还要举行庆祝晚会。

2）丧葬习俗

俄罗斯人传统的丧葬习俗与他们的宗教信仰和生活方式有关,既隆重又古老。

（1）吊丧(Почтение памяти покойного)　人死后其亲属要进行传统的吊丧活动。按照习俗,亲属先要在教堂为死者唱挽歌,然后出殡(погребение)。死者不论男女,咽气后要即刻抬下床,放在一块平铺的白布上。经用温水洗净、紧裹后再安放在两条长凳或长桌上,头朝圣像,并用白布遮盖全身。室内禁忌挂、摆镜子。在死者身旁或窗台上摆上一个盛水的容器和一盆面粉或一碗粥,以供死者"饮用"。未婚男子死后,则在其胸前放一束鲜花,象征新郎。而待嫁的姑娘死后要戴上花冠,装扮成新娘的样子。俄罗斯相信人死后灵魂不灭,而只是去彼世生活。为使死者在它世永存,因此亲人们要往棺木里放入面包、水、盐、刀、器皿等生活必需品作为随葬。有的还往死者嘴里塞几枚硬币,据说这是给死者去另一个世界的路费。死者的遗体通常由6个人用手抬出屋,脚朝前,头朝后,并要从后门或窗户抬出去。如果死者生前是教徒,则此时必须有神甫在场。随后要洒水和清扫地面,以驱逐魔鬼。人死后通常要设灵堂,以供亲属及生前好友瞻仰。灵堂里所有的镜子上都要蒙上黑布,房间里也都是黑色的帷帐。因为在俄罗斯人看来,黑色代表悲哀和肃穆。因此,吊丧者穿的丧服也一定是黑色的。现在还有戴黑纱的习俗。不过,俄罗斯人戴的黑纱与中国人的不同,上下两端还缝有细细的红边,黑纱上也不写任何字。根据传统,凡前来死者家吊丧的亲友,无须向任何人问好,临行时也不必告别。在出殡前,死者的家属、亲友或邻居都不宜亲手烧饭。据说,他们悲伤的眼泪会使煮出来的饭变苦。如果入殓时,发现死者的身体仍很沉重,则被认为死者因罪过而受到惩罚,反之则意味着死者的一生清白正直。

(2) 葬礼(Похоронный обряд) 俄罗斯人死后实行传统的土葬。但是,传染病者则必须实行火葬。夏天,葬礼一般在人死后一昼夜之内举行,冬天则可以适当延期进行,寒冷的地方还要先把死者放置在临时墓穴里,待春天土地解冻后再举行葬礼。葬礼一般在公共墓地进行。按照传统,灵柩抬出家门时不能封棺,送葬队伍前面要用麻布铺路,东正教称"麻布路"为桥,死者之灵可以沿"桥"升天。送葬时一般只有死者最亲近的亲属和生前好友才能到墓地。送葬者走在灵柩的前面,有的还手持点燃的蜡烛,边哭边数落死者。到达墓地后,要把棺材停放在事先挖好的坟墓旁,等候送丧者唱最后的挽歌。然后,悲伤的亲属和好友按照传统礼仪要吻死者的双脚和前额,与死者最后告别。若死者是教徒,按教规入葬时,必须由神甫参加。神甫当着死者亲属的面念祷告文,并给死者的手里塞一张升天"通行证"。之后,亲属们才往灵柩上埋土。坟墓上按传统一般要立十字架,现多为墓碑。但死者入葬后不能马上竖碑,而要等40天后才请人刻碑和书写碑文,并在死者死亡1周年纪念日的那一天举行安置墓碑的仪式。现代俄罗斯人的丧葬习惯已有很大变化。知名人士的遗体多安葬在公墓里,现在的国家主要领导人死后一般都安葬在新处女公墓。每逢重大节日、死者诞辰和去世之日,人们照例要在死者墓碑前或遗像前献上鲜花,以示悼念。

(3) 葬后宴(Поминки) 死者入葬后,葬礼还不能算结束,按照传统,还要进行祭奠亡灵的仪式——葬后宴。死者的亲友们从墓地回去后(有的地方则直接在墓地),围坐在一起吃一餐蜜饭,有的还吃烤薄饼(лепёшка)、鱼子酱(икра)、酸奶酪

（молочный кисель）等食品，并要喝伏特加酒（водка）为死者干杯，也为生者的平安干杯。同时，还要给死者安置灵位，并在灵位上方供奉一些食品和一杯伏特加酒。供奉品一直要摆放40天。

3）待客礼节

俄罗斯人对待客人热情大方，十分注意言谈举止和礼节礼貌。对特别尊贵的客人习惯用传统的"面包和盐"的方式来招待，以表示自己的热情及对客人的欢迎和敬意。

面包是俄罗斯民族生活中不可缺少的食品。在俄罗斯人的眼里，它是生命的源泉，也是获得温暖、欢乐、和睦和幸福的保证。因此，给客人献上面包，在俄罗斯被认为是最好的礼品。

盐在古罗斯时是一种稀罕之物，要从遥远的地方才能运到罗斯各地，价格颇为昂贵。因此，自古以来盐就被俄罗斯人视为来之不易的珍贵品，象征高贵、恩惠、神奇、精华等意义，并渐渐形成了用"面包和盐"来迎接宾客的传统。他们双手托着盘子，上面铺一块漂亮的绣花巾或白麻布，正中间放着一个大圆面包（каравай），面包上有一个装盐的小盐罐。然后把"面包和盐"和托盘递给贵宾，表示盛情欢迎和尊敬。接受"面包和盐"礼遇的宾客，通常要先吻一下面包，然后掰下一小块，往盐里稍稍蘸一下，再象征性的当作世上最珍贵的食品来品尝。此时，还一定要对主人的盛情表示最衷心的感谢。

俄罗斯人好客，但待客时不会客套，一般询问客人是否需要喝点什么或吃点什么时都是真心的。但如果来客不想吃喝，俄罗斯人也就不再敬让了。

4）送礼礼节

俄罗斯人在迎来送往和逢年过节时喜欢送礼，以表示对对方的友好和敬意。俄罗斯人在送礼时,十分讲究真实的情感和恰到好处的分寸。对礼物的选择总是刻意表现出与受礼者之间的私人关系和关心程度。通常情况下,俄罗斯人送礼不送特别贵重的东西,认为贵重礼品会给受礼者难堪和下不了台,也会被看作是一种看来带有"某种隐秘目的"的行为。

在正式场合,尤其是对外国朋友,俄罗斯人一般爱送具有民族特色的、可留作永久纪念的东西,常见的有民间工艺品,如"德姆科沃玩具"(Дымковская игрушка)、"村姑套人"(матрёшка)、"巴列赫小型精细画"(Палехская миниатюра)、"霍赫洛姆彩画"(Хохоломская роспись)等,有时也送纪念章、图书画册、唱片、雕刻品等。如果私人关系特别亲近,也可以送诸如衬衫、领带、香水等私人物品。

应邀到别人家做客,或到医院探望病人,特别是时逢节日或对方是女性时,最好的礼物是送鲜花。按俄罗斯人的传统礼节,送花时只能送单数,以3、5朵为宜,不能送双数;也可送一束花,但要讲究花色。多以一色为宜,两种颜色也可以,但绝不能多种颜色混杂在一起。

送花以玫瑰(роза)、石竹(гвоздика)、郁金香(тюльпан)、含羞草(мимоза)、天门冬(аспарагус)等为好。鲜花赠送的对象主要是女性,如果是男性,俄罗斯人则通常送上一盒蛋糕、一盒巧克力或一瓶酒等。

俄罗斯人不但爱送礼品,也比较注意接受礼品时的礼节礼貌:一是对赠送者当面道谢,当面打开礼物并对礼物表示赞赏,否则会被认为礼物不受欢迎或不尊重客人的情意;二是不能在没有道谢之前就把礼物拿到别的房间去,或把赠送的花随意摆放在不显眼的地方,而一定要把它插在花瓶里。

96. 俄罗斯人餐饮习俗与中国餐饮习俗有何不同？

每个民族都有自己的饮食习惯。俄罗斯人传统的饮食既简单又复杂。说简单，是指他们没有像中国人这样悠久的饮食文化，也没有中国人的餐桌上如此丰盛的菜肴，中国人吃饭讲究色、香、味；说复杂，是指俄式西餐并不像人们想象的那么单调，其制作方法和工艺颇有讲究，其中主食面包的花样和饮酒、喝茶的功夫等堪称世界一流。此外，和中国餐饮最大的不同是俄罗斯人历来讲究营养。

1）主食

中国人喜欢的主食是大米和面食，而俄罗斯人的传统主食是面包（хлеб）。面包的品种很多，按原料和做工分，有：用面粉做的面包（пшеничный хлеб），又称"白面包"（белый хлеб）；用黑麦面（俄罗斯独特的一种小麦）做成的面包（ржаной хлеб），又称"黑面包"（чёрный хлеб），以及用黑麦精粉烤制的面包和用玉米面以及全麦面粉烤制的面包（пеклеванный хлеб）等。俄罗斯爱吃黑面包甚至超过白面包。俄罗斯面包的样式多种多样：大圆面包（каравай）、面包圈（бублик）、挂锁形面包（калач）、小圆面包（булка）、"8"字形小甜面包（крендель）、长方形面包（батон）、小圆面包圈（баранка）等。其中，圆形大面包最具代表性，俄罗斯人款待宾客时捧出的"面包和盐"中的面包就是这种面包。

俄罗斯人非常喜爱吃土豆（картофель），土豆被称为俄罗斯人的"第二面包"。据统计，俄罗斯每年人均消费土豆 100 多公斤，与粮食的消费量差不多。

俄罗斯人的主食除了面包、土豆外,肉类食品也是俄罗斯喜爱的食品。他们主要以牛肉(говядина)为主,猪肉(свинина)、羊肉(баранина)等为次。俄罗斯的乳制品多种多样,除各种牛奶(молоко)、酸奶(кефир)外还有黄油(масло)、奶酪(сыр)等。由于俄罗斯的气候特点,夏季蔬菜和中国没有什么区别,但是到了冬季,蔬菜(овощи)主要是包心菜(капуста)、胡萝卜(морковь)和洋葱(лук)等品种不多的蔬菜,不过现在冬季蔬菜的品种也多了起来。俄罗斯人用餐的特点是肉、奶量多,蔬菜量少,而且蔬菜以生吃为主。

2)三道菜

俄罗斯人的饮食比较讲究,特别重视营养。饮食习惯很有特色,一般是先上凉菜,多为各种凉菜色拉(салат),然后再上三道主菜。

第一道菜(первое блюдо)是喝汤(суп)。菜汤样式很多,如:红菜汤(борщ)、鸡汤(бульон)、鱼汤(уха)、清菜汤(щи)、杂拌汤(солянка,肉、蘑菇、菜等)等。俄罗斯人特别爱吃红菜汤,汤上一般要放酸奶油(сметана)。早餐他们也喝稀饭,但是稀饭不像中国稀饭那样稀,而是非常稠,并且稀饭一定要放黄油,有用大米煮的稀饭,也有荞麦粥(гречневая каша)及其他杂粮煮的稀饭。民间有"菜汤加粥,我们的食粮"(Щи до каша—пища наша)之说。

第二道菜(второе блюдо)为正餐。多以鱼、鸡、牛肉、猪肉、肉肠、蛋类和各种配餐组成。配餐一般有米饭和各种土豆制品(如土豆泥、炸土豆条)等。蔬菜通常不单独炒,而是和肉类、鱼类伴做。在第二道菜中,鱼在正餐中也是常食之物,俄罗斯人多以吃深海鱼为主。用鱼做的菜种类很多,有炸鱼、熏鱼、烤鱼、炒鱼,还有用香菇、牛奶、酸奶油等伴汁的煎鱼等。

第三道菜(третье блюдо)为甜点。多以蛋糕、饼干等甜食为主,食用甜点时,俄罗斯人常饮用加奶、加糖的茶、红茶、果汁、可可等饮品。鱼子酱分为红鱼子酱(красная икра)和黑鱼子酱(чёрная икра),如今鱼子酱也成了俄罗斯人餐桌上常见的上等精品。

3) 饮品

俄罗斯人喜爱的饮料有含酒精的饮料,如伏特加(водка),啤酒(пиво),葡萄酒(вино),香槟酒(шампанское)、白兰地(коньяк),威士忌(виски)以及由各种药材、动物和水果泡制的酒(настойка)等;不含酒精的饮料有茶(чай),俄罗斯人喜欢喝红茶,特别以英国、德国、印度的红茶为主,绿茶主要以中国绿茶为主。此外,百事可乐、可口可乐也是俄罗斯青年人喜欢的饮料;传统的克瓦斯(квас)仍然是俄罗斯人情有独钟的饮品。

伏特加和克瓦斯在俄罗斯人的饮食习俗中占有特殊的地位。可以认为,它们分别是俄罗斯"国饮"酒和饮料的代名词。

俄罗斯人以好酒出名,尤其爱喝烈性酒,每逢节假日、生日大家都开怀畅饮。伏特加是一种精馏乙醇(含量为40)和水的混合液,用活性碳处理而成。伏特加对普通俄罗斯人来说,就是他们的液体面包,伴随着俄罗斯人的整个进餐过程。俄罗斯人的酒量惊人,而且不习惯饮酒精浓度低于40°的"淡酒"。因此,豪饮伏特加已成为很难纠正的习俗,以致酒精中毒者甚多。伏特加最大的特性是即使将它放在冰箱的冷冻室或北极的室外冷冻,也不会结成冰块。因此,最懂得饮伏特加的俄罗斯人,冬天总是先将该酒放在窗口,将它冰冻到冰点,使瓶内的伏特加变成"液态"的冰酒,然后再拿进室内,开瓶享用烈酒的美味。

克瓦斯是俄罗斯民间最古老的发酵饮料,多以麦芽、面包屑或果汁为原料制作而成。俄式克瓦斯一般分为面包克瓦斯(хлебный квас)和果汁克瓦斯(квас из фруктового сока)两大类。前者最为多见。据传,早在公元9世纪之前就已是宫廷贵族的专用饮料。经过漫长的岁月,现已流传到民间,逐渐成为俄罗斯"国饮",有"俄式饮料"(Русский квас)之称。

97. 俄罗斯人在交际和生活中有哪些禁忌?他们主要崇拜哪些动植物?

1) 禁忌

作为民间的一种习俗,反映着一个民族的文化、历史和传统。俄罗斯人的禁忌,有些源自宗教迷信,有些则出现在近代,还有些是受西方其他民族的影响。

(1) 交际中的禁忌(Табу в общении)

① 忌交叉握手,俄罗斯人握手忌形成四手交叉,被认为十分不吉利;

② 忌议论妇女长相,尤其对生理上有缺陷的妇女;

③ 忌询问妇女年龄,会被认为是对妇女的不尊重;

④ 忌恭维身体健康,绝对不能说"您很健康"、"您精力真充沛"等赞语。按照迷信的说法,这是对人的一种诅咒,会给人带来不吉利;

⑤ 忌隔着门槛交谈和握手,在俄罗斯人眼里,门槛是有特殊意义的地方。因此,客人来访,忌讳隔着门槛与其交谈,也不能隔着门槛握手和传递东西,否则就认为会有不幸的事情发生;

⑥ 忌一根火柴点3支香烟，认为会给人带来灾难；

⑦ 忌提前祝贺生日。俄罗斯人认为，被提前祝贺生日是不吉利的，被祝贺的人会突然在生日前遭遇不测，而活不到生日那天；

⑧ 忌用手指点对方，交际中用手来指点对方在俄罗斯人看来是十分不礼貌的举止，甚至带有指责和污辱的性质；

⑨ 忌做"不速之客"。俄罗斯人到别人家做客或拜访，一般都必须事先预约，忌讳搞突然袭击。突然登门造访，会让人措手不及，使主人感到尴尬和不悦。

(2) 生活中的禁忌（Табу в жизни）

① 忌坐桌角吃饭。无论是在自己家里就餐还是宴请客人，俄罗斯人都忌讳坐在桌角吃饭。因为传统的习俗认为，坐桌角吃饭是件不吉利的事，会给人带来厄运；另外，忌吃饭时声音大，发出"吧嗒吧嗒"的声响；叉子、勺子和盘子不能大声相互碰撞；公共场所不能大声说话；

② 忌看见兔子或黑猫横穿道路。在俄罗斯民间风俗中，兔子和黑猫被视为不祥之物。如果外出偶然看到一只兔子或黑猫穿过道路，意味着将有不幸的事情要发生。这时，行人要马上折下一根树枝，捋去树叶，折成两截，扔在道路两旁，以逢凶化吉；

③ 忌左脚先下床（вставать с левой ноги）。古代时，俄罗斯民间有一个风俗，即迷信"兆头"，认为早晨起身下床，如果右脚先下地，这一天便万事如意、遇难呈祥，若是左脚先着地，这一天便凶多吉少；

④ 忌用死人触摸过的东西。俄罗斯人的祖先对死人有种特别的恐惧心理，迷信人死后会在彼世生存，所以禁忌用死人用过和触摸过的东西，特别是洗尸体的用品。如今，这一习俗在许多

农村地区依然可见;

⑤ 俄罗斯人还很忌讳亲人离家远行时打扫房间、就餐时照镜子、打翻盐罐、把面包底朝天倒放、在房屋里吹口哨、妇女不戴头巾进教堂、考试前理发等行为,被认为会带来灾难、不幸和霉运。

2) 崇拜

古罗斯人的崇拜习俗,显然与图腾(тотем)有关,一些植物、动物以及自然物和自然现象等被视为"神灵"而加以祭祀。后来,基督教逐渐取消原始的图腾崇拜,转而信仰上帝之子耶稣基督及与其生平有关的一切物体。但无论如何,俄罗斯人至今仍崇拜自然界中的某些动植物,它们也或多或少与基督教教义有关。

(1) 植物崇拜(Растительный культ)

① 桦树(берёза)　自古以来就同俄罗斯人的风俗紧密相连。古代俄罗斯人用桦树来烧饭和照明,用它的皮来写字、制鞋,其汁液又用来治病和酿酒,制作绘画、纪念品等。桦树的特殊功能使得俄罗斯国人为之顶礼膜拜,故被称为"俄罗斯树"(русская берёза),也成为俄罗斯姑娘的代名词等。桦树还被认为是众多树木中最先发芽吐绿的树木之一,它有一种神奇的力量,能够促使万物生长并披上绿装。这种思维哲理使俄罗斯民间自古就产生了许多与桦树有关的习俗:桦树枝叶被砍来装饰庭院、门廊和房间,用以驱邪避灾;桦树枝还对民间的婚俗中的相亲具有特定含义——在相亲的人面前,姑娘若拿着桦树枝,则是同意出嫁的表示,但如拿松树或枞树枝,则是拒婚的表示;桦树被教堂用作照明,据说可以解脱人的痛苦和避邪符咒;洗澡时,用桦树枝条做成浴帚抽打身体,被认为有益于身体健康。

② 柳树(верба)　崇拜源自古代,由于那时人们对节气的认识还处于低级阶段,只能根据自然景观的变化来判断季节的更

迭。于是,春天最先发芽的柳树便成为人们崇拜的对象。漫长而严寒的冬季使人们度日如年,苦不堪言。人们相信这是神的力量在使他们受苦受难。久而久之,期盼着有一种新的力量的出现,使冬天早日离去,春天早日到来。在白雪皑皑、冰天雪地的大地上,突然冒出柳树细嫩的绿芽,这给大地带来春归的气息。于是,人们相信,柳树在自然界中有一种"特殊的力量",这种力量足以冲破冰雪的桎梏,给人们送来温暖和希望。民间的这一信仰后来被教会所利用。复活节(Пасха)前的周日被命名为"柳树礼拜日",即"崇枝主日"(Вербное воскресенье),以用来纪念耶稣进入圣城耶路撒冷。在民间,柳树崇拜更是随处可见。例如,许多人认为吃9棵柳树芽可以预防疟疾病和其他疾病;不育妇女吃圣化过的柳树幼芽后就可以怀孕;农牧民要给牧畜喂柳树叶,认为这样可以保证牲畜一年不得瘟疫等。

③ 花草(цветы и травы) 崇拜与传统的农作节气有关。每逢夏至节(День летнего солнцестояния)来临,花草盛开,人们习惯在这一天采集野花野草,不是为祈祷丰收,而是为治病。俄罗斯人认为,夏至节前夕的花草,具有"超自然的属性"和"魔术般的力量",因此可以医治百病。同时还相信,这些花草只有在附上"巫医"才懂得的咒语之后方能对人体起作用。所以,采集时必须"秘密"地在深夜进行。也有的妇女根据巫婆的指点,在这一天夜间去"埋藏财宝"的地方采集"毒草",据认为这种草是一种男性兴奋剂,专治男性病。俄罗斯人崇拜的花草主要有:花楸(рябина)、母菊(ромашка)、蕨(попоротник)、千屈菜草(плакун-трава)、仙草(тирлич-трава)、艾草(чернобыльник)、荨麻(крапива)等。

④ 禾捆(сноп) 在俄罗斯农村迄今仍保留着庆祝丰收的古

老传统：收割时，农民要举行"开镰"和"收镰"仪式，即在第一捆和最后一捆小麦或黑麦上绑上彩带、鲜花和花环，围着它们载歌载舞。然后把它们带回家中，放置在圣像前或墙角处，加以祭典，并一直保存到圣母节（Покров пресвятой богородины）（俄历10月1日，公历10月14日），有的家庭还要将其存放到来年春播。这就是俄民间的禾捆崇拜形式。第一捆禾捆通常被俄罗斯人视为具有"特殊的力量"，用其谷粒做成种子，据说发芽率好，产量也高。最后一捆禾捆的意义与第一捆不同，它的"神力"主要表现在对农家本身及其主人起作用，据说它能保佑人们吉祥如意，免遭天灾人祸。

（2）动物崇拜（Животный культ） 主要对象是熊（медведь）。俄罗斯人和许多少数民族——汉蒂人、曼西人、埃温克人、尼夫赫人等一样，自古就对熊怀有特殊的崇拜心理。在他们的心中，熊是心地善良的"人"，它生性憨厚，对人友善；熊是森林之王，是动物大家族中的"祖先"，没有熊，就没有其他动物；熊是甜食家、美食家，人能吃的东西它几乎都吃；熊还是人类的"亲戚"，它可以使人死而复生，并懂得人类的语言和认识所有的亲戚（人）。因此他们给熊冠以"老人家"、"兄弟"、"恩人"、"未婚夫"等多种美称。民间有"梦中见熊，嫁日将至"（Видеть во сне медведя — к свадьбе）的说法。传统观念上的熊是杀不得、吃不得的，对杀死的熊要进行传统的祭祀活动，以求得上帝的原谅和保佑。俄罗斯人对熊的崇拜心理源于古代的多神教。那时，人们把熊等自然界的动物当作"神"来供奉。由于熊憨态可掬，不会主动伤害人类，更由于熊的皮肉等十分珍贵，从而便渐渐成为俄罗斯人崇拜的偶像。1980年苏联举行奥运会的吉祥物就是小熊。今天，它在俄罗斯人心目中的地位，就如龙在中国人心中那样神圣不可侵犯。

98. 俄罗斯人欢度新年的习俗有哪些？

新年(Новый год)在普通俄罗斯人心目中是一年中最盛大、最重要的传统节日。俄罗斯人过新年，就如中国人过春节那样隆重和热烈。节期规定从 12 月 31 日至 1 月 3 日。节日前夕，人们便为欢庆这一年一度的节日而开始忙碌。主妇们采购新年食品，诸如肉、鸡、马铃薯、蔬菜、蜜饯、水果饼、葡萄干等；相距遥远的亲人计划着乘什么交通工具返回故里与亲人团聚；人们相互之间（特别是为孩子）选购称心如意的新年礼物；公共场所、街道和商店等会布置一新；各文化团体和娱乐场所紧张地准备着各种游艺节目。俄罗斯人过新年的主要习俗有：

1) 最具特色的是装饰"新年树"（Новогодняя ёлка），也称"圣诞树"（因为新年和圣诞的节期基本重合）。节前，几乎家家户户（特别是有小孩的家庭）都要到集市上去采购由云杉、枞树或松树等呈塔形的常青树木做成的新年树，因此又称"新年枞树"。

如何装饰新年树对每个家庭来说是件大事，因此，往往会全家人一齐动手。也有的家长认为装饰新年树是大人们的事，因此，总要等孩子们熟睡后才开始布置，以便在第二天一早作为礼物送给孩子。新年树上一般挂有五光十色的彩珠和穿成长串的其他玻璃制品。有的还挂上用锡纸包的水果和糖果以及用硬纸或锡纸剪的各种动物。有的撒上光闪闪的金银纸片和用棉花制作的雪花，象征生活吉祥如意和生命永恒。除每个家庭购买和装饰新年树外，俄罗斯各城市的公共场所也都会矗立起高大而五彩缤纷的新年枞树，人们在家里用完晚餐后，通常要到所在城市的中心广场的新年树旁庆祝和狂欢。比如，在莫斯科，就有很多青年学生（包括外国留学生）彻夜在红场上欢度除夕，因为那儿现在每年都有装饰得极其华丽的新年树。午夜12时,克里姆林宫敲响新年的钟声,此时,所有在新年树周围跳舞、下棋和从事其他娱乐活动的人们都要停止自己的活动并站立起来,恭候新年的到来:或相互碰杯恭贺新春佳节,或相互拥抱、亲吻、许下美好愿望。红场上欢呼声、鞭炮声响彻一片,完全沉浸在迎新年、庆新年和贺新年的欢快气氛中。而在普通人家庭,按照习俗,午夜12时大家先要喝香槟酒,然后才能喝其他酒。各家的香槟酒瓶盖伴随着新年的钟声"砰"的一声被打开后,人们齐声高呼"乌拉"(Ура!),纷纷碰杯,拥抱接吻,互赠礼品,并祝"新年快乐"(С Новым годом!),欢庆节日的气氛进入高潮。在莫斯科的克里姆林宫里,除夕夜通常还要举行大型的化妆舞会。大厅中央摆放着十几米高的新年树,上千人围着彩树跳起欢快的轮舞(хоровод),其间有专业演员表演助兴,还有各种游艺活动供人们玩乐。

2) 在新年前夕有互拍贺电、互打电话和互寄贺年卡的习俗。以前,俄罗斯还有从新年前半个月开始此类贺电一律半价收费的规定。很多打电报和打电话的人都千方百计力争使对方能在克里姆林宫最后一声钟声响完后约两分钟左右接到自己的祝贺。按照传统,这种贺电和祝贺电话是对对方最美好的祝愿,最大的尊重和最深的情感。

3) 过新年时讲究吃得好、穿得好、玩得痛快。有一种迷信的说法是:新年吃得好,来年能吃饱;新年着新装,一年不愁穿;除夕不痛快,全年都倒霉。因此,人们在除夕之夜一定要尽情地玩。还有一种说法是,过节那一天不能给钱,不然全年都要受穷,而收钱者则会在来年发财。此外,民间至今还保留着许许多多有关新年征兆的传说,如:新年的晚上满天星,来年就有好收成;新年敲一敲苹果树,来年就结出更多果等。

99. 俄罗斯有哪些国家节日和宗教节日？

俄罗斯的节日和纪念日比较多，如5月份各种节日加起来就多达22个。如果逢放假的节日在星期六、星期天，那么就顺延一天节日休息。按照类型可以分为：放假的节日和不放假的节日；各种职业性节日、纪念各种世界和俄罗斯历史事件的纪念日，俄罗斯军队纪念日以及国家历史和社会重要历史的纪念日；全民性的节日和宗教节日。

1) 国家节日又称全民性节日(Всенародные праздничные дни)

这是指全体俄罗斯人(包括各少数民族)都过的公休节日，这些节日与俄罗斯的历史、政治、经济、文化传统等有着密切的联系，其中有些是俄罗斯独立后在原有节日的基础上新命名的。

(1) 新年(Новый год, Новогодний праздник)——1月1日。它是俄罗斯人最隆重、最盛大的节日。2012年从12月31放假到1月9日，有10天的假期；2013年俄罗斯则从1月1日放假到1月8日。

(2) 保卫祖国者日(День защитников отечества)——2月23日。1922年2月23日这一天被确定为苏联的建军节，1992年，俄罗斯将这个节日改名为"祖国保卫者日"，从2002年起实行全体国民休假一天。

(3) 国际妇女节(Международный женский день, Праздник 8 марта)——3月8日。从1965年起全体国民休息一天。

(4) 春天和劳动节(Праздник Весны и Труда)——5月1日即原"国际劳动节"。从1917年起这一节日已成为俄罗斯各族劳动人民传统节日。从2005年起"五一"节全国放假2天。2013

年这一年节日放假是5月1日—4日。

(5) 胜利节(День победы)——5月9日。1945年这一天被宣布为全国假日,以纪念苏联人民战胜法西斯德国的伟大胜利,全国放假休息。2013年则从5月9日放假到11日。

(6) 独立日(День независимости)——6月12日。苏联解体后,从1992年开始,俄罗斯联邦将每年的6月12日定为独立日,即国庆节。这是因为在1990年6月12日,俄罗斯最高苏维埃通过了关于俄罗斯联邦国家主权的声明,俄罗斯正式宣告独立,而且,正是在次年的这一天,叶利钦在俄罗斯联邦的第一次总统选举中当选为俄联邦第一位总统。

(7) 和谐和解日(День согласия и примирения)——11月7日。原为"十月社会主义革命纪念日"(1917年11月7日)。1996年11月7日,当时的俄总统叶利钦签署的命令把这一天定为"和谐和解日"。2005年以前要放假一天,现在只作为节日,不放假。

(8) 宪法日(День конституции)——12月12日。1993年12月12日,俄罗斯联邦就新宪法举行全民公决。12月20日,俄联邦中央选举委员会公布结果,半数以上的选民赞成新宪法,新宪法自该日起生效。俄政府即把12月12日定为宪法日。1994—2004年这一天全民放假一天,现在只作为纪念日,不放假。

俄罗斯还有其他一些国家节日,除了全民性节日,俄罗斯还有众多的行业性节日,例如:俄语节(6月6日),营养工作者节(5月25日),俄罗斯青年节(6月27日),知识日(9月1日),以及铁路工人节、护士节、空降兵节、俄罗斯电影节、商业节等,几乎每个行业都有自己的节日。

2）宗教节日

俄罗斯的宗教以东正教为主，东正教的节日（Православные праздники）也最为繁多。

复活节（Пасха）是基督教纪念耶稣"复活"的节日，它并没有固定的日期，一般在 3 月底 4 月初，即每年春分月圆后第一个星期日举行。在基督教各派所共有的节日中，圣诞节被亿万基督教徒列为节日之冠，其次便是复活节。然而在俄罗斯却是例外，东正教徒把基督复活节作为一年中最盛大、最隆重的节日，并一直沿袭至今。此外，东正教还有"十二大节日"（Двунадесятые праздники）。这是东正教最主要的节日（其中许多也是基督教的节日）。这些节日大多与传说中的耶稣及其生母——圣母玛利亚（дева Мария）一生中的重要事件有关，其中一些也与四季交替的农活节气和古老的民间习俗有关。但就性质而言，则属于宗教节日。非教徒过这些节日时，多采用民间传统的庆典仪式。这十二个节日是：主降生日（Рождество Христово）、主领洗日（Крещение Господне）、主进堂节（Сретение Господне）、圣母领报节（Благовещение）、主进圣城节（Вход в Иерусалим）、主升天节（Вознесение Господне）、圣三主日（Троица）、主显圣容节（Преображение Господне）、圣母升天节（Успенье Богородицы）、圣母圣诞节（Рождество Богородицы）、举容圣架节（Воздвижнис креста）、圣母进堂节（Введение Богородицы во храм）。

100. 俄罗斯体育界现状如何？面临哪些问题？

1）俄罗斯体育界现状

苏联曾是公认的体育强国，俄罗斯也是体育大国。体育是社会文化的重要组成部分。20世纪90年代,独立后的俄罗斯在体育领域曾一度陷入困境,社会动乱、经济不景气使得俄罗斯运动员在世界大赛上的成绩不断走低。苏联解体后,俄罗斯竞技体育制度发生巨大变化,所有运动员都被推向了社会,转型时期体育机制的不完善也使运动员和教练陷入生活窘境,训练难以为继,致使人才流失严重,各运动队青黄不接,后备人才缺乏。随着普京的上台,俄罗斯的社会逐渐稳定,国力加强,人民群众的生活水平提高,俄罗斯联邦政府也愈来愈重视体育事业的发展,体育立法机制逐步完善,财政投入也在加大。目前俄国内体育设施和运动员物质待遇正逐渐得到改善,运动员训练和备战大赛的条件也在逐渐好转。俄罗斯人喜爱运动,总统普京也喜欢体育运动。俄罗斯人一贯主张积极休息、多运动的原则。因此,俄罗斯人的体格也是比较健壮。俄罗斯有着良好的体育实施基础,运动场所也比较多,特别像足球场地。莫斯科10万人以上的足球场就有3个,有基纳摩(Динамо)、中央陆军(ЦСКА)等多个职业足球俱乐部。最近几年,俄罗斯举办世界各种竞技比赛比较多。俄罗斯运动员在世界大赛中获得奖牌的人数在不断增加,在一些俄罗斯传统的项目中,例如艺术体操等项目,始终保持领先的地位。

2)俄罗斯体育界面临的问题

(1)群众性的体育运动有待于扩展。苏联解体之后,各级工会、企业、组织以及居民对体育事业的态度发生了明显的变化,群众体育运动的参加者剧减,在中小城市和农村尤甚。社会动荡和经济危机使人无暇顾及体育运动,许多地方的体育组织自行解散,体育设施被挪作他用。同时,参加各个体育小组和使用各种体育设施都要交纳费用,使得定期参加体育锻炼的人数减少。

(2)尖端体育亟待加强。主要表现为俄罗斯国内运动员和教练的待遇较低,大量体育人才流失国外。以体操为例,无论在奥运会、世锦赛,还是世界杯赛、欧锦赛上,由于各代表团中有大量俄罗斯籍教练,训练馆中使用的第一语言不是英语,而是俄语。著名教练外流的结果是,俄罗斯人帮助外国选手打败了自己人。在雅典奥运会上,美国的保罗·哈姆和帕特森就在俄罗斯教练的指导下战胜了俄罗斯和其他国家选手,夺得了体操男女个人全能的冠军。

（3）物质技术基础有待改善。俄罗斯联邦共有6 000多个体育康复中心、2 200个能容纳1 500人以上的体育运动场、2 200多个室内游泳池、5万多个体育馆、4 000个滑雪基地、1 100个室内射击靶场、8万多个操场。从表面上看,俄罗斯体育运动的物质基础雄厚,但事实上,由于国家对体育事业投入不足,许多设施缺乏应有的保养,约70%的体育设施损耗度超过了50%,有些设施甚至出现断暖气、断水、断电等情况,使运动员不得不终止训练。俄罗斯体育工业生产企业大多科技和生产工艺基础薄弱,水平落后,企业间缺乏联系,生产规模逐年萎缩。

（4）体育队伍保障不足。由于各地区体育运动事业发展的不平衡,体育工作者的保障程度也存在着巨大的差异,缺乏体育干部的情况在边远地区比较严重。

（5）职业体育运动有待发展。目前俄罗斯职业体育运动还处于初级阶段,仅足球、冰球、篮球和跆拳道等几个项目采用了职业体育的管理形式。

3）俄罗斯体育界的复兴目标

为复兴体育事业,俄联邦体育、运动与旅游署在2005年12月公布了酝酿达10年之久的《俄罗斯2006至2015年体育发展纲要》。如果能够完成纲要提出了各项工作的目标,俄罗斯体育复兴的梦想就会实现。它的指标包含了两部分：竞技体育与大众体育。在竞技体育中，提出了6项具体目标：(1)在2006年都灵冬奥运会上获得金牌榜前五名；(2)在2008年北京奥运会上进入金牌榜前三名；(3)在2010年温哥华冬奥会上夺取金牌榜前三名；(4)在2012年伦敦奥运会上进入前两名；(5)在2014年冬奥会上获得前两名；(6)在2016年里约热内卢奥运会上获得前两名。俄罗斯所预定的目标大部分已经实现，我们期待2014年索契冬运会和2016年巴西奥运会的成绩。在大众体育方面，俄罗斯政府加大了资金投入，以保证完成纲要提出的各项工作目标。雄厚的体育基础、优良的夺冠传统使人们有理由相信俄罗斯拥有在世界大赛上揽金夺银的巨大潜力，俄罗斯的体育复兴指日可待。